BASTEI
LÜBBE
TASCHENBUCH

Über die Autorin:

Juliane Inozemtsev ist freie Journalistin aus Berlin. Sie hat Diplom-Journalistik und Russistik MA in Leipzig, Halle, Berlin und auf der ukrainischen Halbinsel Krim am Schwarzen Meer studiert. Während der Studienjahre (2001–2007) ist sie viel durch Russland und die Ukraine gereist. Inzwischen arbeitet sie unter anderem für die *Berliner Zeitung*, wo sie in der Rubrik Global Village Kolumnen über ihre zweite Heimat, die Krim, veröffentlicht. Von dort, aus der Stadt Sewastopol, kommt ihr Mann, ein russischer Seeoffizier.

Juliane Inozemtsev

Werft die Gläser an die Wand

Meine russische Familie und ich

BASTEI
LÜBBE
TASCHENBUCH

BASTEI LÜBBE TASCHENBUCH
Band 60327

1. Auflage: April 2012

In Liebe für Dima, Maks und Mascha

Dieser Titel ist als E-Book lieferbar.

Bastei Lübbe Taschenbuch in der Bastei Lübbe GmbH & Co. KG

Originalausgabe

Copyright © 2012 by Bastei Lübbe GmbH & Co. KG, Köln
Textredaktion: Dr. Katharina Theml, Wiesbaden
Illustrationen: © Gisela Kullowatz
Umschlaggestaltung: © Gisela Kullowatz
Satz: hanseatenSatz-bremen, Bremen
Gesetzt aus der Minion Pro
Druck und Verarbeitung: CPI – Ebner & Spiegel, Ulm
Printed in Germany
ISBN 978-3-404-60327-5

Sie finden uns im Internet unter
www.luebbe.de
Bitte beachten Sie auch: www.lesejury.de

Der Preis dieses Bandes versteht sich einschließlich
der gesetzlichen Mehrwertsteuer.

Inhalt

Mein Mann,
der russische Seeoffizier

Ich erinnere mich noch gut an den Nachmittag, als ich meinen Eltern offenbarte, dass ich mich in einen russischen Seemann verliebt habe. »Wanja kommt von der Halbinsel Krim am Schwarzen Meer, und ich glaube, er ist der Mann fürs Leben«, sagte ich, damals zwanzig Jahre alt und frisch zurück aus dem Sommerurlaub, wo ich ihn kennengelernt hatte. Meine Eltern hielten sich mit Glückwünschen erst einmal zurück. »Hätte es nicht ein netter Junge aus Berlin sein können?«, fragte meine Mutter stirnrunzelnd. »Schließlich leben wir in einer Millionenstadt.« Mein Vater trommelte mit den Fingerkuppen auf die Lehne seines schwarzen Ledersessels. »Die russische Kultur ist in vielem doch ganz anders als die deutsche, denk nur mal an die Wodka-Trinkerei«, sagte er. »Und dann noch ein Seemann! Es ist doch bekannt, dass viele in jedem Hafen ein Mädchen haben.« Und so weiter und so fort.

Das ist nun mehr als zehn Jahre her, und mittlerweile lassen meine Eltern auf ihren Schwiegersohn nichts mehr kommen. Mit ihrer anfänglichen Skepsis waren sie aber nicht allein. Ich weiß noch, wie mich eine gute Freundin mit der Frage verunsicherte, ob ich mir wirklich sicher sein könne, dass dieser junge Russe nicht nur eine Aufenthaltsgenehmigung für Deutschland wolle. Und Wanja erzählte mir, er sei ins Grübeln gekommen, als ihn ein Landsmann warnte, dass Hausarbeit in Deutschland reine Männersache sei. Deutsche Frauen fänden es unter ihrer Würde zu kochen und zu putzen. Unvorstellbar für Wanja, der mit einer klaren Rollenverteilung aufgewachsen ist: Die Frau ist für den Haushalt zuständig und der Mann hilft ab und zu mal mit. Doch frisch Verliebte sind ja selten zu belehren, und so schoben auch wir alle Bedenken zur Seite. Zum Glück. Zwar blieben die von anderen prophezeiten Missverständnisse und Probleme nicht aus, aber bisher haben wir alle Klippen heil umschifft. Wenn ihn seine Mutter am Telefon wieder einmal fragt, was ich heute Leckeres für ihn gekocht habe, denkt er sich mir zuliebe etwas aus. Im Gegenzug nehme ich es ihm nicht übel, wenn er unser Wohnzimmer ab und zu mit der Schiffsbrücke verwechselt und in der Manier eines Ersten Offiziers auch zu Hause den Ton angeben will.

Anfangs haben wir selbst nicht daran geglaubt, dass unsere Beziehung halten würde. Aber nun sind wir schon sechs Jahre glücklich verheiratet und Eltern geworden. Unser Sohn Kirill ist inzwischen vier Jahre alt, und unsere Tochter Karina hat vor kurzem ihren ersten Geburtstag gefeiert. Lange haben wir überlegt und diskutiert, wo wir als Familie leben wollen: in Sewastopol oder in Berlin. Die beiden Städte liegen etwa zweitausendvierhundert Kilometer auseinander, und an beiden hängt unser Herz. Sewastopol ist eine geschichtsträchtige Heldenstadt mit einem Zentrum aus leuchtend weißem Kalkstein direkt am Schwarzen Meer. Aber sie hat auch dunkle Seiten, zum Beispiel ist die medizinische Versorgung viel schlechter. Und Berlin? Ist eben Berlin und mir sehr vertraut. Hier bin ich geboren und aufgewachsen, hier kenne ich mich aus. Inzwischen haben Wanja und ich einen guten Kompromiss gefunden: Wir pendeln. Die meiste Zeit des Jahres leben wir in Berlin, aber etwa drei Monate verbringen wir auf der Krim: bei »Baba Walja«, meiner an sich sehr lieben Schwiegermutter, die nur leider meine ehelichen Fähigkeiten auch an der Qualität meiner selbst gebackenen Piroggen misst, und bei »Djeda Igor«, meinem Schwiegervater, einem russischen Kapitän, wie er im Buche steht, der auch gehörig poltern kann. Mit dabei sind auch immer Andrej und Nastja, mein Schwager und dessen Frau. Die beiden sind auch junge Eltern, und sie härten ihren Sprössling Jura nach russischer Sitte ordentlich ab. Das Badewasser wird jedes Mal ein Grad kühler gemacht, damit das Baby gesund und munter bleibt. Das war zum Beispiel so eine Sache, die ich zuerst sehr seltsam fand. Aber dann sah ich: Dem Kleinen bekommt die Kur prima, er strotzt nur so vor Gesundheit.

Wanja ist abwechselnd vier Monate auf See und zwei Monate bei uns. Wir sind an dieses Leben zwischen Wasser und Land, zwischen Berlin und der Krim schon so gewöhnt, dass wir uns immer wundern, wenn andere sich wundern. Immer wieder werde ich gefragt, wie das mit der Treue sei, ob wir keine Angst davor hätten, uns auseinanderzuleben, und wie die Kinder die Trennungen vom Papa verkraften würden. Den Satz »Ach, das ist doch bestimmt sehr schwer, wenn der Mann so viel weg ist« kann ich wirklich nicht mehr hören, denn man muss mich nicht bedauern. Das Leben in einer Seemannsfamilie ist eine Herausforderung, aber dafür wird es nie langweilig. Das Schönste jedoch ist: Bei jedem Wiedersehen habe ich Schmetterlinge im Bauch.

I

Unter weißen Segeln

K*ennengelernt* habe ich Wanja auf einem großen, weißen Segelschiff. Das war im Sommer 2000, auf dem Seeweg vom französischen Brest nach Göteborg in Schweden. Er war damals Kadett, studierte Navigation und wollte Seeoffizier werden. Und ich machte an Bord zusammen mit meiner Freundin Susa eine Art Segelurlaub. Ansonsten verdiente ich mein Geld in dieser Zeit als Flugbegleiterin.

Ich erinnere mich, dass ich anfangs von Susas Idee, Urlaub als Trainee auf einem Segelschiff zu machen, gar nicht begeistert war. Als Berliner Stadtkind kann ich mir darunter einfach nichts vorstellen. Bei einem Abendspaziergang im Treptower Hafen schwärmt sie: »Siehst du den Mann auf dem Steg dort, der das Boot streicht? Wir können an Bord auch richtig mitarbeiten: die Reling streichen, Planken schrubben, Rost klopfen und natürlich die Segelmanöver mitmachen – bei Wind und Wetter –, ist das nicht toll?« – »Ähm, ich weiß nicht«, entgegne ich. »Lass uns doch lieber ans Mittelmeer fliegen, in ein schönes Hotel am Strand. Dort könnten wir schwimmen, in der Sonne liegen und abends feiern gehen.« Aber für Susa ist das viel zu langweilig. »Nein, ich möchte unbedingt auf dieses Schiff. Aber mit dir zusammen. Bitte, komm doch mit!« Ihre Hartnäckigkeit imponiert mir. »Also gut, wenn es dir so wichtig ist, dann machen wir das eben«, gebe ich nach. Da weiß ich allerdings noch nicht, dass sie sich ein Ausbildungsschiff der ukrainischen Handelsmarine ausgeguckt hat, auf dem angehende Offiziere ihr Seepraktikum absolvieren. Ich gehe vielmehr davon aus, dass wir im Nordatlantik mit deutschen Urlaubern segeln werden. Dass außerdem siebzig ukrainische und russische Kadetten und noch einmal dreißig Mann der Stammbesatzung an Bord sein werden, ahne ich nicht. Das erzählt mir Susa nämlich erst, nachdem sie schon fest gebucht hat. »Im Ernst?«, frage ich ungläubig. »Wir werden mit hundert russischen Seemännern auf diesem Schiff sein? Das klingt irgendwie unheimlich.« Aber Susa ist unbekümmert wie immer. »Ach, da ist doch nichts dabei«, meint sie. »Du tust ja geradezu so, als wären das lauter Wilde. Warte mal ab, vielleicht verliebst du dich sogar noch in einen.« Eine Romanze unter weißen Segeln? Um Himmels willen! »Susa, ich glaube, du verwechselst da etwas«, sage ich lachend. »Das ist nicht das Loveboat!« Von mir aus können wir dort mitarbeiten und segeln lernen, aber mehr bitte nicht. Außerdem könnte ich mir eher einen charmanten Franzosen oder Italiener als Freund vorstellen, aber jemanden aus der Ukraine oder aus Russland? »Das würde nicht passen«, sage ich. Susa sieht mich erstaunt an: »Woher willst du das denn wissen? Du kennst doch überhaupt niemanden aus Osteuropa. Und wer weiß schon, wo die Liebe hinfällt?« – »Ach Susa«, sage ich, »du bist wirklich eine unverbesserliche Romantikerin.«

Es ist der französische Nationalfeiertag, der 14. Juli, als wir nach Paris fliegen und von dort mit dem Zug weiterfahren in den Norden Frankreichs, nach Brest. Vor der Abreise hatte ich mich ehrlich gesagt nicht weiter damit befasst, wie unser Schiff genau aussehen wird. Die Khersones wird eben irgendein mittelgroßes Segelschiff sein. Die Hauptsache ist doch, dass sie nicht sinkt. Als ich das schneeweiße Schiff mit seinen drei hohen Masten dann aber in Brest am Kai liegen sehe, bin ich wie geblendet. Einhundertneun Meter ist die Khersones lang und vierzehn Meter breit. »Wow, Susa, das ist ja unglaublich schön! Ich hatte es mir viel kleiner vorgestellt.« Susa ist völlig aus dem Häuschen. »Ich habe dir doch gesagt, das wird toll!« Jetzt glaube ich es auch. Dieses Schiff und ich: Das ist wirklich Liebe auf den ersten Blick.

Zwei Stewardessen auf hoher See

An Bord machen wir uns erst einmal auf Flugbegleiterinnen-Art frisch. Für den richtigen Look haben wir in einer Boutique am Frankfurter Flughafen extra noch zwei Oberteile in blau-weiß gestreiftem Marinelook gekauft. Ich knete Schaum in meine künstlichen Locken und tusche die Wimpern kräftig nach, während Susa sich meinen Lippenstift mit Goldschimmer ausborgt – er heißt tatsächlich Summer of Love. Noch etwas Bronzepuder auf Wangen und Nase – nun können wir uns an Deck sehen lassen. Susa klemmt sich das Bordhandbuch unter den Arm. Ehrgeizig, wie wir sind, wollen wir uns noch vor dem Abendessen die wichtigsten Seefahrtsbegriffe einprägen.

Wir setzen uns aufs Achterdeck, das fast leer ist, weil die Besatzung gerade beim Essen ist. Die Abendsonne taucht alles in ein warmes, mildes Licht, und mich durchströmt ein Glücksgefühl. Hier kann man sicher toll entspannen, denke ich. Doch Susa gönnt uns keine Ruhe und schlägt wie geplant das Buch auf. Ich sehe, dass alle Begriffe sowohl in lateinischen als auch in kyrillischen Buchstaben dastehen: jedes Tau, jedes Segel, jede Position auf dem Schiff. »Zum

Glück müssen wir das nur auf Deutsch lernen«, sage ich. Russisch scheint mir überhaupt eine wahnsinnig schwere Sprache zu sein. Und sie klingt in meinen Ohren auch nicht besonders schön, irgendwie zu hart und abgehackt. »Hatte ich etwa noch nicht erwähnt, dass die Bordsprache Russisch ist?«, fragt Susa unschuldig. Nein, hatte sie noch nicht. »Na dann sage ich es dir jetzt: Beim Segelalarm werden die Kommandos nur auf Russisch durchgegeben.« Ich verstehe schon jetzt nur Bahnhof. »Was bitte ist denn ein Segelalarm?«, frage ich. Susa lacht und erklärt mir, dass die Segelmanöver so bezeichnet werden, einfach weil es dabei schnell gehen muss. »Aber ich kann kein Wort Russisch!«, wende ich noch ein. »Ach, keine Sorge!«, sagt sie leichthin. »Ich hatte mal zwei Jahre Russisch in der Schule. Das kriegen wir schon hin.«

Auf dieser Reise sind außer uns kaum Frauen an Bord, dadurch fallen wir natürlich auf. Bald hat sich herumgesprochen, dass zwei Stewardessen mitsegeln, die ihren Urlaub dazu nutzen, hier mitzuarbeiten. Für die Ukrainer und Russen klingt das ziemlich verrückt: Mädchen, die sich freiwillig schmutzig machen und dafür auch noch Geld bezahlen. Auch Wanja hat von unserer Ankunft gehört. Sein erstes Urteil: Die jungen Leute in Deutschland müssen echt zu viel Kohle haben. Er weiß, dass eine Woche in unserer Kabine gut tausend DM kostet. In der Ukraine sind das zu dieser Zeit zehn durchschnittliche Monatsgehälter. Wir kommen uns trotzdem nicht dekadent vor. Schließlich wirbt die Reederei damit, dass mit dem Geld der Trainees auch die Kadettenausbildung finanziert wird.

Wanja ist zwar skeptisch, aber auch neugierig, wer diese deutschen Mädchen wohl sind. Doch als er uns mit den teuren Sonnenbrillen und im maritimen Best-Friends-Look an

Deck entlangflanieren sieht, steht seine Meinung schnell fest: Das sind nur zwei verwöhnte Mädchen, die mal Matrose spielen wollen. Meine langen, rosa lackierten Fingernägel bestärken seinen Eindruck nur. Damit will sie die dicken Taue aufwickeln und das schwere, steife Segeltuch greifen? Wanja findet das albern – und er hat recht. Ehrlich gesagt, finde ich sie selber schrecklich. Eigentlich habe ich immer kurze Nägel. Erst auf meinem letzten Flug haben mich zwei Kolleginnen zu diesen Plastikkrallen überredet. Und jetzt kleben die Teile hoffnungslos fest. Wanjas Interesse, uns kennenzulernen, ist jedenfalls wieder verflogen. Wahrscheinlich hätten wir auch nie miteinander gesprochen, wenn Bootsmann Sascha nicht ausgerechnet ihn ausgesucht hätte, um uns in die Bordarbeiten einzuweisen. »Wanja, du kannst doch Englisch«, spricht er ihn an. »Zeig den Mädchen mal, wie man die Messingschilder blank putzt. Da können sie nicht viel falsch machen.« Wanja ist sauer: »Blin!« – »Schöner Mist!«, denkt er. »Jetzt muss ich für die auch noch den Unterhalter spielen!« Aber eine Anordnung vom Bootsmann kann er nicht einfach ignorieren. Und so macht er sich auf die Suche nach uns.

Er findet uns an Deck. »Girls, I am Wanja. Follow me and look!«, sagt er mit einem nicht gerade freundlichen Gesicht. Dann zeigt er uns im Zeitlupentempo, wie man die Schilder mit einer speziellen Paste putzt. »Like this. You understand?« Ich ärgere mich: »We are not stupid.« Dann nehme ich ihm energisch den Lappen und die Tube aus der Hand und mache mich ans Werk. »Dem werden wir's zeigen! Tut so, als sei es eine Wissenschaft, so ein Schild zu putzen.« Susa schnappt sich auch einen Lappen. »Wenn die alle so langsam arbeiten, ist es kein Wunder, dass die Wirtschaft den Bach runtergeht«, meint sie. Wir lachen beide. Dann bestreichen wir alle Schilder großzügig mit der Paste, schön weit über den Rand hinaus. So geht es doch viel schneller, das Überschüssige können wir ja hinterher wieder abwischen. Doch das ist leider ein Irrtum. Die Paste verändert an der Luft ihre Farbe und bildet hässliche grüne Schlieren auf der weißen Schiffswand. Dummerweise gehen die nicht mehr weg. Je mehr wir wischen, desto schlimmer sieht es aus. Nun ist mir klar, warum Wanja das Zeug so vorsichtig aufgetragen hat. »Was machen wir denn jetzt?«, frage ich Susa kleinlaut. Da steuert unser Kadett schon mit hochgezogenen Augenbrauen auf uns zu. »Na, jetzt können wir uns etwas anhören!«, fürchtet Susa. Doch er sagt nur: »Wait here for a moment!«, und kommt wenig später mit einem Kanister Terpentin zurück. Dann beseitigt er die Sauerei. »Thank you!«, sage ich. »Spasibo!« – »Danke!«, sagt Susa. Dann schleichen wir erst einmal davon.

»Parusny Awral!« – »Segelalarm!«, schallt es aus den Lautsprechern. »Jetzt wird es spannend«, sagt Susa und zieht mich am Ärmel. »Die Segel werden gesetzt.« Binnen drei Minuten sind alle Kadetten und die Stammbesatzung an Deck und stehen in Reih und Glied am Fuß der drei Masten. Es folgen wieder Kommandos von der Schiffsbrücke, dann entern die Kadetten in ihren blauen Overalls auf Masten, um die Knoten zu lösen. Der Wind steht günstig, und schon bald blähen sich alle Segel im Wind. Weißes Segeltuch wohin man schaut, fast dreitausend Quadratmeter wölben sich über uns. »Susa, das ist großartig!«, rufe ich. »Ein Glück, dass du mich zu dieser Reise überredet hast!« In diesem Moment läuft Wanja an uns vorbei, und ich muss ihn einfach anstrahlen. Er lächelt zurück.

Susa und ich dürfen die Mahlzeiten zusammen mit den Kadetten in der Schiffsmesse einnehmen. Eigentlich ist es üblich, dass die Trainees eine halbe Stunde nach der Besatzung und den Kadetten essen, aber wir haben um eine Ausnahme gebeten. Wir wollen einfach so tief wie möglich in dieses Leben eintauchen und uns wenigstens für ein paar Wochen wie echte Kadettinnen fühlen.

Ich sitze Wanja gegenüber, es gibt Borschtsch, gekocht aus Weißkohl, Kartoffeln, roten Beeten und Fleisch. »Ich hätte nie gedacht, dass die Ukrainer so gut kochen«, sagt Susa noch mit halbvollem Mund. »Willst du auch noch eine Kelle?« Doch ich bin gerade mit anderen Dingen beschäftigt. Wanja hat die Ärmel seines Overalls hochgekrempelt, und ohne dass ich es will, schießt mir durch den Kopf: Was für tolle Arme! Und diese Hände! Ein Kadett lacht. Ich zucke leicht zusammen. Habe ich das etwa laut gesagt? Nein, zum Glück nicht. Ich merke, wie ich trotzdem ein bisschen rot werde. Verstohlen schaue ich mir Wanja noch einmal an: die kurzen dunklen Haare, die gebräunte Haut, die dichten Wimpern. Und seine Augen: die sind wirklich verwirrend grün-grau-blau. Er sieht aus wie Sindbad der Seefahrer, denke ich. Bestimmt ist er ein richtiger Herzensbrecher. Na, mir kann es ja egal sein. Ich lasse mich hier sowieso auf nichts ein. »Hörst du mir überhaupt zu?« Susa stupst mich an. »Ähm, ja, ich habe nur gerade überlegt, wie es den Kadetten hier an Bord gefällt.« Genau, das wollte Susa auch gerade wissen, und so wendet sie sich an Wanja: »Bist du das erste Mal an Bord?« – »No, second time«, sagt er. »Möchtest du später Kapitän werden?« – »Maybe.« – »Warst du schon mal in Deutschland?« – »No.« Susa ist beleidigt. »Der ist ja nicht gerade gesprächig«, sagt sie. Ich lächle. »Vielleicht spricht er nur nicht gern beim Essen. Die anderen sind ja auch ziemlich still«, sage ich. Doch als Wanja zu Ende gegessen hat, steht er einfach auf und geht. Kein »See you later« oder »Bye« wie von den anderen. Ich bin ein bisschen enttäuscht. Doch plötzlich steht er wieder neben uns und klopft zweimal kräftig auf die Tischplatte: »Girls, you have to eat faster!«, sagt er mit tiefer Stimme und russischem Akzent. Und weg ist er zum zweiten Mal. »Was bildet der sich denn ein? So ein ungehobelter Klotz!«, mache ich meiner Verwirrung Luft. Susa ist ganz meiner Meinung. Dabei wissen wir beide, dass er eigentlich recht hatte. Gleich kommen die anderen Trainees zum Essen, und die Küchenhilfe wartet darauf, dass wir endlich fertig werden, damit sie neu eindecken kann.

So ein Schiff ist eine Welt für sich. Und manches, was ich an Land wahrscheinlich albern finden würde, passt hier einfach her. Es ist unser zweiter oder dritter Abend an Bord, als wir zufällig an Deck kommen und sehen, wie Wanja Klimmzüge an einer Querstange macht. Seine Kameraden stehen um ihn herum, feuern ihn an und zählen laut mit: »Fünfzehn, sechzehn, siebzehn …« Susa und ich stellen uns etwas abseits an die Reling und schauen zu. »Eigentlich ist es doch lächerlich, so vor allen die Muskeln spielen zu lassen«, sage ich zu ihr. Sie grinst. »Eigentlich schon, aber trotzdem irgendwie beeindruckend, oder?« Ich nicke mit einem breiten Lächeln. Nach dem Training verschwindet Wanja zum Duschen. Als er zurückkommt, ist es draußen schon ziemlich frisch, und er trägt einen grob gestrickten grauen Wollpullover. Er sieht ziemlich gut aus. Das liegt aber weniger an seinen Sachen als an ihm selbst. Der graue Pullover macht einen etwas ausgeleierten Eindruck – er scheint schon ziemlich alt zu sein. Oder er hat ihn einfach nur zu heiß gewaschen, überlege ich. Aber als ukrainischer Kadett kann er sich wahrscheinlich keinen neuen leisten.

Der Abendhimmel ist schöner als auf jeder Ansichtskarte: Schwaden aus Orange und Rot durchziehen das Dämmerungsblau, und an einigen Stellen mischen sich Spuren von Lila und Silbergrau hinein. Über uns ziehen ein paar längliche, fast durchsichtige Wolken hinweg, ein leichter Wind geht in den Segeln. Sascha und Kolja, zwei Kadetten, beginnen Gitarre zu spielen, und wir setzen uns auf die Holzplanken, um ihnen zuzuhören. Als sie anfangen zu singen, bekomme ich sofort eine Gänsehaut. Das klingt ganz anders als das, was ich bisher auf Klassenfahrten oder am Lagerfeuer gehört habe. Die Stimmen der jungen Männer sind nicht nur außergewöhnlich klar und kräftig. Sie sind so voller Gefühl, Wärme und Wehmut, dass ich merke, wie mir Tränen in die Augen steigen. Schnell schaue ich nach unten und kneife mir in den Finger. Reiß dich zusammen, denke ich. Du kannst doch nicht vor allen einfach losheulen. Ich bin fassungslos, wie tief mich diese Lieder berühren, obwohl ich doch nicht einmal den Text verstehe. Als ich mich wieder gefangen habe und aufblicke, sehe ich, dass Tränen über Susas Wangen rollen. Sie schämt sich dafür nicht. An ihrer Seite sitzt schon ein Tröster. Es ist Kostja, ein kräftiger Kadett mit braunen Augen und Goldkettchen, von dem sie schon kurz nach unserer Ankunft angetan war. Wanja blickt zu uns herüber. Er bläst Ringe aus Rauch in die Luft, während er uns zu beobachten scheint. Wie macht er das nur? In Filmen habe ich immer gedacht, da sei ein Trick dabei. Mein Herz klopft, ich merke, wie meine Wangen heiß werden. Als das kleine Konzert vorbei ist und alle wieder auseinanderlaufen wollen, ruft Susa plötzlich: »Wanja, please wait! I want to make a picture.« Noch ehe wir uns versehen, hat sie uns vier zum Grüppchen aufgestellt: Kostja neben Susa, Wanja neben mich. Die Kamera drückt sie einfach einem anderen Kadetten in die Hand. Wanja steht ganz dicht neben mir und schaut mich von der Seite an. Mein Herz klopft gleich doppelt so schnell. »Kak djela?« – »Wie geht's?«, fragt er – so viel Russisch verstehe ich inzwischen schon. »Otlitschno« – »Ausgezeichnet!«, antworte ich. Dieses Wort haben Susa und ich vorhin extra noch im Wörterbuch nachgeschlagen. Wanja guckt ein bisschen erstaunt. Vielleicht habe ich es nicht richtig ausgesprochen? Und wie geht es ihm? »Normalno«, sagt er. Normal? Soll das heißen eher gut oder eher schlecht?, rätsele ich. Für mich klingt es wie unser »geht so«, also nicht gerade umwerfend. Dabei sieht er ziemlich froh aus. Irgendwann werde ich wissen, dass »normalno« so viel heißt wie »gut«. Und dass meine Antwort etwas übertrieben klingt, weil Russen auf die Frage nach dem Befinden nur selten »ausgezeichnet« antworten. Doch dass wir einmal die Sprache des anderen lernen werden, dass ich eines Tages Russistik studieren werde und Wanja einen Sprachkurs nach dem anderen belegen wird, wissen wir in diesem Moment noch nicht.

Nach fünf Tagen, die Hälfte der Reise ist schon herum, machen Susa, ich und noch einige andere deutsche Trainees eine Mastbesteigung. Wir wollen die Aussicht von oben genießen – natürlich sind wir alle gut mit Bergsteigergurten gesichert. Obwohl wir nur bis zur ersten Plattform in etwa zehn Metern Höhe klettern, habe ich butterweiche Knie und einen rasenden Puls. Mit jedem Meter spürt man das Schwanken des Schiffes und den Wind stärker, und als ich oben stehe, klammere ich mich erst einmal an das Metallgeländer. Als ich mich schließlich an den Gedanken, hier oben zu stehen, gewöhnt habe, sind das Gefühl und die Aussicht einfach unbeschreiblich. Susa ist genauso euphorisch.

»Wahnsinn!«, kreischt sie gegen den Wind. »Und die Kadetten gehen bis zu dreißig Meter hoch, wenn sie die Segel setzen oder bergen. Echt krass!«

Kaum haben wir wieder festen Boden unter den Füßen, wollen wir sofort wieder hoch – aber diesmal ganz nach oben – so wie die Kadetten. Vielleicht können wir ja bei den Segelmanövern auch da oben mitarbeiten. »Wanja, can you help us to learn it?«, frage ich ihn. Er findet die Idee blödsinnig. »Satschjem?« – »Wozu?«, fragt er. »Das ist nichts für Mädchen, das ist Männerarbeit, und wir schaffen es ganz gut ohne euch.« Die Kadetten benutzen beim Auf- und Abstieg ihre Sicherheitsgurte nicht, und Wanja befürchtet, dass wir abstürzen. »Man braucht viel Kraft und eine sehr gute Kondition«, sagt er in seinem russisch klingenden Englisch. Natürlich macht das die Sache für uns nur noch reizvoller. »Wir haben Ausdauer«, sage ich. »Kraft nicht so viel, aber das können wir bestimmt über eine gute Technik ausgleichen. Wir wollen es unbedingt versuchen«, bitte ich. Wanja schüttelt unwillig den Kopf. Doch er ahnt, dass wir jemand anderen bitten werden, wenn er uns nicht hilft. Das will er nicht, dann macht er es schon lieber selbst. Innerhalb von wenigen Tagen bringt er uns alles übers Klettern bei, was er weiß. Dann setzt er sich beim Bootsmann und beim Kapitän für uns ein und hat Erfolg: Wir dürfen bei den Manövern mit aufentern und fühlen uns wie kleine Heldinnen.

Natürlich sind die Kadetten schneller als wir, und nachts und bei schlechtem Wetter habe ich oben im Mast sogar ziemliche Angst, aber wir schlagen uns tapfer und lassen uns unsere Erschöpfung nicht anmerken. Es ist eine dieser stürmischen Nächte, als Wanja am Fuße des Masts auf mich wartet. »Julie, wenn du mein Mädchen wärst, würde ich das nicht erlauben«, sagt er. Noch außer Atem frage ich:

»Du würdest es einfach verbieten?« – »Natürlich«, sagt er, als wäre es das Selbstverständlichste von der Welt. »Ein normales russisches Mädchen würde das aber auch nicht machen wollen. Ich kann nicht verstehen, warum du und Susa unbedingt beweisen müsst, dass ihr das genauso gut könnt wie wir Männer.«

Der Segelalarm ist vorbei, und es wird langsam wieder ruhig an Deck. Die meisten haben sich in ihre Kojen verkrochen. Nur Wanja und ich sitzen noch unter einem Vordach und schauen auf das schwarze, aufgewühlte Meer. Es gefällt mir, dass er sich so viele Gedanken macht und kein Blatt vor den Mund nimmt. Ohne groß darüber nachzudenken lege ich meinen Kopf an seine Schulter. Das fühlt sich unglaublich gut an. Und noch ehe ich ganz begriffen habe, was passiert, küssen wir uns zum ersten Mal.

Irren ist menschlich

An einigen Abenden sitzen wir noch in der kleinen gemütlichen Schiffsbibliothek. Sie ist einer der wenigen Orte, wo man halbwegs ungestört sein kann, aber ein paar Bullaugen, durch die man vom Gang hineinschauen kann, gibt es trotzdem. Ich habe Wanja gebeten, mir die wichtigsten Seemannsknoten und ein paar Basics in Navigation beizubringen. Er bemüht sich auch redlich, aber in Naturwissenschaften bin ich leider keine Leuchte. Wir sitzen einander gegenüber, und über Wanja hängt eine Landkarte der Krim, die ich schon die ganze Zeit immer wieder betrachte. »Weißt du, bis zu dieser Reise hatte ich von der Krim ehrlich gesagt noch gar nichts gehört«, gebe ich zu. »Ich kannte nur Moskau mit den berühmten Zwiebeltürmchen, Sankt Petersburg und Reportagen über die transsibirische Eisenbahn.« Wanja lacht. »Aber das ist alles Russland, und die Krim gehört schon eine Weile zur Ukraine.« Ach, so ist das. Eigentlich ja ganz schön peinlich, dass mir die Halbinsel im Schwarzen Meer in all den Jahren bis zum Abitur auf der Europa-Karte nie aufgefallen ist. Sie ist zwar nicht groß, aber ihre Fläche entspricht immerhin etwa der von Brandenburg. Von Wanja erfahre ich, dass sie zwar der Regierung in Kiew untersteht, aber auch den Status einer Autonomen Republik und ein eigenes Parlament hat. »Der größte Teil der Bevölkerung auf der Krim hat russische Wurzeln«, erzählt Wanja. »Meine Familie auch. Wir kamen ursprünglich aus den Gegenden um Kursk, Brjansk und Rjasan.« Ich habe keine Ahnung, wo das genau liegt. »Und wie spricht man deine Heimatstadt noch mal richtig aus? Heißt sie Sewástopol?«, frage ich ihn mit der Betonung auf dem A. »Eigentlich Sewastópol«, sagt er und betont dabei das vordere O. Die Stadt liegt im Südwesten der Krim, direkt am Meer, und hat ungefähr dreihundertfünfzigtausend Einwohner.

Wanja will wissen, wie ich mir das Leben und die Menschen dort so vorstelle, und er bittet mich, kein Blatt vor den Mund zu nehmen. Also antworte ich ihm ganz offen und ehrlich. »Also, bis vor kurzem dachte ich, die Russen sind immer etwas laut und ungehobelt. Das lag vielleicht auch an der Sprache, die klingt für deutsche Ohren nämlich ziemlich hart«, bekenne ich freimütig. Dann lächele ich ihn an. »Aber nun habe ich ja zum Glück einen sehr kultivierten russischen Seemann kennengelernt, und seitdem gefällt mir auch die Sprache.« Trotzdem könnte ich mir nicht vorstellen, dort zu leben, sage ich. »Diese extreme Kälte im Winter würde ich nicht lange aushalten.« Wanja sieht kurz aus, als würde er etwas sagen wollen, aber er hält sich zurück und hört mir erst einmal weiter zu. Dass ich noch nie in Russland oder der Ukraine war und mein gesammeltes Wissen nur aus den deutschen Medien habe, weiß er. Und dort scheint Russland oft nur aus Moskau und Sibirien zu bestehen und aus zwei Arten von Russen: Entweder sind sie bitterarm und dem Alkohol verfallen – das scheint die große Mehrheit zu sein –, oder es sind superreiche Oligarchen, die arrogant und rücksichtslos sind und ihr Geld nur so verprassen. Wanja lässt meine landeskundlichen Ausführungen gelassen über sich ergehen. Auch meine Vermutung, die meisten russischen Frauen seien Heimchen am Herd, deren Ehrgeiz hauptsächlich darin besteht, den Männern zu gefallen, quittiert er lediglich mit einer hochgezogenen linken Augenbraue. »Und neulich habe ich gelesen, dass die Männer eine fast zwanzig Jahre niedrigere Lebenserwartung haben als die Frauen, weil sie so oft an Leberzirrhose sterben. Das fand ich wirklich erschreckend«, runde ich mein nicht sehr fundiertes Russlandbild ab. Wanja holt tief Luft. Mir scheint, er weiß nicht so recht, wo er anfangen soll. Vielleicht war das doch zu viel der Offenheit? Schnell füge ich noch an: »Aber die russische Gastfreundschaft ist natürlich weltberühmt. Und fast jeder kennt Tolstoj und Puschkin, eure literarischen Meister, und natürlich auch Tschaikowsky und seine Nussknackersuite.« Wanja nickt. »Du musst nichts wiedergutmachen. Einiges stimmt ja auch, aber einiges auch nicht«, sagt er. Die Armut sei wirklich ein großes Problem, gibt er zu, besonders die Alten seien davon betroffen, obwohl sie ihr Leben lang gearbeitet haben. »Aber es gibt auch eine wachsende Mittelschicht«, sagt er. »Das sind Leute, die ganz normal arbeiten gehen und sich auch ein paar Dinge leisten können.« Und natürlich werde viel getrunken, das sei ja kein Geheimnis, aber deshalb seien nicht alle Alkoholiker. Viele Männer würden deshalb früh sterben, weil sie ihr Leben lang unter schwersten Bedingungen gearbeitet hätten und die medizinische Versorgung nicht gut genug sei. »Außerdem trinkt man bei euch letztlich nicht weniger Alkohol«, sagt er. »Bier und Wein sind natürlich schwächer als Wodka, aber die Weltgesundheitsorganisation hat festgestellt, dass sich die reine Alkoholmenge pro Kopf nichts nimmt.« Das höre ich zwar zum ersten Mal, aber wenn das stimmt, wäre das wirklich ein Ding. Dann müsste unser Bild von Russland als Trinkernation wohl mal revidiert werden. Dann erzählt Wanja mir noch, dass es nicht überall im Osten sibirisch kalt ist. »Die Krim liegt auf dem Breitengrad von Bordeaux und Bologna«, sagt er und zeigt es mir auf der Karte. »Im Sommer haben wir oft fünfundvierzig Grad im Schatten, und die Winter sind in Sewastopol manchmal so mild, dass man im Pullover gehen kann.« Dass er doch ein bisschen gekränkt ist, merke ich, als er sagt: »Bei uns finden übrigens auch viele, dass die deutsche Sprache hart klingt. Man vergleicht sie sogar mit dem Bellen eines Hundes. Ich glaube, das liegt an den alten Kriegsfilmen, in denen deutsche Soldaten die ganze Zeit herumbrüllen.« Jetzt ist es raus. War ja klar, dass das Thema Zweiter Weltkrieg irgendwann kommen musste, denke ich. Auch wenn ich längst zu einer anderen Generation gehöre, ist das für mich immer wieder ein wunder Punkt. Wanja bereut schon, was er gesagt hat, und schlägt einen versöhnlichen Ton an: »Wenn du sprichst, klingt das immer sehr angenehm«, sagt er. Außerdem gibt er zu, dass er auch nicht frei von Vorurteilen ist. »Bis zu dieser Reise habe ich die Deutschen zwar für ordentlich, fleißig und zuverlässig gehalten«, sagt er. »Aber auch für langweilig, humorlos und unterkühlt. Und über die deutschen Mädchen dachte ich, dass sie sehr stämmig und groß sind – so wie echte Bäuerinnen – mit rotblonden Haaren, Sommersprossen und kleinen Augen. Das war nicht gerade mein Ideal.« Ich muss lachen. Gerade habe ich mir vorgestellt, wie so eine rotblonde Hünin Wanja auf dem Feld knechtet. Da hat er es mit mir ja vergleichsweise gut getroffen. Ich glaube, er ist auch ganz froh darüber.

Erst als die Khersones in den Hafen von Göteborg einläuft, wird mir richtig bewusst, dass die unbeschwerten Tage mit Wanja vorbei sind. Wie gern hätte ich ihn nach seiner Adresse oder Telefonnummer auf der Krim gefragt, aber ich traue mich nicht, und er sagt auch nichts. Die Vorstellung, ihn nie wiederzusehen, macht mich plötzlich sehr traurig, aber ich will keine Klette sein. Die letzten Stunden an Bord vergehen quälend langsam. Wir wissen nicht, worüber wir noch sprechen sollen, und halten uns einfach an den Händen, bis die Fähre da ist. Susa dagegen gibt sich ganz ihrem Trennungsschmerz hin und weint ohne Unterlass. Dann ist der Moment des Abschieds gekommen. Wir küssen uns noch ein letztes Mal, dann gehe ich schnell von Bord. Auf dem Rückflug bin ich wie benommen. Und als ich zu Hause die Wohnungstür aufschließe, wird mir klar, dass es trotz aller guten Vorsätze nun doch passiert ist: Ich habe mich in einen russischen Kadetten verliebt. In den nächsten Wochen und Monaten habe ich den schlimmsten Liebeskummer meines Lebens.

II

Ich auf der Krim

S*usa* und ich schwelgen in den nächsten Wochen immer wieder in Erinnerungen an die Zeit auf dem Schiff. Wir nippen an süßem Krimsekt und sind uns einig, dass wir unsere Stewardessen-Uniform am liebsten sofort wieder gegen einen Blaumann eintauschen würden. Im Briefkasten haben wir am Vormittag eine Postkarte von Jochen, einem ehemaligen Mitsegler, gefunden. Er hat gerade auf der Krim Urlaub gemacht und schreibt, dass die Khersones dort in der Stadt Kertsch in einer Werft überwintern wird. »Kertsch«, überlegt Susa laut, »ist das nicht dort, wo auch die Kadetten studieren?« – »Hm«, mache ich nur. Alles, was irgendwie mit Wanja zu tun hat, vermeide ich, es macht mich einfach zu traurig. »Komm, lass uns mal nachschauen, wo dieses Kertsch genau liegt«, bohrt Susa weiter. »Wenn Jochen da hinfahren kann, warum nicht auch wir?« – »In die Ukraine?«, frage ich, als ob mir Susa vorgeschlagen hätte, ins Reich der Finsternis zu fahren. »Bis Kertsch sind es doch von hier fast dreitausend Kilometer.« Susa ist nicht so eine Bedenkenträgerin wie ich. »Also, willst du das Schiff nun wiedersehen oder nicht?«, fragt sie und sieht mich verschwörerisch an.

Es ist Ende Oktober, als wir nach Kiew fliegen. Unser Plan ist es, von dort mit dem Zug weiter auf die Krim zu fahren. Aber das stellen wir uns zu leicht vor. Am Kiewer Hauptbahnhof sagt man uns, dass es für diese und auch für die nächste Woche keine Zugfahrkarten mehr nach Kertsch gibt. Wir sind wie vor den Kopf gestoßen. Damit hatten wir nicht gerechnet. Schließlich ist nicht etwa August, wo es immer viele Badegäste auf die Krim zieht und man so einen Engpass noch verstehen könnte. Deprimiert sitzen wir auf unseren Koffern und überlegen, was wir machen können, als plötzlich ein älterer, kräftiger Kerl mit schwarzer Lederjacke und tief ins Gesicht gezogener Schiebermütze vor uns steht. Ich zucke zusammen. In der Bahnhofshalle ist das Licht ausgefallen, alles spielt sich im Halbdunkeln ab. Überhaupt ist der Kiewer Hauptbahnhof damals, vor der großen Renovierung im Jahr 2004, ein ziemlich düsterer Ort und Tummelplatz vieler zwielichtiger Gestalten. »You tickets to Kertsch?«, fragte der Mann mit heiserer Stimme. Wir nicken. »Give your passports, I bring back in twenty minutes«, nuschelt er. »Aber wir können ihm doch nicht einfach unsere Pässe geben!«, sage ich erschrocken zu Susa. »Was ist, wenn er damit abhaut?« – »Aber welche Alternative haben wir denn?«, fragt sie und sieht ziemlich verzweifelt aus. »Mit den zehn Tagen Urlaub, die wir haben, können wir keine Zeit vertrödeln. Sonst schaffen wir es nicht mehr nach Kertsch.« Das darf nicht passieren, schießt es mir durch den Kopf. Ich freue mich so sehr darauf, Wanja wiederzusehen. Also dann eben doch. Wir geben dem Mann unsere Pässe und schicken ein Stoßgebet gen Himmel, er möge damit wiederkommen. Während Susa die Stellung hält, mache ich mich auf die Suche nach etwas zu essen. Schließlich wissen wir ja nicht, ob es in ukrainischen Zügen einen Speisewagen gibt – falls wir überhaupt noch einen Zug von innen zu sehen bekommen! Doch erst muss ich Geld wechseln. Ich stelle mich vor ein Fensterchen, über dem »obmjen valut« – »Geldwechsel« steht. Diesen Begriff kenne ich zwar noch nicht, aber auf einer Tafel sind verschiedene Länderflaggen und Wechselkurse abgebildet. Beim Anblick der ukrainischen blau-gelben Flagge muss ich lächeln. Wanja hat mir erklärt, dass sie einen blauen Himmel über gelbem Weizen symbolisiert, weil die Ukraine mit ihren fruchtbaren Böden historisch als Kornkammer des Ostens gilt. Für mich sieht es aus wie Sonne und Meer.

Ein bisschen seltsam finde ich nur, dass in dem Häuschen niemand sitzt, obwohl laut angegebenen »reschim raboty« – »Öffnungszeiten« eigentlich bis achtzehn Uhr jemand da sein müsste. Jetzt ist es erst kurz vor halb sechs. Drinnen sehe ich noch eine halbvolle Teetasse stehen. Wahrscheinlich macht er oder sie noch eine kurze Pause, denke ich und warte. Mein Blick fällt auf zwei Verkäuferinnen, die etwa fünf Meter weiter stehen und sich unterhalten. Unsere Blicke treffen sich kurz. Offenbar ist auch bei ihnen im Laden heute nicht viel los. Die Zeiger der großen Bahnhofsuhr rücken weiter. Um Viertel vor sechs ist immer noch niemand da. Susa wartet sicher schon, denke ich, aber ohne ukrainische Hrywnja – so heißt die für uns Deutsche schwer auszusprechende Währung – kann ich hier nichts kaufen. Also stehe ich mir weiter die Beine in den Bauch. Hoffentlich ist der Kerl mit den Pässen inzwischen wieder da! Fünf vor sechs schwindet meine Hoffnung, dass hier noch jemand auftaucht. Ich gehe zu den Verkäuferinnen, die auch so aussehen, als warteten sie sehnlichst auf den Feierabend, und sage: »Isvinitje!« – »Entschuldigen Sie.« Dann zeige ich auf die Wechselstube und mache eine hilflose Geste. Die Damen schütteln den Kopf. »No work«, sagt die eine, »she at home.« Wenn ich sie richtig verstehe, will sie mir damit klarmachen, dass die Mitarbeiterin schon nach Hause gegangen ist. Hätte sie das nicht etwas früher sagen können? Sie hat mich doch die ganze Zeit dort warten sehen.

Unverrichteter Dinge kehre ich zu Susa zurück. Gerade will ich ihr erklären, warum ich mit leeren Händen komme, da taucht der Kerl mit der Mütze auf. Er grinst und entblößt dabei zwei goldene Schneidezähne. »You think, I don't come back, right?«, fragt er. »Don't worry, be happy, here are your tickets.« Uns fällt ein schwerer Stein vom Herzen. »Bolschoje spasibo!« – »Vielen Dank!«, sagen wir wie aus einem Munde und geben ihm jede 25 DM. Ich werfe noch einen Blick auf die Fahrkarten. Sie sind auf unsere Namen ausgestellt. Eigentlich werden sie personalisiert, damit nicht jemand alle Fahrkarten aufkauft und dann schwarz zu höheren Preisen weiter vertreibt. Den Erfolg dieser Maßnahme haben wir ja gerade gesehen. Doch Susa mahnt zur Eile. Unser Zug fährt gleich ab.

Wir erreichen ihn gerade noch so, schnaufen und lachen, als wir mit Sack und Pack tatsächlich drin sind. In einem Viererabteil gehören uns die beiden oberen Liegen, die beiden unteren bleiben erst einmal frei. Wir essen die letzten Schokoriegel auf und sind guter Dinge – endlich kommen wir unserem Ziel näher. Aber die Freude währt nicht lange. »Igitt! Oh nein!«, schreit Susa plötzlich. Sie hat eine kleine Kakerlakenkolonne entdeckt, die über den Holzrahmen des Fensters dicht an unseren Kopfkissen vorbeiwandert. »Dabei ist das Licht doch noch an«, schreie nun auch ich. »Wie viele werden hier erst im Dunkeln rumkrabbeln?« Bisher kannte ich Kakerlaken nur aus schlechten Filmen. Doch unser Abenteuer hält noch so manche Überraschung bereit. Mitten in der Nacht hält der Zug an einer kleinen Bahnstation. Susa und ich nehmen den Halt nur im Halbschlaf wahr, als plötzlich zwei Männer in unser dunkles Abteil poltern und gleich hinter sich die Tür verriegeln. Eine widerliche Wolke aus Schweiß und Schnaps liegt sofort in der Luft. Wir ziehen uns die Decken über den Kopf. Mein Herz schlägt bis zum Hals. Die Männer torkeln, fluchen und lallen – irgendwann schlafen sie endlich ein und schnarchen fürchterlich. Stocksteif liege ich in meinem Bett, an Schlaf ist nicht zu denken. Als der Lichtschein einer Laterne Susas Gesicht streift, sehe ich: Sie ist eingeschlafen. Die Glückliche! Ich drehe mich um und versuche, es ihr gleichzutun.

Irgendwann am Vormittag kommen die Männer wieder zu sich – zum Wachwerden trinken sie erst einmal ein Bier. Susa und ich liegen noch oben, aber uns ist auch klar: Ewig können wir uns nicht mehr schlafend stellen. Also schlage ich mit einem Ruck die Bettdecke zurück, klettere beherzt von der Liege und sage auf Russisch: »Sdrastwujtje, dawajte posnakomimsja!« – »Guten Tag! Machen wir uns doch miteinander bekannt!« Diesen Zungenbrecher hat Susa noch zu Hause mit mir eingeübt – was für ein Glück! Die beiden Landstreicher sind nach meinem Auftritt zuerst perplex, aber dann lachen sie laut und reden auf uns ein: »… is Germanii?« – »… aus Deutschland?«, ist das Einzige, was ich verstehe. »Da« – »Ja«, sage ich und lächele freundlich. Susa nickt immer wieder zustimmend. Ich bin nicht sicher, ob sie wirklich versteht oder nur höflich sein will. Erfreut wie sie sind, laden uns die Männer zum Frühstück ein. Sie haben Butterbrote dabei, Speck, Salami, hartgekochte Eier, Gurken und Tomaten und legen alles auf den kleinen Klapptisch. Das wäre bestimmt auch lecker, wenn ihre Hände und Kleider nicht so schmutzig wären und sie nicht so übel riechen würden! Leider lassen sich die Fenster im Abteil nicht öffnen, sie sind zugeschweißt. Natürlich haben die beiden Vagabunden auch den unvermeidlichen Wodka wieder im Angebot. Wir finden das Zeug eigentlich beide scheußlich, trauen uns aber nicht, die randvollen Gläschen abzulehnen. Solange wir mit ihnen das Abteil teilen müssen, wollen wir sie lieber nicht verärgern. Wir wissen auch noch nicht, dass man in Russland und der Ukraine besser nicht mit Fremden trinken sollte. Es kommt immer wieder vor, dass der Schnaps in der Flasche gepanscht ist. Das muss derjenige, der einen ausgibt, nicht einmal selbst wissen. Er kann den gefälschten Wodka auch schon so an einem Kiosk gekauft haben. Auf jeden Fall kann das für alle Beteiligten lebensgefährlich sein. Ahnungslos schlucken Susa und ich jede drei Gläser tapfer hinunter, dazu gibt es jedes Mal eine Scheibe fettiger Wurst. Für Susa ist das besonders schlimm, sie ist nämlich seit ein paar Monaten Vegetarierin. Irgendwie kommt mir die ganze Situation so aberwitzig vor, dass ich laut losprusten muss – der Wodka entfaltet offenbar schon seine Wirkung. Auch Susa muss plötzlich lauthals lachen. Als wir uns wieder gefangen haben, merken wir, dass die Männer uns finster anblicken. Der eine, fast Zahnlose, zischt etwas in meine Richtung, was ich nicht verstehe. Anscheinend glauben sie, wir lachen sie aus. Susa und ich fühlen uns mit einem Schlag wieder nüchtern und wissen nicht, wie wir uns jetzt verhalten sollen. Die Männer packen ihre paar Sachen zusammen, dann verschwinden sie grußlos. Wir bleiben verdattert, aber erleichtert im Abteil zurück. Die Schiebetür haben sie offen stehen lassen – wenigstens kommt nun endlich wieder Luft herein.

Die Fahrt dauert länger als geplant. Aus unerfindlichen Gründen steht der Zug auf der Strecke beinahe vier Stunden. Die Toiletten sind während dieser ganzen Zeit gesperrt, weil die gesamte Krim eine »sanitarnaja zona«, eine sanitäre Schutzzone, sei, wie die rundliche, noch junge »prowodnitsa«, Zugbegleiterin, Susa erklärt. Sie gibt uns die Fahrkarten zurück, welche ihre Kollegin gestern beim Einsteigen eingesammelt hatte. Dann bietet sie uns Tee an. Susa macht ihr begreiflich, dass wir leider noch keine Landeswährung haben und nur mit D-Mark bezahlen könnten. Sie überlegt kurz, dann lässt sie sich darauf ein. Den dampfenden schwarzen Tee serviert sie in schönen alten Gläsern.

Nach vierundzwanzig Stunden kommt der Zug endlich in Kertsch an, es ist schon wieder dunkel. Am Ausgang des Bahnhofes werden wir gleich von mindestens zehn Taxifahrern umringt. Susa fragt einen von ihnen: »Skolko stoit w universitet?« – »Wie viel kostet es bis zur Universität?« Zwar wollen wir eigentlich zum »Studentenwohnheim«, aber das Wort »obscheschitije« lässt sich so schwer aussprechen, und wir wissen, dass es direkt neben der Uni liegt. Der Taxifahrer sagt uns, was er für den Weg haben will. Susa zeigt ihm, dass sie nur deutsches Geld dabeihat, daraufhin deutet er auf einen 20-DM-Schein. Wahrscheinlich ist das maßlos überteuert, aber wir haben keine große Wahl, weil wir nicht wissen, wie weit es genau ist. Also nicken wir. »Pojechali!« – »Fahren wir!«, sagt er und nimmt uns die schweren Rollkoffer ab.

Im Wohnheim angekommen, mieten wir ein kleines Gästezimmer in der achten Etage. Diesen Tipp hat uns Jochen gegeben, der Trainee, der schon vor uns in Kertsch war. Während Susa für uns noch ein Formular ausfüllt, wird mir erst richtig bewusst, dass wir tatsächlich hier sind. Irgendwo in diesem grauen Plattenbau muss auch Wanja wohnen. Er hat mir noch auf dem Schiff erzählt, dass er hier ein Zimmer hat. Es ist so aufregend, plötzlich wieder in seiner Nähe zu sein! Am liebsten würde ich sofort loslaufen, um ihn zu suchen. Aber das Wohnheim ist viel größer, als ich erwartet habe. Es wird wohl nicht ganz leicht, ihn hier zu finden. »Mensch, das ist aber kalt hier«, sagt Susa, als wir unsere Jacken ausziehen. »Ich denke, es ist mild auf der Krim!« Wir wissen noch nicht, dass es mehrere Klimazonen auf der Halbinsel gibt. Mild ist es vor allem im Süden, in der Gegend um Jalta. Dort hat man durch die Bergketten sogar ein subtropisches Klima mit Palmen und Zypressen. Kertsch und der Osten der Krim sind hingegen bekannt für ihr raues Klima. »Du, die Heizung funktioniert nicht«, stellt Susa fest. Doch ich bin schon im Bad. »Aus dem Hahn kommt auch nur kaltes Wasser«, rufe ich ihr zu. Und noch eine Überraschung wartet auf uns. Eine halbe Stunde nach unserer Ankunft ist es so weit: Das Licht geht aus. »Was ist denn jetzt los?«, frage ich überrascht in die Dunkelheit, ich war noch mitten beim Kofferauspacken. »Ich glaube, ein Stromausfall«, sagt Susa. In Wirklichkeit ist es jeden Abend so, dass um Punkt zweiundzwanzig Uhr in der ganzen Stadt der Strom abgeschaltet wird. Auf der Straße brennt dann nicht mal mehr eine Laterne. Den Koffer kann ich jetzt jedenfalls nicht weiter auspacken, und im Dunkeln kalt zu duschen ist auch nicht gerade eine verlockende Vorstellung. Also gehen wir schlafen. Weil der Wind so durch die undichten Fenster pfeift, ziehen wir unsere Jacken wieder an und kriechen in die Betten. Vorm Einschlafen sage ich: »Morgen wird bestimmt ein schöner Tag. Schlaf gut!« Ich höre, wie Susa herzhaft gähnt. »Ganz bestimmt«, sagt sie schläfrig. »Spokojnoj notschi!« – »Gute Nacht!«

Am nächsten Morgen bin ich schon früh wach und mache mich endlich auf die Suche nach Wanja. Susa schläft noch tief und fest. Leider weiß ich weder die Etage noch seine Zimmernummer. Aber ich erinnere mich, dass gestern Abend unten am Eingang eine »deschurnaja«, eine »diensthabende« Frau, saß. Sie hat uns so genau angeschaut, dass sie bestimmt jeden kennt, der hier regelmäßig ein und aus geht. Der Fahrstuhl ist außer Betrieb, also laufe ich die Treppen bis nach unten. Jetzt am Morgen sitzt zwar eine andere ältere Frau an dem Platz, aber sie scheint vom gleichen Schlag zu sein. »Dobroje utro!« – »Guten Morgen!«, sage ich. Sie schaut von ihrem Kreuzworträtsel auf und verzieht erst einmal keine Miene. Ich lächele und versuche ihr zu erklären, warum ich hier bin. »Student. – Wanja. – Komnata?«, frage ich ziemlich blöd. Komnata heißt Zimmer – mehr zur Situation passende russische Wörter fallen mir in diesem Moment nicht ein. »Familija?«, fragt die Frau. Denkt sie etwa, ich gehöre zu seiner »Familie«?, überlege ich. »Njet« – »Nein«, sage ich. Die Frau schaut mich skeptisch über ihren Brillenrand hinweg an. Kein Wunder, denn »familija« heißt im Russischen nicht Familie, sondern »Familienname«. Sicher findet sie es seltsam, dass ich ihr den nicht nennen kann. Aber ich kenne ihn wirklich nicht – und Wanja meinen höchstwahrscheinlich auch nicht. Auf dem Schiff war so etwas unwichtig. Die Frau scheint zu überlegen, welcher Wanja wohl gemeint sein könnte. Keine leichte Sache, denn dieser Name, eine Koseform von Ivan, ist im russischsprachigen Raum sehr häufig. Aber dann nimmt sie tatsächlich ihren Bleistift und schreibt auf einen Zettel: Vierte Etage, Zimmer 411. »Bolschoje spasibo!« – »Vielen Dank!«, sage ich und strahle sie an. Nun lächelt sie auch.

Ich klopfe mehrmals an die Tür und warte, niemand öffnet. Ein Student, der zufällig vorbeiläuft, spricht mich auf Russisch an. Ich schüttele den Kopf: »Nje ponimaju.« – »Ich verstehe nicht.« Er guckt überrascht, dann wechselt er ins Englische. »You look for Wanja?«, fragt er. Ich nicke freudig. »He is in Sewastopol. There lives his family.« Nur für wie lange oder wann er wiederkommt, weiß er nicht. »Spasibo!«, sage ich und verberge meine Enttäuschung so gut es geht. »Nje sa schto« – »Keine Ursache«, sagt der Student. Kaum ist er um die Ecke gebogen, füllen sich meine Augen mit Tränen. Was, wenn wir uns komplett verpassen?, denke ich und gehe unglücklich in die achte Etage zurück.

Susa ist inzwischen auch aus den ukrainischen Federn gekrochen und muntert mich auf. »Jetzt erkunden wir erst einmal die Gegend und besorgen uns etwas zu essen«, sagt sie unternehmungslustig. Doch das ist gar nicht so einfach. Zwar finden wir recht schnell eine Wechselstube und sind nun endlich zahlungsfähig, aber wir können weder einen Supermarkt noch ein Café oder Restaurant entdecken. Die Uni liegt auch nicht im Zentrum der Stadt. »Hier wirkt alles wie ausgestorben!«, sagt Susa schon weniger gut gelaunt. Uns knurrt beiden der Magen. Schließlich entdecken wir einen kleinen Markt unter freiem Himmel, aber die Stände und Kühltruhen sehen ziemlich schmuddelig aus. Vielleicht sind sie auch nur alt, überlege ich, aber appetitlich ist es trotzdem nicht. Letztlich kaufen wir an einem Stand ein »baton«, ein Weißbrot, und ein Stück Käse und verkriechen uns mit dieser kleinen Beute in unser Zimmerchen. Draußen wirkt alles so trist: Die Häuser und Straßen sind in einem schlimmen Zustand, überall liegt Müll herum, den ein paar grasende Kühe und Ziegen einfach mitfressen, und das Schlimmste: Den Menschen stehen die Sorgen förmlich ins Gesicht geschrieben. »Hast du gesehen, wie viele Männer um diese Uhrzeit schon eine Bierflasche in der Hand halten?«, fragt Susa bedrückt. »Einige sind kaum älter als wir.« Ich nicke. Unsere romantische Vorstellung vom einfachen, aber glücklichen Leben in Russland und in der Ukraine ist auf diesem kurzen Spaziergang wie ein Kartenhaus in sich zusammengebrochen, und wir beginnen, die Dinge neu zu beurteilen. Zu Hause habe ich das bunte Make-up und den auffälligen Kleidungsstil der Russinnen oft belächelt, aber hier empfinde ich ihn als wohltuenden Kontrast zu all dem Grau ringsumher. Es ist beinahe so, als ob taillierte Pelzmäntelchen, pinkfarbenes Lipgloss und Zehn-Zentimeter-Stiefeletten zu Symbolen der Lebensfreude und Hoffnung avancieren. »Hattest du vorhin eigentlich auch das Gefühl, dass die Leute uns komisch anschauen?«, fragt Susa. Ich weiß, was sie meint. »Man sieht uns eben an, dass wir Ausländerinnen sind«, sage ich. »Wie viele junge Frauen außer uns hast du denn hier schon in Windjacke und Wanderstiefeln gesehen?« Sie nickt: keine Einzige.

Im Gegensatz zu mir hatte Susa versucht, den Kontakt zu ihrem Kostja zu halten. Die beiden hatten beim Abschied auf dem Schiff Adressen und Telefonnummern ausgetauscht, und sie hatte ihm sogar ihr Handy geschenkt: ein noch recht klobiges, aber immerhin voll funktionstüchtiges Modell. Dummerweise gab es in Kertsch im Jahr 2000 noch gar kein Mobilfunknetz, und so verschwanden Kostja und Susas Handy gemeinsam im Funkloch. Sie schrieb ihm noch zwei Briefe, auf die aber keine Antwort kam, dann beschloss sie, ihm nicht länger hinterherzutrauern. Doch nun, wo wir schon einmal hier sind, hat sie doch wieder Lust, ihn zu sehen. Er wohnt zwar nicht im Wohnheim, aber einige Studenten kennen ihn und rufen ihn für uns an.

Das Treffen am nächsten Tag wird jedoch ein Reinfall.

Die beiden stehen sich gegenüber wie Fremde, und Susa hat das Gefühl, als sei der Kostja in Kertsch nicht der Kostja vom Schiff. Dinge, über die sie vorher noch gern hinweggesehen hat, stören sie plötzlich: seine schlechten Zähne, sein Kleidungsstil, sein Benehmen. Sie streiten sich und trennen sich zum zweiten Mal, diesmal für immer. Susa vergießt ein paar Tränen, aber ich weiß: Die werden trocknen.

Die Pleite mit Kostja trägt dazu bei, dass Susa schon früher als geplant wieder aus Kertsch wegwill. Sie fühlt sich dieser Stadt und der ganzen Situation nicht gewachsen und ist schon drauf und dran, ihre Koffer zu packen. Kaum zu fassen, dass wir uns beide bis vorgestern noch für welterfahrene Flugbegleiterinnen gehalten haben. Wir waren zwar wirklich schon an vielen Orten. Doch ob Boston, L.A., Kapstadt oder Bombay – die Fluggesellschaft hat immer für allen Komfort gesorgt. Hier sind wir das erste Mal völlig auf uns gestellt und fühlen uns so hilflos wie zwei Kühe auf dem Eis. Ich verstehe, dass sie nach Hause will, aber ich bitte sie, noch durchzuhalten – für mich und Wanja. »Es kann natürlich sein, dass es mir mit ihm genauso ergeht wie dir mit Kostja«, sage ich, »aber dann habe ich wenigstens die Gewissheit, dass wir nicht zueinander gehören.« Und Susa lässt sich zum Bleiben überreden. Hoffentlich kommt Wanja bald!

Wiedersehen mit Wanja

So oft habe ich mir vorgestellt, wie es sein wird, wenn wir uns wieder gegenüberstehen. Doch ich bin nicht einmal sicher, ob er sich überhaupt freuen wird, mich wiederzusehen. Hat er in den vergangenen Monaten noch so viel an mich gedacht wie ich an ihn? Soll ich ihn zur Begrüßung umarmen? Oder ihm einfach die Hand geben? Ich weiß es wirklich nicht.

Wir warten gerade auf den Fahrstuhl, da geht die Fahrstuhltür auf – und Wanja steht lächelnd vor mir. Sein Gesicht, seine Augen, der graue Wollpullover – alles ist wie immer, so als hätten wir uns erst gestern gesehen. Er überlegt nicht lange und küsst mich mitten auf den Mund. Der vertraute Duft umfängt mich. Wow, denke ich. Allein für diesen Moment hat sich die Reise gelohnt. »Woher wusstest du denn, dass wir hier oben sind?«, frage ich ihn noch ziemlich atemlos. – »Von Ljudmilla Sergejewna, das ist die ältere Frau unten am Eingang. Sie hat mir gesagt, dass ein Mädchen aus Deutschland hier ist und nach mir sucht. Julie, das konntest nur du sein.« Ihn so plötzlich wiederzusehen ist für mich wie eine schöne Fata Morgana. Erst beim zweiten Kuss glaube ich es: Er ist wirklich da.

Noch am gleichen Abend nimmt er uns mit zu einer Studentenparty, die in der großen Wohnheimküche auf seiner Etage stattfindet. Susa entdeckt unter den Studenten einen Kadetten vom Schiff, den sie auch sehr nett gefunden hat, und setzt sich zu ihm. Wanja stellt mir als Erstes zwei seiner Kumpel und deren Freundinnen vor: Sergej, ein schmaler, blasser junger Mann, ist mit der brünetten Olessja zusammen, und Wowa, ein großer und kräftiger Typ, hat die blonde Sonja an seiner Seite. »Priwjet!« – »Hallo!«, sage ich. »Priwjet!«, antworten die vier wie im Chor. Die beiden Mädchen lächeln freundlich und rücken gleich ein Stück auseinander, damit ich mich zwischen sie setzen kann. Ihre atemberaubenden Beine stecken in ziemlich kurzen Kleidern, das Kirschrot ihrer Schmollmünder überstrahlt alles. Ich bin zwar auch nicht ganz ungeschminkt, aber hier komme ich mir vor wie eine graue Maus.

Wanja reicht mir eine Schüssel mit Chips. Dazu trinken wir Sekt. Sonja fragt mich auf Englisch: »Kommt ihr nachher noch mit ins Surprise tanzen?«, und Olessja verspricht gleich: »Das wird sicher lustig!« Ich zögere. »Können wir denn so überhaupt mit?«, frage ich und zeige auf meinen blauen Fleece-Pullover, die Jeans und die Wildleder-Boots. Susa ist ähnlich wetterfest angezogen. Nun ist Olessja ganz in ihrem Element. Sie liebt es, andere in Modefragen zu beraten: »No problem!«, sagt sie. »Das kriegen wir hin. Kommt mit!«

Die Disco hat keine Ähnlichkeit mit den Berliner Clubs, in die ich normalerweise gehe. Hier sind die siebziger und achtziger Jahre ganz offensichtlich immer noch lebendig: Der DJ wirft regelmäßig die Nebelmaschine an und lässt Goldflitter von der Decke regnen. Die Männer tragen glänzende Hemden, die bis zur Brust aufgeknöpft sind. Nach dem Styling von Olessja passen wir perfekt hier rein. Sie hat für mich ein Minikleid mit Leopardenmuster ausgewählt und Susa in ein violett glänzendes Oberteil und eine auf Taille geschnittene Jeans gesteckt. Wir fühlen uns völlig schräg, aber gut.

Nach etwa einer Stunde bittet der DJ alle Pärchen auf die Tanzfläche. Mit schnurrender Stimme kündigt er eine langsame Runde an. Susa ist ganz aus dem Häuschen. »So etwas habe ich das letzte Mal in der Schuldisco erlebt!« Mir geht es genauso. In Berlin hat mir ein Barkeeper mal erzählt, dass viele Clubs auf solche Songs verzichten, um die vielen Großstadtsingles nicht zu vergraulen. Wanja nimmt meine Hand und führt mich auf die Tanzfläche. »Ich denke, du tanzt nicht gern«, sage ich, als wir inmitten der anderen Paare einen Platz gefunden haben. »Da muss ich jetzt wohl durch«, entgegnet er. »Sonst fordert dich noch ein anderer auf.« Schon nach ein paar Takten ist klar, Tanzen gehört nicht zu

Wanjas größten Talenten – einmal tritt er mir auch auf den Fuß. Ich schwebe trotzdem.

Am liebsten würde ich die Zeit anhalten. Seit Wanja wieder da ist, erscheint mir Kertsch längst nicht mehr so düster wie vorher. Auch Susa findet es inzwischen erträglich. Natürlich lassen wir sie nicht allein und schauen uns das meiste zu dritt an: den Hafen, wo unser geliebtes Schiff liegt, das Stadtzentrum und auch das KMTI, das Kertsch Marine Technological Institute, an dem Wanja studiert. Abends, wenn es draußen dunkel und ungemütlich wird, verkriechen wir uns in sein Zimmer und sind dankbar für den kleinen alten Heizlüfter, der dort steht. Wir lassen den brummenden Kasten laufen, bis der Strom abgestellt wird. Auch der Wasserkocher ist bis dahin im Dauereinsatz, obwohl er ziemlich widerspenstig ist. Sobald das Wasser kocht, muss man schnell den Stecker ziehen und dabei aufpassen, dass einen nicht der blaue Stromblitz an der Hand erwischt, der dabei aus der Steckdose schießt. Wir lachen dabei jedes Mal wie Kinder, denen es Spaß macht, ein bisschen mit dem Feuer zu spielen. Noch nie hat mir schwarzer Tee mit Zucker und Zitrone so gut geschmeckt wie hier.

Doch dann muss Wanja wieder nach Hause fahren, um seinem kleinen Bruder Andrej aus irgendwelchen Schwierigkeiten zu helfen. Er gibt mir den Schlüssel für sein Zimmer und küsst mich. »Vor eurer Abreise bin ich auf jeden Fall wieder da«, verspricht er. Kaum ist er weg, geschehen seltsame Dinge. In der Nacht randaliert ein betrunkener Mann auf unserem Flur und tritt mehrmals gegen die Tür. Sie hält zum Glück stand, aber Susa und ich sind vor Angst halb ohnmächtig. Selbst als wieder Ruhe ist, trauen wir uns nicht aus dem Zimmer. Eigentlich wollten wir noch unsere Zahnbürsten und eine Flasche Wasser aus der achten Etage holen.

Aber nun trinke ich kurzerhand das Wasser aus der Leitung. Die Quittung dafür bekomme ich ein paar Stunden später in Form von Übelkeit, Magenschmerzen und Erbrechen. Als es mir am Morgen noch nicht besser geht, bittet Susa ein paar Studenten, einen Arzt zu rufen. Der vermutet eine Infektion mit Coli-Bakterien und rät mir, sofort nach Hause zu fliegen. »Gehen Sie hier lieber nicht ins Krankenhaus!«, sagt er. Ich frage natürlich, warum nicht – immerhin habe ich eine Auslandsreise-Krankenversicherung abgeschlossen. »Manchmal kommt man kränker wieder heraus, als man hineingegangen ist.« Oha! Das will ich lieber nicht riskieren. Er gibt mir eine Spritze für die Reise, Susa packt unsere Siebensachen, und ich schreibe noch eine krakelige Notiz an Wanja. Dann steigen wir in ein Taxi und fahren zum Flughafen nach Simferopol – in die Hauptstadt der Krim. Wir haben Glück: Im Flieger nach Kiew sind noch Plätze frei. Auch den Anschlussflug nach Berlin schaffen wir. Mit wackeligen Knien komme ich im Krankenhaus an. Eine junge Ärztin nimmt mir Blut ab. Mir fällt gleich auf, dass sie einen russischen Akzent hat, und ich frage, woher sie kommt: »Aus Simferopol«, sagt sie. »Das liegt …« – »… auf der Krim, ich weiß. Von dort komme ich gerade.« Die Welt ist wirklich klein.

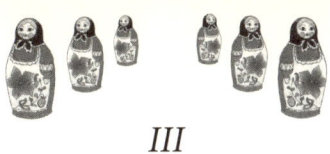

III

Jede Menge Stolpersteine

*A*ls ich aus Kertsch zurückkam, dachte ich, dass es höchstens ein paar Wochen dauern würde, bis ich Wanja wiedersehe. Aber so leicht ließ sich das nicht bewerkstelligen. Erst durfte Wanja sein Studium nicht unterbrechen, und dann musste er noch einmal für ein Praktikum auf See. Ein Dreivierteljahr vergeht, ohne dass wir uns sehen. Es ist eine Zerreißprobe für unsere Liebe. Im Herbst beginnt sein letztes Studienjahr in Kertsch – und mein erstes Semester in Leipzig. Das macht es nicht leichter. Den Job als Flugbegleiterin habe ich gekündigt. Auf Dauer hätte mich das Fliegerleben nicht glücklich gemacht. Stattdessen werde ich nun Journalistik studieren. Eigentlich verrückt: Wanja und ich sind gleich alt, beide einundzwanzig, aber er ist schon fast fertig mit seinem Studium, und ich stehe noch ganz am Anfang. »Bei uns wird man eben schneller erwachsen«, sagt er. In seiner Heimat ist es normal mit sechzehn oder siebzehn Jahren an die Uni zu gehen – und spätestens mit einundzwanzig oder zweiundzwanzig ist man dann mit allem fertig. Und bereit für die große weite Welt, fürs Heiraten und Kinderkriegen.

Als ich Wanja erzähle, dass ich in eine Wohngemeinschaft ziehen möchte, kann er sich darunter zuerst nicht viel vorstellen. In Kertsch hat man entweder ein Zimmer im Studentenwohnheim oder man wohnt bei den Eltern. Ich erkläre ihm, dass es bei uns gang und gäbe ist, dass sich Studentinnen und Studenten eine Wohnung teilen, um Geld zu sparen. »Also, du wohnst dann auch mit anderen Männern zusammen?«, fragt er skeptisch. »Das ist bei uns wirklich ganz normal«, versichere ich ihm. »Jeder hat ja sein eigenes Zimmer. Man teilt sich nur das Bad und die Küche und kocht vielleicht ab und zu zusammen.« Diese Vorstellung trägt jedoch nicht gerade zu seiner Beruhigung bei. Er ist noch recht konservativ erzogen, und dass junge Männer und Frauen einfach so zusammen in einer Wohnung leben, kommt ihm beinahe ein bisschen anrüchig vor. Ihm zuliebe entscheide ich mich letztlich für eine reine Frauen-WG. Die Konstellation ist so vorbildlich, dass sogar Wanja lachen muss, als ich ihm davon erzähle. Die eine Mitbewohnerin ist angehende Bibliothekarin und die andere studiert Theologie.

Wir leben von einem Telefonat zum nächsten. Dumm ist dabei nur, dass die Gespräche so furchtbar teuer sind, besonders die aus der Ukraine nach Deutschland. Deshalb bin meist ich es, die anruft. Einmal in der Woche gehe ich in ein Telefoncafé in der Innenstadt und kaufe mir eine spezielle Telefonkarte. Darauf ist ein Code, den man freirubbeln muss. Jede Karte hat einen Wert von 10 Mark – damit kann ich etwa fünfzehn Minuten in die Ukraine telefonieren. Das ist nichts, wenn man frisch verliebt ist. Also nehme ich in der Regel zwei oder drei Telefonkarten, und selbst die sind im Handumdrehen wegtelefoniert. Die Verbindung ist meistens lausig. Es knackt und knistert, manchmal klingt Wanja so leise, als wäre er wirklich am anderen Ende der Welt, und immer wieder bricht die Verbindung ganz ab. Jedes Mal, wenn ich neu wähle, werden 2 Euro als Gebühr abgezogen – sogar dann, wenn ich gar nicht durchkomme. Es ist zum Verzweifeln, und das Geld rinnt nur so dahin. Schon in den ersten zwei Monaten gehen knapp 400 Mark nur für Telefonkarten drauf, und so muss ich sogar den Dispokredit anzapfen, der mir noch aus Flugbegleitertagen geblieben ist.

Wir reden einfach über alles. Einmal sogar übers Heiraten. Sergej und Olessja haben sich getraut – mit gerade einmal zwanzig Jahren. Mir kommt das viel zu früh vor, und ich selbst könnte mir das absolut nicht vorstellen. Ich möchte studieren, arbeiten und erst später heiraten – vielleicht mit Ende zwanzig oder Anfang dreißig. Wanja hört mir mit Erstaunen zu. »Und wann bekommt man dann Kinder?«, fragt er. »Na so ab dreißig, manchmal auch erst mit vierzig«, entgegne ich. Ihm kommt das alt vor. Heiraten gehört für Wanja ganz selbstverständlich zur Lebensplanung – und nicht erst mit dreißig oder gar vierzig. Mir ist noch nicht einmal klar, welchen Zweck die Ehe eigentlich hat. Zwar sind meine Eltern immer noch miteinander verheiratet, aber in Berlin gibt es auch unglaublich viele Singles und jede Menge Patchworkfamilien. »Entweder man liebt sich oder nicht – dafür braucht man doch eigentlich keinen Trauschein«, sage ich und hoffe insgeheim, dass er mich vom Gegenteil überzeugt. Für ihn ist die Sache ganz klar: »Es ist einfach etwas anderes, ob man nur Freund und Freundin ist oder Mann und Frau«, entgegnet er. In der Telefonleitung rauscht es. »Aber wenn man verheiratet ist, kann man sich nicht sicher sein, dass der andere in schlechten Zeiten freiwillig bleibt. Vielleicht fühlt er sich nur dazu verpflichtet. Das würde ich auf keinen Fall wollen.« Wanja findet es seltsam, dass ich gleich vom Schlechtesten ausgehe. Für ihn bedeutet verheiratet zu sein vor allem, dass man sich für den anderen entschieden hat. Aber er hat keine Lust, mich erst von den Vorzügen des Ehegelübdes überzeugen zu müssen. »Dann lassen wir es eben einfach«, sagt er. Auf einmal fiept es kurz in der Leitung, und dann ist er weg. Aber das war ein Missverständnis, denke ich erschrocken. Eigentlich will ich es doch auch. Ich möchte ihn, Wanja. Doch sosehr ich es auch versuche, die Verbindung kommt einfach nicht mehr zustande. Beunruhigt und frustriert sitze ich in der Kabine und weine. Und natürlich habe ich wieder kein Taschentuch dabei.

Am gleichen Abend ruft Wanja mich noch einmal kurz auf dem Handy an, um mir eine gute Nacht zu wünschen. Er ist weder gekränkt noch verärgert. Die große Distanz lässt mich manchmal Gespenster sehen, wo gar keine sind.

Mit jedem Tag, den Weihnachten näher rückt, vermisse ich ihn mehr. Wie schön wäre es, mit Wanja Hand in Hand über den Weihnachtsmarkt zu bummeln, gebrannte Mandeln zu essen und Glühwein zu trinken. Im vergangenen Jahr konnten wir Heiligabend und Neujahr schon nicht zusammen verbringen. Diesmal muss es einfach klappen! Nur wie? Für ihn ist es jetzt im letzten Studienjahr noch schwieriger als vorher, nach Deutschland zu kommen. Nicht nur, weil das Material für seine Diplomarbeit nur in der Bibliothek in Kertsch einsehbar ist. Er würde auch nicht ohne weiteres ein Visum für Deutschland bekommen und müsste erst nach Kiew fahren, um es zu beantragen. Obwohl ich von meiner letzten Krim-Reise noch etwas verschreckt bin, schlage ich aus der Not heraus vor, dass ich wieder zu ihm fahre. Aber Wanja findet es zu gefährlich für mich, alleine zu reisen, vor allem weil wir kein Geld für den Flug haben und ich mit dem Bus fahren müsste. »Jetzt im Winter ist der Weg hier runter einfach zu beschwerlich. Ich will nicht, dass du noch einmal ein Risiko eingehst«, sagt er. Das Risiko ist mir ziemlich schnuppe. Ich will nur eines von ihm wissen: »Willst du mich denn überhaupt noch wiedersehen?« – »Natürlich will ich«, sagt Wanja, »aber …« – »Dann komme ich.«

Anfang Dezember beantrage ich ein Visum für die Ukraine und kaufe dann in einem kleinen russischen Reisebüro in Berlin Busfahrkarten, auf denen handgeschrieben auf Deutsch und Russisch steht: Berlin–Simferopol–Berlin, Abfahrt am 22. Dezember 2001 um 22 Uhr vom Zentralen Omnibusbahnhof Berlin. Für die Hin- und Rückfahrt bezahle ich zusammen etwa 300 Mark, das ist nicht wenig, aber noch erschwinglich. Der Verkäufer sagt noch, ich solle mir genug zu essen und zu trinken mitnehmen, die Strecke würde jetzt im Winter etwa zweiundvierzig Stunden dauern. Das heißt, ich könnte es sogar noch rechtzeitig zum Heiligabend schaffen – wenn sich der Bus nicht verspätet.

Obwohl meine Eltern bei Freunden zum Essen eingeladen sind, fahren sie mich mitsamt Gepäck zum Busbahnhof am Funkturm. Sie sind zwar gegen diese Reise, aber sie wissen, dass ich trotzdem fahren werde. Sie setzen mich am Bahnhof ab, nehmen mir das Versprechen ab, dass ich mich melde, sobald ich angekommen bin, und brausen davon. Umso mehr freue ich mich, dass Jurij, ein guter Freund, noch vorbeikommt, um sich zu verabschieden und mir Glück für die Reise zu wünschen. Jurij ist kein Russe, sondern waschechter Berliner. Wir reden und reden, die Zeit vergeht schnell. Zufällig schaue ich um Viertel nach zehn auf die Uhr. »Der Bus müsste doch eigentlich längst hier sein«, wundere ich mich. »Ich frage lieber mal am Infoschalter nach.« Der Mann in dem Häuschen sieht sich skeptisch meine Fahrkarte an. »Also offiziell gibt es keinen Bus mit diesem Ziel und dieser Abfahrtszeit«, sagt er. Ich verstehe nicht, was er meint. Soll das heißen, dass meine Fahrkarte eine Fälschung ist? Vielleicht sogar, dass ich nun nicht zu Wanja fahren kann? Und auch dass mein Geld jetzt futsch ist? Leise erklärt er mir, dass es sich wahrscheinlich um einen sogenannten schwarzen Bus handele, also einen illegalen, ohne TÜV. »Die fahren immer nur ganz kurz vor«, sagt er, »und wenn man mitwill, muss man schnell reinspringen.« Er selbst dürfe von einem solchen Bus aber eigentlich nichts wissen. Ich nicke und bringe gerade noch ein Dankeschön heraus, dann laufe ich aufgewühlt zu Jurij und erzähle ihm von dem Schlamassel. Jurij überlegt: »Laut Anzeigetafel haben alle anderen Busse mindestens zwei Stunden Verspätung wegen des ganzen Schnees. Dein Bus wahrscheinlich auch. Lass uns noch warten!« Ich bin ihm sehr dankbar. Man könnte meinen, sein Vorname habe ihm auch etwas von der russischen Geduld, dieser stoischen russischen Ruhe, mitgegeben. Aber ich könnte auch gar nicht einfach so die Zelte abbrechen und wieder nach Hause fahren. Ich will auf die Krim, und zwar noch dieses Jahr. Um Mitternacht wird der Warteraum geschlossen – draußen sind eisige minus zweiundzwanzig Grad. Zum Glück ist Jurij mit dem Auto da. Er macht die Heizung an und lässt sie im Stand laufen. Wir sitzen gemütlich im Warmen, allerdings außerhalb des Bahnhofgeländes. Was, wenn ich den Bus verpasse? Also rennt Jurij alle zehn Minuten die dreihundert Meter zurück zur Haltestelle, um nachzuschauen, ob der schwarze Bus schon da ist. Doch nichts. Kein Bus. Nirgends.

Wir warten Stunden, die Hoffnung schwindet. Fast bin ich bereit aufzugeben, da biegt er plötzlich doch noch um die

Ecke – um drei Uhr morgens. Ich bin schon so müde, dass es mir wie eine Halluzination vorkommt. Wir rennen los. Es ist so, wie der Mann am Schalter gesagt hat. Ich schaffe es gerade noch einzusteigen, da schließen sich die Türen auch schon wieder, und der Bus fährt los. Aus dem Fenster winke ich Jurij. Er hat wirklich einen Freundschaftsorden verdient.

Der Bus ist voller Menschen und voller karierter Plastiktragetaschen, die von Geschenken überquellen. An den Wortwechseln um mich herum merke ich schnell, dass ich die einzige Deutsche bin, die mitfährt. Alle anderen Fahrgäste sind Russen oder Ukrainer, die zum »Nowy God!«, über Neujahr, in ihre Heimat fahren. Und während ich im warmen Bus endlich einschlafe, wird Jurij noch einen Taxifahrer um Starthilfe bitten müssen, weil die Batterie durch die Standheizung komplett entladen ist.

Nicht immer ist der Weg das Ziel

In der Nacht wache ich auf, zitternd vor Kälte. Von meinem Sitznachbarn Wadim erfahre ich, dass die Heizung ausgefallen ist. Ich ziehe die kalten Füße hoch, kuschele mich in meinen Mantel und schlafe wieder ein. Das zweite Mal werde ich wach, als ich in einer Kurve mit dem Kopf gegen die Scheibe stoße. Außerdem habe ich ein flaues Gefühl im Magen. Ich schiebe den kleinen Vorhang am Fenster beiseite, um hinauszuschauen. Oh mein Gott!, schießt es mir durch den Kopf, denn der Bus rast nur so über die dunkle vereiste Landstraße. Bei diesem Tempo könnten wir jeden Moment verunglücken. Aber was kann ich machen? Eigentlich gibt es nur zwei Möglichkeiten: hysterisch werden oder sich einfach dem Schicksal ergeben und hoffen, dass alles gut geht. Meine russischen Mitreisenden kümmert das gar nicht; sie scheinen sich wohl für Letzteres entschieden zu haben. Also schließe ich mich ihnen an. Ich mache die Augen zu und falle sofort in einen tiefen festen Schlaf.

Am nächsten Morgen beginnt die Kälte an mir zu nagen. Meine Glieder sind wie festgefroren. Seit Stunden stehen wir an der polnisch-ukrainischen Grenze und warten auf die Erlaubnis zur Weiterfahrt. Aussteigen dürfen wir nicht. Ein Grenzer hat schon die Pässe eingesammelt und ist damit verschwunden. Jetzt geht gerade eine Mütze herum, in die jeder fünf Mark hineinlegen soll, damit der Zoll nicht das Gepäck auseinandernimmt. »Das ist ja Erpressung«, sage ich entrüstet zu meinem Sitznachbarn. »Sicher«, meint der, »aber da draußen sind minus fünfundzwanzig Grad. Willst du aussteigen und im Schnee deinen Koffer auspacken?« Ich schüttele den Kopf. Außerdem sei es so, sagt Wadim: »Wenn einer nicht zahlt, sind alle dran, und damit machst du dir im Bus keine Freunde.« Ich lege auch einen Schein in die Mütze. Erst nach acht Stunden Dauerfrieren bekommen wir die Pässe zurück und dürfen endlich weiterfahren.

Laut Fahrplan soll unser Bus in der ukrainischen Stadt Lwiw (russisch: Lwow) noch auf zwei andere Reisebusse treffen. Die Fahrgäste, die in andere Richtungen weiterfahren müssen, können hier umsteigen. Unser Bus trifft als Erster am Busbahnhof ein – dabei haben wir schon sechs Stunden Verspätung. Die Türen öffnen sich, und wir dürfen uns endlich einmal die Beine vertreten. Doch der Anblick draußen ist trostlos. Alte Mütterchen sitzen in Decken gewickelt auf schmutzigen, brüchigen Wartebänken und versuchen, ihre »piroschki« – gefüllte »Teigtaschen« zu verkaufen. Um sie herum streunen jaulende Hunde, die in den Müllkörben nach Futter suchen. Armut sieht im Winter noch schlimmer aus als zu jeder anderen Jahreszeit, denke ich.

Wadim hat mir im Bus schon 20 DM in Hrywnja getauscht. Für umgerechnet fünf Mark kaufe ich zehn Teigtaschen bei den Mütterchen. Die beiden Alten, die sich eine Bank teilen, glauben zuerst, sich verhört zu haben, doch ich zeige mit den Fingern noch einmal: zehn Stück. Die Hälfte ist mit »mjaso« – »Fleisch« und »kapusta« – »Weißkraut« gefüllt, die andere Hälfte mit Fleisch und Kartoffeln. Die beiden bedanken sich so überschwänglich bei mir, als hätte ich ihnen sonst etwas geschenkt. Fünf Mark, denke ich beschämt: Dafür trinke ich sonst zwei Milchkaffee. Doch was mache ich jetzt mit den vielen Piroschki? Wanja hat mir eingetrichtert, auf keinen Fall etwas von der Straße zu essen. »Du kannst nie wissen, was da für Fleisch drin ist«, hat er gesagt. Vielleicht haben die Mütterchen gerade ihre kranken Hühner geschlachtet oder wer weiß was für Getier. Hinter ein paar großen Mülltonnen verfüttere ich sie an die Hunde. Die sind nicht wählerisch und stürzen sich nur so auf das Fressen.

Ich zwinge mich noch dazu, drei Runden um den Bus zu laufen, dann steige ich wieder ein. Als ich auf meinem Platz sitze, wird mir plötzlich bewusst, dass heute der vierundzwanzigste Dezember ist. O du fröhliche, denke ich traurig. Ich werde es heute nicht mehr bis zu Wanja schaffen – dafür haben wir schon zu viel Verspätung. Und meine Familie ist auch weit weg. Auf einmal fühle ich mich sehr allein und mutlos. Für die anderen im Bus hat der heutige Tag keine große Bedeutung – in Russland und der Ukraine gilt erst der einunddreißigste Dezember als Höhepunkt des Jahres. Da wird mit der ganzen Familie gefeiert, Väterchen Frost bringt zusammen mit seiner Gehilfin Snjegurotschka die Geschenke, und das neue Jahr wird begrüßt. Als Wadim zurück zu seinem Platz kommt, sieht er, dass es mir nicht gut geht. Er reicht mir einen heißen schwarzen Tee mit Zucker, den er eigentlich für sich geholt hat. »Vsjo budjet choroscho.« – »Alles wird gut!«, sagt er.

Gegen Abend schließt der Busbahnhof, und wir müssen uns einen Parkplatz außerhalb des Geländes suchen. Von den beiden anderen Bussen fehlt noch jede Spur. Unser Fahrer hält in einer Nebenstraße, dann verriegelt er die Türen. Ab jetzt darf niemand mehr aus- oder einsteigen. Ich frage Wadim nach dem Grund. »Weil wir sonst überfallen und ausgeraubt werden können«, sagt er. So, wie er dabei guckt, ist das kein Scherz. Besorgt spähe ich aus dem Fenster in die Dunkelheit. Viel sehe ich nicht. Dummerweise muss ich gerade jetzt dringend zur Toilette – das WC im Bus ist schon seit gestern wegen Verstopfung gesperrt. Ich warte erst einmal ab, in der Hoffnung, dass es noch jemandem so geht. Doch ich bin die Einzige. Wie machen die anderen das nur? Sind sie solche Situationen schon so gewohnt, dass sie selbst ihre dringendsten Bedürfnisse auf ein Minimum beschränken können? Ich bin völlig ratlos – und muss einfach mal. Letztlich bleibt mir nichts anderes übrig, als Wadim um Hilfe zu bitten. Ganz Gentleman behandelt er das Problem diskret und spricht leise mit dem Busfahrer. Der aber ist sauer. Er hatte am Busbahnhhof extra alle aufgefordert, noch einmal zur Toilette zu gehen, da es später nicht mehr möglich sein würde. Dafür war mein Russisch einfach noch zu schlecht, ich hatte noch nicht einmal »Bahnhof« verstanden.

Nach einigem Hin und Her erklärt er sich bereit, kurz die Vordertür zu öffnen. Wadim greift sich meine Hand, rennt los und zieht mich hinter sich her. Ich muss aufpassen, dass ich bei dem Tempo nicht hinfalle. An einem Bretterzaun hält er an. Ich verschwinde dahinter, und eine Minute später rennen wir genauso schnell zurück zum Bus. Der Fahrer öffnet die Tür, wir springen rein, die Tür geht zu. Ich sehe wohl ziemlich fertig aus, denn ein anderer Mitfahrer drückt mir gleich einen Becher Wodka mit Orangensaft in die Hand. »Das ist Medizin, für Körper und Seele«, sagt er. Ich leere den Becher in einem Zug, und obwohl es wie Feuer brennt, nehme ich noch einen zweiten. Zu meiner eigenen Überraschung wirkt das Teufelszeug Wunder: Meine Nerven beruhigen sich, mir wird warm, und dann übermannt mich die Müdigkeit. Ich schlafe tief und fest ein. Am nächsten Morgen ist endlich auch der zweite Bus angekommen. Auf den dritten Bus, so erzählt der Fahrer, brauchen wir nicht mehr zu warten, der ist nachts auf einer vereisten Landstraße verunglückt.

Nach achtundsechzig Stunden im Bus erreichen wir am Abend des ersten Weihnachtsfeiertages Simferopol. Als ich Wanja aus dem Busfenster an der Haltestelle stehen sehe, fange ich an zu weinen – vor Erleichterung und vor Glück. Ich steige aus, und er nimmt mich in den Arm. »Priwjet Malenkaja!« – »Hallo, Kleine!«, sagt er und lacht sein tiefes Lachen. Es wärmt mich sofort von innen. Es ist das erste Mal, dass er dabei seine Zähne zeigt. Den abgebrochenen Schneidezahn hat er reparieren lassen.

Schon wieder Kertsch

Wir steigen in Wanjas uralten roten Lada, und er beichtet mir, dass wir noch einmal nach Kertsch müssen, weil er dort morgen eine Prüfung hat. Das sind zwar noch einmal zweihundert Kilometer für mein geschundenes Hinterteil –

aber darauf kommt es jetzt auch nicht mehr an. Immerhin ist es im Auto schön warm, und schon wenig später schlafe ich vor Erschöpfung ein. Als ich wieder aufwache, stehen wir vor einem Bahnübergang, und Wanja ist mit zwei dünnen schwarz ummantelten Drähten beschäftigt. »Was machst du denn da?«, frage ich noch nicht ganz wach. »Die Karre springt nicht mehr an«, sagt er. »Aber keine Sorge, ich helfe ein bisschen nach.« Er schließt die Zündkabel kurz, und der Motor springt wieder an. So etwas kann er also auch, denke ich. Russische Männer sind schon cool.

In Kertsch fährt Wanja zu einem Hotel – das Wohnheim will er mir kein zweites Mal zumuten. Die Frau an der Rezeption sieht uns streng an. »Sind Sie verheiratet?«, fragt sie. Ich finde ja, das geht sie überhaupt nichts an, aber Wanja scheint die Frage nicht so sehr zu stören. Er erklärt, dass ich seine Freundin aus Deutschland bin und zeigt der Frau mein Visum. Sie studiert es ganz genau und behält meinen Pass dann erst einmal bei sich. Das Zimmer muss Wanja gleich im Voraus bezahlen. Ich staune, als er 90 Dollar abzählt. »Wie lange wollen wir denn in Kertsch bleiben?«, frage ich. »Nur eine Nacht«, antwortet er, »aber Ausländer zahlen das Doppelte.« Ich finde das total ungerecht. »Nur weil ich Deutsche bin, habe ich doch nicht automatisch viel Geld.« Er zuckt mit den Schultern. »Ich weiß, aber so ist es hier nun einmal.« Für Wanja ist das noch mehr Geld als für mich. Aber aus Erfahrung weiß ich, dass er nichts von mir annehmen wird. Ich hatte nämlich im vergangenen Jahr schon einmal die Idee, ihm aus Deutschland monatlich 50 DM als Unterstützung zu schicken. Davon wollte er aber absolut nichts wissen. Ich glaube, er war sogar ein bisschen beleidigt.

Das Hotelzimmer ist ziemlich nobel eingerichtet: mit dunklen Holzmöbeln und weinrotem Samt. Aber leider ist es auch hier wieder kalt. Auf Nachfrage erklärt uns die Frau an der Rezeption, dass die Heizung aller Zimmer verbunden sei, und da die Belegung im Moment schlecht sei, könne man es sich nicht leisten, sie anzuschalten. Immerhin kann man warm duschen. Wenigstens ein Ort, wo man nicht friert, denke ich, und lasse das warme Wasser auf mich niederprasseln. Dann ziehe ich mich wieder warm an und setze mir sogar eine Mütze auf, weil die Haare noch nass sind und ich mich auf der Fahrt ordentlich erkältet habe. Wanja lacht bei meinem Anblick. Eitel sind deutsche Frauen wirklich nicht, das steht für ihn fest. Die rosa Fingernägel sind längst vergessen.

Die Prüfung am nächsten Tag besteht Wanja ohne Probleme, und als er wieder ins Hotel kommt, bringt er mir drei langstielige, tiefrote Rosen mit. Ich stelle sie gerührt in eine Vase – es ist das erste Mal, dass ich Blumen von ihm bekomme. Dann packen wir schon wieder unsere Sachen, um endlich nach Sewastopol, in Wanjas Heimatstadt, zu fahren. Ich freue mich sehr darauf, bin allerdings noch immer ziemlich angeschlagen und lasse mich erschöpft in den Autositz fallen.

Wir sind gerade fünf Minuten gefahren, da fällt mir ein, dass ich die schönen Blumen im Hotelzimmer habe stehen lassen. »Wanja, wir müssen noch mal zurück. Ich habe die Blumen vergessen«, sage ich erschrocken. »Ach, ich kaufe dir neue, wenn wir in Sewastopol sind«, erwidert er nur und fährt weiter. »Ich will keine neuen – nur diese«, beharre ich. »Julie, wenn sie dir so wichtig gewesen wären, dann hättest du sie auch nicht vergessen.« Das sitzt – obwohl es nicht wirklich ärgerlich klingt. Ich mache noch einen letzten Versuch. »Wir haben doch noch Zeit. Lass uns zurückfahren und sie holen.« Doch Wanja bleibt dabei. »Das ist es nicht wert, wir fahren jetzt weiter.« Hat ihm die Geste, mir Blumen zu schenken, am Ende gar nichts bedeutet? Ist er vielleicht überhaupt nicht der Mensch, für den ich ihn bis jetzt gehalten habe? Ich sehe schon das Ende unserer Beziehung gekommen und muss schwer schlucken.

In Sewastopol angekommen, hält Wanja als Erstes an einem Blumenladen. Er denkt, dass ich immer noch den vergessenen Rosen hinterhertrauere – dabei waren die doch Nebensache, ich wollte sein Geschenk, die ersten Blumen, die er mir gebracht hat, für mich aufbewahren. Als er mir einen neuen Strauß entgegenhält, schüttele ich den Kopf. »Gefallen sie dir nicht?«, fragt er verwundert. »Warum bist du nicht zurückgefahren, ich wollte die Blumen so gern mitnehmen, aber dir war es das nicht wert. Bin ich es dir denn wert?«, frage ich mit Tränen in den Augen. Wanja fällt aus allen Wolken. »Ich bin nicht zurückgefahren, weil man bei uns sagt, dass es Unglück bringt, etwas zu holen, was man vergessen hat. Darum habe ich gesagt: Das ist es nicht wert.« Ein Blick in seine Augen genügt, um zu wissen, dass er es ernst meint. Von solchen Bräuchen kann ich natürlich nichts wissen. »Was macht man denn, wenn man etwas Wichtiges vergessen hat, zum Beispiel das Portemonnaie oder den Autoschlüssel?«, frage ich. »Dann muss man natürlich noch einmal zurück. Aber bevor man die Wohnung zum zweiten Mal verlässt, wirft man noch einen Blick in den Spiegel.« – »Wozu das denn?«, frage ich. Er grinst. »Das soll das Unglück abwehren.« Ich muss lachen. Mein Freund, der angehende Seeoffizier, ist tatsächlich ein bisschen abergläubisch. Wanja setzt sich wieder hinters Lenkrad und legt mir die Rosen auf den Schoß. Eigentlich sind sie sogar noch schöner als die aus Kertsch.

Nachdem es der alte Lada mit Ach und Krach nach Sewastopol geschafft hat, geben wir ihn gleich in einer Werkstatt ab. Von dort holt uns Wanjas Vater ab. Als er mit seinem Auto um die Ecke biegt, bin ich verblüfft. »Das ist ein neuer Jeep!« Wanja lacht. »Ja, was hast du denn erwartet: ein Eselsfuhrwerk?« In meinem Kopf rattert es: Wenn seine Eltern so ein Auto fahren, dann kann es ihnen finanziell nicht so schlecht gehen, wie ich denke. In meiner bisherigen Vorstellung waren sie arm wie die Kirchenmäuse. Igor Dmitrijewitsch steigt aus dem Wagen. Er sieht genau so aus, wie man sich einen Kapitän vorstellt: breitschultrig, mit einem Bauch, großen kräftigen Händen und einem angegrauten Schnauzbart. »Sdrastwuj!« – »Guten Tag!«, begrüßt er mich freundlich, aber neutral, dann verstaut er unser Gepäck im Kofferraum. Ich sage leise: »Wanja, ihr seid ja gar nicht arm!« – »Natürlich nicht«, entgegnet er, als wäre das völlig klar gewesen. »Reich sind wir aber auch nicht. Man kann sagen, wir gehören zur Mittelschicht, seit mein Vater vor einigen Jahren ein eigenes Schiff übernommen hat.« Ich muss das erst einmal verdauen. »Hör mal, ich habe die ganze Zeit gedacht, auf uns kommt ein Leben in Armut zu«, sage ich. »Nun sei mal nicht enttäuscht!«, meint er und lacht. »So etwas habe ich übrigens nie gesagt.« Wanja hat recht. Ich bin einfach meinen Klischeevorstellungen erlegen, nur weil er aus der Ukraine kommt. Aber spätestens, als er die 90 Dollar für unser Hotelzimmer bezahlt hat, hätte ich doch mal nachdenken können. Wie peinlich! Wanja fühlt sich durch meinen Irrtum geschmeichelt. »Du hättest also mit mir auch in einer alten Hütte ohne Strom und fließendem Wasser gelebt?«, fragt er. – »Wenn es nicht anders gegangen wäre – klar!«, sage ich, ohne zu zögern. Theoretisch bin ich mir da auch absolut sicher. Im wahren Leben wird sich noch zeigen, ob ich wirklich so genügsam bin.

Jetzt fahren wir aber erst einmal zu Wanjas Eltern nach Hause, dorthin, wo er aufgewachsen ist. Das Viertel heißt »Krasnaja Gorka« – »Roter Hügel« und ist etwa zehn Autominuten vom eigentlichen Zentrum entfernt. Im Auto frage ich Wanja, warum der Hügel eigentlich so heißt – es klingt, als ob dort während des Krieges viel Blut vergossen wurde. Wanja übersetzt meine Frage für seinen Vater – nicht nur, damit er weiß, worüber wir sprechen, sondern weil die Geschichte von Sewastopol eines der Steckenpferde von Igor Dmitrijewitsch ist. Er taut auch gleich ein bisschen auf. »Es gibt unterschiedliche Erklärungen für den Namen«, beginnt er. »Manche sagen, er komme daher, dass hier im Krimkrieg von 1854/55 die Stellungen der französischen Soldaten waren, deren Uniformen rot waren. Aber ich gehöre zu denen, die glauben, dass der Name noch älter ist und daher kommt, dass hier früher überall roter Mohn geblüht hat.« Wir fahren am »Woksal Sewastopolja«, am Bahnhof von Sewastopol, vorbei und sind am Fuß des Hügels. Der Jeep nimmt die erste Steigung. Dann kommt eine scharfe Linkskurve, wieder eine längere Steigung und eine scharfe Rechtskurve. Die Straßen sind eng und verwinkelt, und es geht immer bergauf. »Das Wort Hügel ist ja etwas untertrieben«, sage ich staunend zu Wanja. Die meisten Häuser, an denen wir vorbeifahren, sind in einem sehr schlechten Zustand – man sieht, dass hier nicht die Privilegierten der Stadt leben. Wir fahren in Serpentinen aufwärts. Ohne Allradantrieb kommt man hier im Winter wahrscheinlich kaum hoch. Wanja errät meine Gedanken. »Früher, als wir noch kein Auto hatten, sind wir immer zu Fuß hoch- und runtergegangen – es gibt eine lange Treppe.« Ich stelle mir vor, wie die Leute ihre Einkäufe hier hochtragen oder einen Kinderwagen bergauf schieben. Leicht ist das sicher nicht. Vor uns liegt noch eine letzte große Steigung, die zu einem kleinen Lebensmittelgeschäft führt – dem einzigen auf dem Berg. Ich lese das Schild über dem Eingang: »U tanka« – »Am Panzer« heißt es – was für ein seltsamer Name, denke ich. Direkt an dem Geschäft biegen wir rechts in eine Straße ab, die so holprig ist, dass wir im Jeep ordentlich durchgeschüttelt werden. »Ura! Prijechali!« – »Hurra! Wir sind angekommen!«, ruft Wanja.

Das Haus seiner Eltern gefällt mir gleich. Es ist ebenerdig, hellgrau gemauert und hat ein rotes, von der Sonne schon etwas verblichenes Wellblechdach. Echte Ziegel sind teuer. An der Vorderseite des Hauses befindet sich ein großer, verglaster Wintergarten, und seitlich schließt ein dicht bewachsener »ogorod«, ein Gemüsegarten, an. Wanjas Mutter empfängt mich herzlich: »Sdrastwuj! S prijesdom! Sachodi poschalujsta!« – »Guten Tag! Herzlich willkommen! Komm doch rein!«, sagt sie. Man merkt, dass sie auch ein bisschen aufgeregt ist, und das macht sie mir gleich sympathisch. »Sdrastwujtje! Spasibo!«, antworte ich und lächle. Sie ist im Alter meiner Mutter, von rundlicher Gestalt, hat dunkle, kurze Haare und Augen, die schimmern wie dunkler Honig.

Im Haus ist es gemütlich und etwas verkramt: hier ein Deckchen, dort ein Döschen, hier ein Bildchen, dort ein Schälchen – Deko gibt es wirklich reichlich. »Wundere dich nicht, dass die Tapeten an manchen Stellen ein bisschen schief sind!«, sagt Wanja. »Das ist nur so, weil die Wände sehr uneben sind.« – »Ach, darum habt ihr diese großen Wandteppiche aufgehängt!«, scherze ich. »Um die Tapeten zu kaschieren.« Wanja lacht. Endlich sind wir zu Hause.

Während ich erst einmal dusche, stellt Wanjas Mutter für mich ein paar Hausmittelchen zusammen. Sie ist gelernte Apothekerin und macht sich gleich daran, meine Erkältung zu kurieren. Dann geht Wanja sich umziehen, und ich hole schon einmal meine Mitbringsel aus dem Koffer. Außer den üblichen Geschenken wie Tee aus dem Tee-Laden, hübsch verpacktem Kandiszucker und deutscher Schokolade habe ich noch etwas Besonderes dabei: kleine Blechdosen mit bunten Etiketten, auf denen steht: Berliner Luft. Vielleicht kann ich ja wenigstens Wanjas Familie davon überzeugen, dass wir Deutschen auch Humor haben.

Ich höre, wie im Nachbarzimmer jemand den Computer hochfährt. Das muss Andrej sein – Wanjas kleiner Bruder. Er ist wahrscheinlich gerade nach Hause gekommen. Ich beschließe, ihm gleich mal Hallo zu sagen. Ich kenne den Sechzehnjährigen schon von Fotos: Er ist groß gewachsen, noch etwas dünn, aber sportlich, hat fast schwarzes Haar, braune Augen und eine markante Nase. Als ich durch die offene Tür hereinschaue, sitzt er am PC. Er begrüßt mich wie eine gute Freundin der Familie: »Priwjet!« – »Hallo!« – »Willst du vielleicht mitspielen?«, fragt er. Eigentlich bin ich ja kein großer Fan von Computerspielen, aber warum nicht! »Was muss man denn da machen?«, frage ich ihn auf Englisch. »Wir sind Soldaten der Roten Armee und müssen so viele deutsche Nazis wie möglich erledigen«, beginnt er – und bricht ab. Ach ja, die neue Freundin des Bruders ist ja eine Deutsche. »Also, dann spielen wir vielleicht doch lieber etwas anderes«, schlägt er vor. – »Nein nein, das ist schon okay. Zeig es mir mal!«, sage ich, bereue es aber schnell, als ich sehe, wie die Soldaten weggeballert werden und das Blut nur so spritzt. »Das ist ja brutal!«, sage ich. – »Ja, aber so brutal war der Krieg wirklich«, entgegnet

Andrej. Plötzlich herrscht betretenes Schweigen auf beiden Seiten. Irgendwie wissen wir beide nicht, wie wir aus dieser Nummer wieder herauskommen sollen. Wo Wanja nur bleibt? »Weißt du«, wechsele ich kurz entschlossen das Thema, »ich würde sehr gern noch besser Russisch lernen. Hast du Lust, mir zu helfen?« – »Klar!«, sagt Andrej sofort. Damit ist das andere Thema vom Tisch. Wenn wir später doch noch zusammen am PC gespielt haben, dann nur Autorennen. Das Kriegsspiel habe ich nie wieder bei ihm gesehen.

Fast alles an Wanjas Zuhause gefällt mir gut – nur zwei Dinge finde ich gewöhnungsbedürftig: Eines davon ist die »otoplenije« – die »Heizung«. Die lässt sich nämlich nicht regulieren. Jetzt im Winter bollert sie, bis einem der Schweiß auf der Stirn steht, oder sie ist ganz aus, aber dann ist es zu kalt. Wenn es drinnen zu stickig wird, reißt Wanja einfach die Fenster weit auf. Mein Einwand, dass diese Art des Heizens dem Klima schade, macht wenig Eindruck auf ihn. Umweltthemen stehen hier auf der Prioritätenliste noch weit hinten.

Das andere sind die »sobáki« – die »Hunde« der Familie. Die beiden Lieblinge sind abgerichtete Wachhunde von beachtlichen Proportionen. Wanjas Eltern haben sie sich zum Schutz vor Dieben und Räubern angeschafft, weil das Viertel seit Mitte der neunziger Jahre als nicht ganz ungefährlich gilt. Viele Leute haben sich gleich einen der furchteinflößenden riesigen »Kawkastsy« – »Kaukasier-Hunde« aufs Grundstück geholt. Im Vergleich zu denen sehen Schäferhund Rem und Dobermann-Weibchen Dora noch ziemlich harmlos aus, aber allein traue ich mich trotzdem nicht an ihnen vorbei. Da gerade Winter ist, schläft die kälteempfindliche Dora nachts auch noch im Haus. Für mich heißt das nur eins: Wenn ich nachts zur Toilette muss, muss Wanja mich begleiten.

Wanjas Vater ist heute schon sehr früh aufgestanden und mit dem Auto zum Fischen an die Südküste gefahren. Also beschließen wir, den öffentlichen Trolleybus ins Zentrum zu nehmen. Die Haltestelle liegt am Fuß des Hügels, also müssen wir zuerst die lange Steintreppe hinuntergehen. Als wir uns den Stufen nähern, sehe ich, dass am Hang noch ein echter Panzer aus dem Zweiten Weltkrieg als Mahnmal steht. Jetzt verstehe ich auch, warum der Laden auf dem Berg »Am Panzer« heißt. »Der Legende nach rollte dieser Panzer an der Spitze der Roten Armee, als diese 1944 Sewastopol von den Deutschen zurückerobert hat«, erzählt Wanja. »Du weißt doch, dass die Deutschen die Stadt 1942 okkupiert hatten?« Ich schüttele den Kopf. Ich wusste zwar, dass die Wehrmacht weit in den Osten vorgedrungen war, aber auch bis hierher? »Nein, das wusste ich nicht. Sewastopol ist doch ein ›gorod geroj‹ – eine ›Heldenstadt‹«, sagt Wanja, als ob es da bei mir klingeln müsste. Ich finde zwar, dass das beeindruckend klingt, aber mir sagt das ansonsten nichts. »Na ja, diesen Titel tragen Städte in Russland, Weißrussland und der Ukraine, die sich im Zweiten Weltkrieg besonders gegen die deutschen Besatzer zur Wehr gesetzt haben. Außer Sewastopol gehören in der Ukraine noch Kertsch, Odessa und Kiew dazu, in Russland sind es Moskau, Sankt Petersburg, Murmansk, Wolgograd, Smolensk, Tula und Brest und in Weißrussland Minsk.« Wanja kann sie alle aufzählen. Mir wird bewusst, wie präsent diese Zeit hier noch im kollektiven Gedächtnis ist, auch bei den jüngeren Leuten. Ich dagegen kann mit dem Heldenbegriff nichts anfangen, aber dass er hier eine Heimat hat, das kann ich verstehen. Fast sechzig Jahre sind seit damals vergangen. Eine lange Zeit. Trotzdem ist es ein seltsames Gefühl, als junge Deutsche hier oben neben dem Panzer zu stehen. Als wir die lange Treppe nach unten gehen, sagt Wanja: »Nimm es dir nicht so zu Herzen! Bei uns denken die Leute auch nicht ständig über diese Zeit nach. Wenn du willst, zeige ich dir heute Abend die Lichter der Stadt von dort oben. Bei dem Anblick vergisst man alles andere.« Ich weiß nicht, ob das wirklich so ist, aber ich sage auch nicht nein.

Die Fahrt mit dem Trolleybus, einem Oberleitungsbus, der nur mit Strom betrieben wird, ist für mich etwas völlig Neues. Als wir beim Nachimow-Platz aussteigen wollen, geht Wanja vor und reicht mir die Hand. Mir kommt das ziemlich seltsam vor – und irgendwie ist es mir auch ein bisschen peinlich. Also steige ich lieber schnell ohne seine Hilfe aus. Als ich draußen bin, sage ich: »Wenn du mir deine Hand reichst, komme ich mir vor wie ein altes Mütterchen.« So einen Unsinn hat Wanja wahrscheinlich selten gehört. Aber er nimmt die kleine Abfuhr gelassen hin. Schließlich weiß er nun schon länger, dass deutsche Frauen manchmal anders ticken.

Der Himmel ist hellblau und die Strahlkraft der Sonne so intensiv, dass die weißen Kalksteinbauten fast blenden. Wir ziehen unsere Jacken aus. Würden nicht überall weihnachtliche Lichterketten, Tannenkränze und Banner hängen mit der russischen Aufschrift: »S Nowym Godom!« – »Zum neuen Jahr!«, oder der ukrainischen Variante: »S Nowim Rokom!«, könnte man denken, es sei längst Frühling. »So warm ist es bei uns aber auch nicht immer«, sagt Wanja, »manchmal haben wir auch Frost.« Er deutet auf zwei Figuren, die vor einer riesigen, bunt geschmückten Jolka-Tanne stehen. »Der alte Mann im blauen Mantel, mit dem langen weißen Bart, das ist unser Väterchen Frost. Und das

Mädchen daneben, mit dem roten Mantel und dem blonden langen Zopf, das ist seine Enkelin Snjegurotschka – man könnte zu ihr auch Schneeflöckchen sagen.« Die Menschen stehen vor den Figuren in der Schlange, um sich mit ihnen fotografieren zu lassen. »Manche glauben, das bringt Glück«, sagt Wanja. – »Dann lass uns auch ein Bild machen«, bitte ich ihn. Während wir warten, erzählt er mir eine von den vielen Sagen, die sich um die beiden Boten des Winters ranken:

Es war einmal ein altes Ehepaar, das sich sein Leben lang sehnlich, aber leider vergeblich ein Kind gewünscht hatte. Eines Tages im Winter sahen sie aus ihrem Fenster zu, wie Kinder draußen im Schnee Figuren bauten. Die Fröhlichkeit der kleinen Jungen und Mädchen war so ansteckend, dass die beiden Alten auch hinausgingen. Zusammen formten sie eine Mädchengestalt aus Schnee und Eis. In der folgenden Nacht erweckte Väterchen Frost sie dann zum Leben. Die Freude der Eheleute war übergroß. Sie nannten das Mädchen Snjegurotschka, und fortan lebte es wie eine Tochter bei ihnen. Der alte Mann warnte das Mädchen jedoch immer wieder davor, sich der Feuerstelle im Haus zu nähern. Das sei sehr gefährlich. Doch wie Kinder so sind: Das Mädchen nahm die Warnung nicht allzu ernst. Eines Tages sprang sie im Übermut darüber – und schmolz. Ab diesem Tag musste das Ehepaar wieder allein leben. Snjegurotschka aber wurde von Väterchen Frost in eine Wolke verwandelt, aus der es seither jeden Winter schneit.

Die zweitwichtigsten Bewohner von Sewastopol haben vier Beine und eine Schnauze. Beinahe überall kann man Hunde ohne Herrchen oder Frauchen herumlaufen sehen. Aber nicht alle von ihnen sind echte Straßenhunde – viele haben einen Besitzer. Die Tiere dürfen sich aber tagsüber allein die Pfoten vertreten, sozusagen als Ausgleich dafür, dass sie nachts die Grundstücke bewachen. Manche der Streuner sind zerzauste Einzelgänger, andere spazieren in Grüppchen durch ihren »rajon« – »Bezirk«, und die Herrenlosen unter ihnen treffen sich auch nachts an bestimmten Orten und heulen den Mond an.

Meine allererste Begegnung mit den frei laufenden Sewastopoler Hunden gehört zur unglaublichen, aber harmlosen Art. Wanja und ich fahren gerade im Auto am Busbahnhof vorbei und nähern uns einem Zebrastreifen, an dessen Rand ein Hund steht. Wanja stoppt das Auto, und ich traue meinen Augen kaum: Der mittelgroße Mischling läuft ganz allein und ordentlich über den Fußgängerüberweg. »Das gibt's doch nicht!«, rufe ich. »Siehst du das? Der Hund hat extra gewartet, bis ein Auto anhält, und jetzt benutzt er den Zebrastreifen wie ein Mensch.« Für Wanja ist das ein gewohnter Anblick. »Nu i schto?« – »Na, und was ist dabei?«, fragt er. »Das haben sich die Hunde einfach bei den Menschen abgeschaut. Sie warten auch an den Ampeln.« Das klingt so unglaublich, dass ich es mit eigenen Augen sehen will. Und tatsächlich kann ich mich nur wenig später live und in Farbe davon überzeugen. Als wir durch die Stadt laufen und an einer Fußgängerampel auf Grün warten, sehe ich zwei Hunde ganz geduldig neben uns stehen. Erst als wir losgehen, überqueren auch sie die Straße. Ich bin total begeistert.

Wanja mahnt mich aber trotzdem zur Vorsicht. »Wenn du hier Auto fährst, darfst du dich nicht darauf verlassen, dass die Hunde warten. Vor allem, wenn sie noch jung sind oder schon sehr alt, laufen sie manchmal doch auf die Straße.« Ich bin beruhigt, ganz normale Tiere, also doch. Doch dann stelle ich mir vor, was passiert, wenn einem so ein Tier vor die Räder läuft, und ich frage: »Welche Nummer müsste ich denn anrufen – auch die 112 wie bei uns?« Er schüttelt den Kopf. »Unter dieser Nummer erreicht man hier im Moment nur die Hotline von einem Mobilfunkanbieter. Die ›skoraja pomosch‹, die schnelle medizinische Hilfe, – hat die 02. Aber die ist eigentlich nur für Menschen zuständig«, meint er nachdenklich. »Für einen Hund würde wahrscheinlich niemand kommen.« Und da ist er wieder, dieser Gedanke, dass ich hier nicht leben könnte. Sosehr mir hier vieles gefällt, oft vermisse ich die Sicherheit, die mir das rundum organisierte Leben zu Hause gibt. Dort kommt der Krankenwagen auch für verletzte Tiere, und ich weiß, dass sich irgendjemand sorgt, selbst um Straßenhunde.

Während Wanja am Nachmittag noch etwas in der Stadt erledigt, habe ich die Idee, mich auf unserem Berg etwas genauer umzuschauen. Die Gegend ist ziemlich heruntergekommen. Rechts am Straßenrand steht ein völlig durchgerostetes Autowrack, links liegt Sperrmüll. Doch wenn man den Blick in die Ferne schweifen lässt, sieht man eine große, hellblau schimmernde Bucht, in der russische und ukrainische Marineschiffe nebeneinanderliegen, man sieht die Stadt und in weiterer Ferne den Bahnhof. Plötzlich kommt mir ein Rudel Hunde entgegengelaufen. Erschrocken bleibe ich stehen und starre sie an. Das hätte ich lieber nicht tun sollen, denn nun kommen sie näher und kreisen mich ein. Es sind fünf große Hunde, und sie fletschen die Zähne. Mein

Herz hämmert laut, mein Puls fliegt. Da fällt mir das deutsche Sprichwort ein: Hunde, die bellen, beißen nicht. Aber so, wie die fünf hier kläffen, besteht kein Zweifel daran, dass sie bereit sind zuzubeißen. Doch da naht Rettung. Ein kleines rotes Auto biegt knatternd um die Ecke – und lenkt die Hunde ab. Sie wenden sich von mir ab und laufen dem Fahrzeug laut bellend hinterher. Ich atme auf. Das ist ja gerade noch einmal gut gegangen. Später verrät mir Wanja, dass der Trick ist, die Tiere zu ignorieren. Man sollte sie gar nicht weiter beachten, und auf keinen Fall ängstlich stehen bleiben und ihnen direkt in die Augen schauen. Wenn man einfach ruhigen Schrittes weitergeht, dann trotten auch die Vierbeiner weiter. So funktioniert das hier: leben und leben lassen.

Nowy God – Neujahr in Sewastopol

Der Übergang vom alten zum neuen Jahr ist der größte Feiertag in Russland und in der Ukraine, und ich freue mich, bei Wanja und seiner Familie zu sein. Am Morgen des einunddreißigsten Dezember fragt mich seine Mutter, ob ich mit ihr zusammen den russischen Weihnachtsbaum, die Jolka-Tanne, schmücken will. Sie hat schon mehrere Kisten mit Baumschmuck bereitgestellt und ein weißes Bettlaken um den Metallständer drapiert – das ist der Schnee. »Welche Kugeln wollen wir denn nehmen?«, frage ich. Sie lacht und sagt: »Alle natürlich.« Es wird der bunteste und am dichtesten behangene Weihnachtsbaum, den ich je gesehen habe: mit dunkelblauem Lametta, Kugeln in allen Farben des Regenbogens und einer blinkenden Lichterkette obendrauf. Was für ein Unterschied zu dem Weihnachtsbaum meiner

Eltern, denke ich. Da hängen nur ein paar schlichte Holzfiguren aus dem Erzgebirge. Früher, erinnere ich mich, gab es noch haufenweise Bleilametta am Baum. Mein Vater mit seinem deutschen Ordnungssinn hat jeden Lamettafaden einzeln über die Zweige gehängt und nach den Feiertagen wieder eingesammelt.

Während wir so den Weihnachtsbaum schmücken und uns über das bevorstehende Fest unterhalten, rutscht mir ab und zu ein »Du« heraus. Bisher sieze ich Wanjas Eltern und mogele mich um ihre Namen herum. Als er und ich gerade allein sind, sagt er: »Versteh mich jetzt bitte nicht falsch, aber du kannst meine Eltern nicht einfach duzen.« Er klingt dabei ungewohnt ernst. »Wahrscheinlich sind sie da etwas altmodisch, aber bei uns ist es oft so, dass man die Schwiegereltern sogar bis zur Hochzeit siezt. Meine Eltern werden dir das Du sicher irgendwann anbieten. Aber bis dahin sag bitte Sie! Am besten wäre es, wenn du sie beim Vor- und Vatersnamen nennst, also Valentina Grigorijewna und Igor Dmitrijewitsch!« Kulturelle Unterschiede hin oder her, ich bin etwas gekränkt. »Meine Eltern werden dir sicher gleich beim Kennenlernen das Du anbieten.« – »Ich würde mich darüber auch freuen, aber bei uns ist es eben etwas traditioneller. Das heißt doch nicht, dass meine Eltern dich nicht mögen.« Für mich ist es schwierig, ihre offiziellen Namen richtig auszusprechen. Wanja bittet mich, es trotzdem zu versuchen. »Damit zeigst du deinen Respekt vor ihrer Lebenserfahrung.« – »Als ob Lebenserfahrung nur eine Frage des Alters wäre«, sage ich trotzig. Wanja versteht nicht, warum ich so empfindlich reagiere. »Manchmal habe ich eben Angst, dass deine Eltern lieber eine russische Schwiegertochter hätten«, sage ich, »und nicht eine, die so weit weg wohnt und den Sohn vielleicht mitnimmt.« Wanja umarmt mich.

»Für sie ist vor allem wichtig, dass ich glücklich bin. Und das bin ich.« Na, wenn dieses Geständnis kein Neujahrsgeschenk ist!

Wanjas Mutter ist schon seit Tagen damit beschäftigt für die Nacht des Jahres zu kochen, zu braten und zu backen. Wer soll das alles nur essen?, frage ich mich. Wie viele Gäste werden wohl erwartet? Doch die Russen sagen: So wie man das neue Jahr feiert, so wird es auch. Und ein reich gedeckter Tisch verspricht ein gutes neues Jahr. Ich helfe Wanjas Mutter, die vielen verschiedenen »sakuski« – »Vorspeisen« auf Tellerchen und Schüsselchen zu verteilen und damit den Tisch im Wohnzimmer zu decken.

Als Vorspeisen gibt es roten und schwarzen Kaviar, entweder auf Ei oder auf gebutterten Baguette-Scheiben, und »Piroschki« – »Teigtaschen«, die mit Hackfleisch und Kraut gefüllt sind. Außerdem haben wir eingelegte Tomaten, saure Gurken und Salate aller Art – mit zum Teil irreführenden französischen Namen. Garnelen, Muscheln, Fisch und Salat aus grünen Meeresalgen dürfen in einer echten Seefahrerfamilie natürlich auch nicht fehlen.

Gegen halb zehn setzen wir uns. Alle haben sich für den Abend schön angezogen: Wanjas Mutter trägt eine rote Bluse und einen anthrazitfarbenen Rock, ich ein auberginefarbenes Strickkleid und die Männer frisch gebügelte Hemden zu ihren Jeans. Wir erheben die Gläser. Wanja und sein Vater trinken eisgekühlten Wodka, seine Mutter, der jüngere Bruder und ich »Schampanskoje« – »Sekt«, natürlich von der Krim. »Sa vetscher!« – »Auf den Abend!«, heißt der erste »tost«, den Wanjas Vater ausbringt. Ich wundere mich, dass dann nichts weiter passiert. »Wann werfen wir denn die Gläser an die Wand?«, frage ich Wanja. Der schaut mich verdutzt an. »Gar nicht. Warum sollten wir denn?«, will er wissen. – »Na, das fragst du mich?«, antworte ich. »Ist das bei euch nicht so Sitte?« Wanja zieht seine Brauen nach oben. »Na ja! Als Gag auf Hochzeiten wird das manchmal gemacht, aber doch nicht zu Hause. Wer will schon das ganze Wohnzimmer voller Glasscherben haben?« Andrej lacht. Die neue Freundin des Bruders hat immer Ideen – nicht zu glauben! Wanjas Vater bringt derweil den zweiten Toast aus: »Sa sdorowje!« – »Auf die Gesundheit!« Dann häuft uns seine Mutter die leckeren Vorspeisen auf den Teller. Nebenbei läuft im Fernsehen eine bunte Neujahrsshow. »Otschen wkusno« – »Sehr lecker«, sage ich zwischendurch immer wieder. Zum einen, weil es wirklich sehr lecker ist, und zum anderen, weil ich auf Russisch noch nicht viel mehr zur Unterhaltung beitragen kann. Kaum ist mein Teller leer, füllt ihn mir jemand nach. Meine Einwände auf Englisch werden einfach überhört. Stattdessen bringt Wanjas Vater nun den »tretij tost«, den dritten Toast, aus, und der ist bei russischen Seeleuten immer: »Sa tjech, kto w morje.« – »Für alle, die auf See sind.« Danach schweigt man einen Augenblick und gedenkt derer, die nicht wieder heimgekehrt sind. Auch Andrej will Seeoffizier werden – so wie sein Vater und der ältere Bruder. Etwas anderes kommt für ihn nicht infrage.

Gerade als Wanjas Mutter den Hauptgang ins Wohnzimmer trägt – Entenbraten mit Äpfeln und Kartoffelpüree –, erscheint Wladimir Putins Gesicht auf dem Bildschirm. In Moskau ist es eine Stunde früher als in Sewastopol, also jetzt bald Mitternacht. Wanjas Vater greift zur Fernbedienung, macht den Ton lauter und ruft: »Ticho!« – »Still!« Wanjas Mutter stellt schnell das Tablett ab, wischte sich die Finger an der Kittelschürze ab und setzt sich. Alle machen ein feierliches Gesicht und hören dem Herrscher im Kreml andächtig zu. Dafür muss sogar die Ente warten. Dann ist es Zeit für den Countdown. Wir zählen laut mit herunter: fünf, vier, drei, zwei eins, hurra! – dann stoßen wir an. Damit nicht gleich noch ein Stück der knusprigen Ente auf meinem Teller landet, sage ich schnell zu Wanja: »Ich kann nichts mehr essen, ich bin schon total satt.« Wanja grinst. »Da musst du jetzt wohl durch. Warum hast du auch so viel von den Vorspeisen gegessen?« – »Na, ihr habt mir doch immer wieder aufgefüllt, und ich wollte nicht unhöflich sein.« Wanja klärt mich auf, dass es so Sitte ist, den Teller des Gastes so lange wieder zu füllen, bis dieser ihn nicht mehr leer isst. Ich hätte also einfach eine Kleinigkeit darauf liegen lassen sollen, anstatt aus Höflichkeit alles bis zum letzten Krümel zu verputzen. »Hätte ich das mal früher gewusst!«, stöhne ich. »Jetzt habe ich Bauchschmerzen.« – »Willst du noch Kompott?«, fragt Wanja. »Machst du Witze?«, frage ich zurück. »Mir tut schon der Bauch weh vom vielen Essen, und du bietest mir noch Nachtisch an?« Wanja hebt ein großes Einweckglas vom Boden auf den Tisch. »Kompott – das ist bei uns so etwas wie Saft«, sagt er. »Meine Mutter macht es im Sommer und Herbst selbst aus verschiedenen Früchten.« Ach so! Ich probiere, und es schmeckt sehr lecker: fruchtig und süß. Vielleicht kann sie mir ja mal zeigen, wie das geht, überlege ich. Beim Hauptgang darf ich zum Glück eine Runde aussetzen. Den nächsten Toast bringt Wanja aus: »Sa naschich dam!« – »Auf unsere Damen!« Wir lassen uns feiern und ich denke, dass russische Männer etwas liebenswert Altmodisches haben. Inzwischen bewegt der ukrainische Präsident Leonid Kutschma im Fernsehen tonlos die Lippen. Wanjas Vater hat ihn per Fernbedienung stumm geschaltet. Man fühlt sich hier stärker zu Russland gehörig, doch eigentlich interessiert Politik heute keinen. Viel wichtiger ist allen nun der Nachtisch: eine Crémetorte mit Namen »Napoleon«, zu der es starken süßen schwarzen Tee gibt. Wanja reicht mir den Teller mit einem Zwinkern. »Keine Sorge, du musst das nicht aufessen. Aber zum guten Ton gehört es, wenigstens eine Gabelspitze zu kosten.« Die anderen machen längst noch nicht schlapp. Außer der Torte essen sie noch in Goldpapier gewickelte Schokoladeneier, die der Sage nach das Märchenhuhn Kurotschka gelegt haben soll. Den Tee gibt es heute ausnahmsweise aus einem echten Samowar. Er war ein Hochzeitsgeschenk und trägt auf dem Boden die Gravur: Hergestellt 1977 in Tula, in der Sowjetunion. Das erinnert mich an meinen Russischkurs an der Volkshochschule, bei dem unser Lehrer uns eine russische Redensart beibrachte. Sie heißt: Samoware nach Tula bringen. Das entspricht dem deutschen Sprichwort »Eulen nach Athen tragen« und bedeutet, dass man sich etwas sparen kann. Denn in Tula wurden zu Sowjetzeiten Samoware für das ganze riesige Land produziert.

Noch einmal zählen wir die letzten Sekunden des alten Jahres herunter: fünf, vier, drei, zwei eins, hurra! Jetzt hat auch auf der Krim das neue Jahr begonnen. Wir wollen schnell nach draußen gehen, um ein paar Raketen und Böller in den Sewastopoler Nachthimmel zu schießen. Andrej hat auf der Straße schon alles vorbereitet. Beim Anziehen im Flur sehe ich, dass er sich Wanjas grauen Pullover vom Schiff übergezogen hat. »Den gibt es ja immer noch!«, sage ich überrascht zu Wanja. »Ich dachte, du hast ihn schon weggeworfen.« – »Den kann ich nicht wegwerfen«, meint er. »Den hat meine Mutter in einer sehr teuren kleinen Herrenboutique gekauft – als Glücksbringer für meine Reise auf der Khersones.« Und ich hatte gedacht, der wäre so alt und abgenutzt, dass er nur noch fürs Schiff tauge. Ich weiß noch genau, wie ich Wanja das erste Mal in diesem Pullover gesehen habe, und ich bin froh, dass es ihn noch gibt – den Pullover und natürlich Wanja.

Wir knallen, bis unser Vorrat zu Ende ist und sitzen danach noch ein bisschen im Wohnzimmer zusammen. Gegen zwei Uhr wollen wir alle ins Bett. Doch in einem Punkt ist die Neujahrsnacht für Wanjas Eltern eine Nacht wie jede andere. Es ist ihnen nicht recht, dass wir als unverheiratetes Paar zusammen übernachten – da sind sie eben sehr konservativ. Seit wir hier sind, hat Wanja unser Zimmer deshalb immer gegen zehn Uhr verlassen und sein Nachtlager im Wohnzimmer aufgeschlagen. Erst sechs Uhr morgens durfte er wieder zu mir. Tagsüber darf er machen, was er will – es geht wohl vor allem darum, den Anstand zu wahren und dem kleinen Bruder ein Vorbild zu sein. Ich kannte so etwas vorher nur aus alten Büchern oder Filmen. Einerseits finde ich es rührend, andererseits aber auch störend: Wir haben uns so lange nicht gesehen und müssen uns schon bald wieder verabschieden – für uns ist jede gemeinsame Stunde kostbar. Wanja will das jedenfalls nicht mehr länger mitmachen und stellt seine Eltern in der Neujahrsnacht vor die Wahl: Entweder dürfen wir ab sofort zusammen übernachten, oder wir ziehen in ein Hotel. Sein Vater und seine Mutter beratschlagen sich kurz. Dann geben sie nach.

Nur die Ruhe

Wanjas Mutter hat mir ein Buch über die schönsten Orte der Krim geschenkt, und beim Durchblättern habe ich große Lust bekommen, sie mit eigenen Augen zu sehen. Besonders angetan hat es mir eine kleine Kirche, die hoch oben auf einem Felsen an der Südküste steht. »Können wir da heute

Nachmittag mal hinfahren? Wir haben doch noch nichts vor«, schlage ich Wanja vor, der gerade Kaffee kocht. »Da, posmotrim!« – »Ja, wir schauen mal!«, sagt er, und für mich klingt das wie Ja. Er nimmt einen Topf aus glasiertem Ton, an dem ein sehr langer Griff befestigt ist, gibt fünf Teelöffel gemahlenen Kaffee hinein und zwei Teelöffel Zucker. Dann gießt er fast bis zum Rand kaltes Wasser darauf und stellt den Topf auf eine kleine Flamme. »Es muss sich langsam erwärmen, dann ist das Aroma besser«, sagt er. Kurz bevor der Sud richtig anfängt zu kochen, nimmt man den Topf schnell von der Flamme und wartet, bis sich der Kaffee wieder gesetzt hat. Dann gießt man ihn noch durch ein feines Sieb. Für eilige Kaffeetrinker ist das nichts, eher für Genießer.

Um halb drei ziehe ich mich um. Ich freue mich auf unseren ersten richtigen Krim-Ausflug. Als Wanja mich so hereinkommen sieht, fragt er erstaunt: »Wo willst du denn hin?« – »Na, du stellst Fragen!«, sage ich. »Nach Foros natürlich, zu der Kirche.« Wanja lacht: »Aber doch nicht heute! Sascha hat vorhin angerufen. Er und Vika kommen vorbei.« Ich fühle mich etwas überrumpelt. Klar will ich Wanjas Freunde kennenlernen, aber er hätte mir ja mal Bescheid sagen können. »Und unser Ausflug?«, frage ich. »Machen wir ein andermal«, sagt er. »Vielleicht morgen – posmotrim!« Also gut. Meine Gedanken kreisen schon um den Besuch, der gleich kommen soll. »Wann genau werden sie denn hier sein?«, will ich wissen. »Wir haben gesagt ›posle dwuch‹«, sagt Wanja. »Nach zwei« ist es schon, denke ich, wahrscheinlich meint er zwischen zwei und drei – sie müssten also gleich da sein. Auf jeden Fall lohnt es sich dann nicht mehr, noch ein Buch aufzuschlagen. »Dann decke ich schon mal den Tisch«, sage ich und wundere mich darüber, dass Wanja ausgerechnet jetzt noch etwas am Auto reparieren will. Um halb vier ist der Tisch gedeckt und der Kaffee gekocht. Nur der Besuch ist noch nicht da. Wanja liegt noch unterm Auto. Um vier ist der Jeep wieder top in Schuss, dafür ist der Kaffee kalt. Um halb fünf schütte ich ihn weg. »Wanja, ich habe eigentlich auch etwas Besseres zu tun, als den ganzen Nachmittag hier zu sitzen und zu warten«, sage ich. »Ich wollte noch was fürs Studium lesen.« Wanja wundert sich, dass ich so ungeduldig bin. »Mach doch einfach das, was du machen wolltest und unterbrich es, wenn der Besuch da ist«, sagt er. Anscheinend muss ich flexibler werden. »Du hast doch gesagt, sie kommen nach zwei. Ich denke die ganze Zeit, sie würden jeden Moment kommen.« – »Aber ›nach zwei‹ kann auch bedeuten um fünf«, sagt Wanja. Das ist mir neu. So großzügig rechne ich sonst eher nicht. Mir zuliebe ruft er bei Sascha an, um herauszufinden, wann sie hier sein werden. »Oni jedut«, sagt er zu mir. Sie fahren. »Fahren sie schon? Oder fahren sie gleich?«, hake ich nach. Wanja zuckt mit den Schultern. »Das weiß ich auch nicht posmotrim.« Ihn stört die Ungewissheit anscheinend nicht, er setzt sich einfach vor den Fernseher und legt eine DVD ein. Ich bleibe erst unschlüssig stehen, dann setze ich mich dazu. Jetzt noch meine Bücher aufzuschlagen wäre sicher zu spät – ich brauche immer eine halbe Stunde, um mich einzulesen. Doch wir können den ganzen Film ungestört bis zu Ende sehen – kein Gast stört unseren Nachmittag. Wanja ruft noch einmal bei Sascha an. Es stellt sich heraus, dass er und Vika heute doch nicht mehr kommen. »Vika fühlt sich nicht gut«, sagt Wanja zu mir. Ich gucke ihn groß an. »Erst jetzt? Oder schon die ganze Zeit?« Wanja zuckt mit den Schultern. »Wahrscheinlich haben sie abgewartet und gedacht, dass es besser wird. Und jetzt haben sie gemerkt, dass es doch nicht geht.« Ich staune über Wanjas Gemütsruhe und bin nicht sicher, wie ich diese Absage finden soll. Doch er ist nicht gekränkt, sondern scheint das ganz normal zu finden. Ich ärgere mich über die verlorene Zeit. Vielleicht lasse ich Vika und Sascha das nächste Mal ja auch ein bisschen schmoren.

Doch auch in den nächsten Tagen wird es mit dem Ausflug nichts, weil Wanjas Mutter das Auto braucht, um zum Markt zu fahren. Und tags darauf kommt sein Patenonkel spontan vorbei. Er ist auch ein Seemann und will sich verabschieden, bevor es wieder auf große Fahrt geht. Es wird ein langer Abschied mit »schaschliki« auf dem Grill, Bratkartoffeln und Wodka. Beim nächsten Versuch rät uns Wanjas Mutter morgens von der Fahrt ab. Es sei viel zu kühl und zu windig für so einen Ausflug, und schließlich hätte ich gerade erst eine Bronchitis auskuriert. Wanja gibt seiner Mutter recht, und wir bleiben zu Hause. Meine zwei Wochen Urlaub sind schon fast um, und die Kirche von Foros habe ich immer noch nicht gesehen. »Wanja, das ist nicht zum Aushalten«, langsam setze ich hier Moos an. »Wenn das so weitergeht, kenne ich die Krim mit achtzig noch nicht.« Er findet, ich übertreibe. »Das ergibt sich schon noch«, sagt er. »Der richtige Zeitpunkt war einfach noch nicht da.« Mir ist allerdings schleierhaft, worauf wir warten. Ich würde einfach ins Auto steigen und losfahren.

Eine Kirche auf Wolken

Ein paar Tage später ist es dann so weit: Wir fahren nach Foros. Seine Mutter küsst uns zum Abschied und sagt: »S Bogom!« – »Gott sei mit Euch!« Die Straße führt an der Südküste der Krim entlang und ich bin sprachlos. Nicht wegen Wanjas Fahrstil, der einem auch die Sprache verschlagen kann, nein, ich bin sprachlos über die wilde Schönheit der Küste. Von der Straße oben auf den Klippen schaue ich hinunter auf das tiefblaue Meer. Durch den Wind haben sich überall kleine Kräuselwellen mit weißen, spritzenden Schaumkronen gebildet, auf denen Boote in schnellem Takt schaukeln. Die Sonne lässt das dunkle Wasser funkeln, nah an der Küste ragen schroffe Felsbrocken aus dem Wasser, und am Horizont ziehen große Schiffe vorbei. Was für ein Anblick!

Wir sind auf dem Weg nach Foros, ein Kurort mit circa zweitausend Einwohnern, der zum Bezirk um Jalta gehört. Wanjas Mutter hat mir erzählt, dass die kleine Kirche, die ich mir ansehen möchte, Ende des 19. Jahrhunderts erbaut wurde, nachdem Zar Alexander III. und seine Familie ein schweres Zugunglück überlebt hatten. Als wir auf dem kleinen Plateau aussteigen, ist es schon später Nachmittag und ziemlich kühl. Ringsumher hat sich dichter weißer Nebel gebildet, und die zierliche Kirche sieht aus, als ob sie auf Wolken stünde. Ich nehme Wanjas Hand, und wir laufen einmal um die Kirche herum. Um uns herum geht es hunderte Meter in die Tiefe, aber das sieht man nicht. Ich fühle mich, als ob wir auf den Wolken einfach weitergehen könnten.

Krebse in der Sauna

Seit kurzem sind Wanjas Eltern stolze Saunabesitzer. Sie haben aber keine typische »russkaja banja« mit heißen Steinen und einer Plane darüber, sondern ein richtiges kleines Steinhaus mit einer finnischen Holzsauna, einem gefliesten Tauchbecken, einer Dusche und einer Küchenzeile. Sogar ein kleines Vorzimmer mit Kamin gibt es. Am Abend vor meiner Heimreise wollen wir die Sauna noch einmal richtig nutzen. Wanja hat Sascha und Vika eingeladen, und auch Andrej kommt mit seiner neuen Freundin Nastja. Im Kühlschrank steht reichlich »pivo«, es gibt geröstete Sonnenblumenkerne, gesalzene Brotstückchen zum Knabbern, getrockneten Fisch und »krewetki« – »Garnelen«, die wir tiefgefroren gekauft haben.

Sascha und Vika verspäten sich diesmal nur um eine dreiviertel Stunde, und haben sogar noch einen guten Grund: »Wir haben ›raki‹ mitgebracht«, sagt Sascha und stellt die abgedeckte Schüssel mit den Flusskrebsen in die Küche. Er ist ein Hüne. Neben ihm wirkt Vika – die eigentlich Viktoria heißt – noch zierlicher, als sie ohnehin schon ist. Sie ist ein südlicher Typ: mit beinahe schwarzen, langen, welligen Haaren, braunen Augen und einem bronzefarbenen Teint. Ich bin gespannt, was in der Sauna aus ihren falschen Wimpern, dem gekonnten Make-up und ihren großen goldenen Ohrringen wird. Ob sie sich von ihnen trennen kann?

Nastja ist mit ihren sechzehn Jahren das Küken unter uns Mädchen. Das kann man aber leicht vergessen, wenn sie sich erst mal stylt und schminkt. Dann sieht sie schon ziemlich erwachsen aus. Nastja hat ein hübsches Gesicht mit großen blauen Augen, vor allem aber eine Figur, mit der sie glatt einem Victoria-Secrets-Engel Konkurrenz machen könnte. Dafür trainiert sie aber auch dreimal in der Woche in einem »sportsal« – einem »Fitness-Studio«. In Berlin betonen die meisten gern, dass sie fast nichts für ihr Aussehen tun. »Ich bin für Natürlichkeit«, hört man dann oft oder: »Es kommt doch auf die inneren Werte an.« Manche Frauen sind davon wirklich überzeugt, andere wollen vielleicht nicht als eitel gelten und vertuschen deshalb gern, dass sie in Wirklichkeit doch eine ganze Menge für ihre Schönheit tun.

Die jungen russischen und ukrainischen Frauen sind oft sehr ehrgeizig, was ihr Aussehen betrifft, und sie haben kein Problem damit zuzugeben, dass Schönsein auch mit Anstrengung verbunden ist. Sie gehen zum Sport, zum Friseur, zur Kosmetik und zu Maniküre und Pediküre – und präsentieren ihren Männern und Freundinnen dann stolz das Resultat. Warum auch nicht? Ist es nicht letztlich Nebensache, wie oft oder tief in die weibliche Trickkiste gegriffen wird? Hauptsache, man fühlt sich wohl und hat Spaß am Ergebnis der eigenen Mühen.

Doch obwohl sich Vika und Nastja mit ihren schwarzen, sehr ähnlichen Bikinis gut in Szene gesetzt haben, scheinen weder Sascha noch Andrej von den Reizen ihrer Freundinnen Notiz zu nehmen – so als seien sie schon ein bisschen übersättigt von all der Weiblichkeit. Als ich Wanja in der Sauna-Küche von meiner Beobachtung erzähle, schmunzelt er. »Unterschätze uns Männer nicht! Sascha und Andrej wissen es sehr wohl zu schätzen, wenn sich ihre Freundinnen für sie zurechtmachen. Sie lassen es sich bloß nicht anmerken, damit die Mädchen nicht denken, sie könnten sie so leicht um den Finger wickeln.« Ob Wanja auch so tickt? Aber warum spielt das Aussehen hier überhaupt so eine immense Rolle? Auch das Konkurrenzdenken scheint unter russischen oder ukrainischen Frauen ausgeprägter zu sein als unter deutschen. Vika und Nastja haben sich am Anfang jedenfalls sehr genau beäugt. Auch dafür hat Wanja eine simple Erklärung, die den Nagel auf den Kopf zu treffen scheint: »Bei uns will jede die Schönste sein, weil am Ende nur die den besten Ehemann kriegt.« Und grinsend schiebt er hinterher: »Wir Männer profitieren davon nur.« Also doch. Ich knuffe ihn in die Seite.

»Geht ihr zuerst oder sollen wir?«, fragt Wanja. »Passen

wir denn nicht alle zusammen rein?«, frage ich ganz harmlos zurück. Die anderen lachen. Anscheinend glauben sie, dass ich einen Witz gemacht habe. Ich kläre sie auf, dass es bei uns völlig normal ist, wenn Männer und Frauen zusammen saunieren. Auch wenn ich selbst kein großer Fan davon bin. »Ganz nackt – auch mit Fremden?«, fragt Nastja entgeistert, und Andrej witzelt: »Ich wusste gar nicht, dass die Deutschen so freizügig sind.« – »Ich allerdings auch nicht«, meint Wanja. Ich gebe mir Mühe, die Jungs zu überzeugen, dass ich in diesem Punkt keine typische Deutsche bin und immer ein Handtuch umlasse, aber so ganz scheinen sie es mir nicht abzunehmen. Also, dann ab in die Frauensauna. Doch selbst unter uns bleiben die Bikinis an. Vika legt sich auf die oberste Bank, Nastja in die Mitte, mir reicht die Hitze unten. Vika ist ein Gute-Laune-Mädchen und ziemlich extrovertiert. Obwohl ich es immer wieder versuche, lässt sie sich auf kein ernsthaftes Gespräch ein. Sie erklärt lieber ausführlichst, mit welcher Kundenkarte man in welchem Schuhgeschäft wie viel Rabatt bekommen kann: »Mit der goldenen VIP-Karte bekommst du fünfzig Prozent auf die letzte Kollektion und fünfundzwanzig Prozent auf die aktuelle«, schnattert sie. Nastja scheint das interessant zu finden. Wenn ich nicht von Wanja wüsste, dass Vika sehr engagiert Jura studiert, würde ich glauben, sie würde von einer Karrierre als Topmodel träumen.

»Na, unterhaltet ihr euch gut?«, fragt Wanja, als wir gerade eine Pause machen. »Ehrlich gesagt nicht. Vika redet nur über Shopping und solche Sachen.« Wanja erklärt mir, dass sie bewusst leichte Themen wählt. »Es ist einfach nicht üblich, bei einer Party oder in geselliger Runde über ernste Dinge wie Politik, Religion oder persönliche Probleme zu sprechen«, sagt er. »Man will den anderen ja nicht die Laune verderben.« Jetzt verstehe ich auch, warum sein Vater immer mit mir übers Wetter sprechen will und seine Mutter übers Kochen. Es ist einfach ihre Art, Smalltalk zu halten. Ich besinne mich also auf meinen letzten Zahnarztbesuch und die Zeitschriften, die ich dort durchgeblättert habe. Damit müsste ich doch anschlussfähig sein.

Die Männer scheinen einen Wettbewerb gestartet zu haben, wer am längsten in der Sauna durchhält. Das Sauna-Thermometer zeigt mittlerweile hundertzwanzig Grad an, und ich mache mir Sorgen. »Die sind schon ganz schön lange drin, vielleicht klopfen wir mal?«, frage ich Vika. Sie sieht das aber ganz entspannt. »Das sind doch Männer«, meint sie nur. Plötzlich fliegt die Tür auf und Andrej stürzt mit Gejohle heraus. Er springt mit einem Satz ins eiskalte Tauchbecken. Kurz darauf folgt Sascha – schnaufend vor Anstrengung. Und als Letzter kommt Wanja raus. Er ist ganz rot und hechtet ins Becken. »Das ist nicht gut fürs Herz! Man muss sich langsam abkühlen!«, rufe ich ihm hinterher. »Ach!«, winkt er ab. »Ich mache das immer so. Und es bekommt mir doch.« Ich habe keine Lust, die Spielverderberin zu sein und gehe lieber in die Küche, um Wasser für die Garnelen und die Krebse aufzusetzen. Als ich die Abdeckung von der Schüssel nehme, recken sich mir ein Dutzend Scheren entgegen. »Die leben ja noch!«, schreie ich beim Anblick der zappelnden Krebse. Wanja ist auf mein Geschrei herbeigeeilt. »Konjeschno!« – »Natürlich!«, sagt er. »So werden sie verkauft.« Ich hatte angenommen, dass sie tiefgefroren oder zumindest schon tot seien. »Du willst sie doch nicht etwa in das kochende Wasser werfen?«, frage ich. Doch genau das hat Wanja vor. Eigentlich habe ich Krebsfleisch immer gemocht, aber dass man die Tiere bei lebendigem Leibe kocht, das wusste ich nicht. Auch die kleinen »krewetki« sind mir suspekt. Sie sehen nicht aus wie die Garnelen oder Krabben, die ich bisher gegessen habe. Sie haben kleine schwarze Äuglein, die wie Stecknadelköpfe aussehen. »Ich kann nichts essen, das mich anstarrt«, sage ich. »Irgendwie sehen die Augen so vorwurfsvoll aus. Findet ihr nicht?« Die anderen lachen. Wanja schüttet die Krebse aus der Schüssel ins kochende Wasser. Ich wende mich ab. Manchmal sind diese deutschen Mädchen eben echt komisch.

IV

Wanja in Deutschland

Ohne Visum geht gar nichts. Aber um ein Visum zu bekommen, braucht Wanja eine offizielle Einladung: von jemandem, der seinen festen Wohnsitz in Deutschland hat und ein regelmäßiges Einkommen in vorgeschriebener Mindesthöhe. Ich bin Studentin und scheide damit leider aus.

Nicht ohne offizielle Einladung

Als ich meinen Eltern erzähle, wie schwierig es für Wanja ist, ein Visum zu bekommen, bieten sie gleich ihre Hilfe an – sie wissen noch nicht, was da alles dranhängt. Die einladende Person bürgt für den Gast und übernimmt damit die Verantwortung für den Besucher – sowohl für die gesamte Zeit seines Aufenthaltes als auch dafür, dass dieser anschließend wieder in sein Land zurückgeht. Meine Eltern schlucken ganz schön, als die zuständige Beamtin ihnen das im Detail erklärt. »Wie gut kennen Sie denn diesen jungen Mann?«, fragt die Dame im Amt. »Eigentlich noch gar nicht«, gibt meine Mutter zu. »Er ist seit einiger Zeit der Freund unserer Tochter.« Die Beamtin setzt ein ernstes Gesucht auf. »Überlegen Sie sich gut, ob Sie für einen Fremden bürgen wollen!«, mahnt sie. »Gerade aus Osteuropa machen sich viele aus dem Staub, wenn sie erst einmal hier sind, und das kann für Sie richtig teuer werden, denn Sie können für alles haftbar gemacht werden.« Als meine Mutter wieder nach Hause kommt, hat sie plötzlich doch große Bedenken. »Bist du dir wirklich ganz sicher, dass du dich nicht in ihm täuschst?«, fragt sie mich. Es sind schon wieder sechs Monate vergangen, seit ich ihn das letzte Mal gesehen habe, und natürlich kann ich nicht sagen, ob unsere Beziehung wirklich halten wird. Aber eines weiß ich: »Ich kann ihm ganz sicher vertrauen«, sage ich meiner Mutter, und sie unterschreibt alles, was notwendig ist.

Es ist Anfang Dezember, als Wanja mit unserer Einladung in Sewastopol in den Zug steigt und vierzehn Stunden nach Kiew zur Deutschen Botschaft fährt. Als er in der ukrainischen Hauptstadt ankommt, sind draußen minus einundzwanzig Grad, und es weht ein scharfer Ostwind. Trotzdem ist die Warteschlange vor der Botschaft lang. Wanja steht mehr als drei Stunden in der Kälte, bevor er sein Anliegen überhaupt vortragen kann. Er hat einen ganzen Packen mit Papieren dabei, den er der Botschaftsmitarbeiterin durch ein Fensterchen schiebt. Dann steht ein sogenanntes Interview an: Warum wollen Sie nach Deutschland? Was genau machen Sie da? Wie können wir sicher sein, dass Sie wieder zurückkommen? Der Ton ist nicht nur sehr unpersönlich, sondern auch ziemlich unfreundlich. Wanja beantwortet trotzdem geduldig alle Fragen. Als Seemann ist er schon oft im Ausland gewesen und jedes Mal wieder in seine Heimat zurückgekehrt. So werde es auch diesmal sein, verspricht er. Die Fragestunde ist schon fast vorbei, da fällt der Beamtin plötzlich ein, dass er ein paar Fotos vorlegen soll, auf denen er mit den einladenden Personen zu sehen ist. Wanja erklärt, dass es solche Fotos nicht gibt. »Die Einladung ist von der

Mutter meiner Freundin«, sagt er. »Ich werde sie erst noch kennenlernen.« Doch so leicht kommt man auf deutschen Ämtern nicht davon. »Aber Sie haben doch sicher Fotos von Ihrer Freundin und sich?« Er bejaht, obwohl er sie nicht bei sich hat. »Dann brauchen wir noch Bilder, wo die Freundin zusammen mit der Mutter zu sehen ist. Sie können die Fotos mit der elektronischen Post an uns schicken. Und dann kommen Sie morgen wieder!« Wanja bedankt sich, denn wenigstens ist der Antrag nicht abgelehnt worden. Wieder draußen auf ukrainischem Boden, setzt er alle Hebel in Bewegung: Er ruft Andrej an, damit er vom PC in Sewastopol Bilder von Wanja und mir an die Botschaft schickt. Und er ruft mich an, damit ich Bilder von meiner Mutter und mir an die Botschaft schicke. Natürlich wühle ich gleich in meiner Fotokiste und wähle die neuesten Schnappschüsse von uns aus. Noch nie war ich so glücklich, dass es das Internet gibt! Ich klicke auf Senden und schicke die Bilder durch den Äther. Noch vor einigen Jahren hätte Wanja wohl oder übel noch einmal nach Sewastopol fahren müssen, um das Fotoalbum zu holen. Und ich hätte die Bilder von Berlin mit der Post schicken müssen. Wertvolle Tage wären sinnlos verstrichen. Mir dauert das jetzt schon alles zu lange. Am nächsten Tag wird Wanja wieder in der Botschaft vorstellig. »Haben Sie die Bilder bekommen?«, fragt er. »Ja«, sagt die Frau hinter der Scheibe. »Aber ich habe sie mir gar nicht angeschaut.« Das soll einer verstehen! Aber Wanja sagt dazu lieber nichts – erfahrungsgemäß ist das der Sache nicht dienlich. Die Beamtin schaut ihn noch einmal forschend an – dann gibt sie ihm endlich das Visum für drei Monate.

Am Tag von Wanjas Ankunft in Leipzig habe ich eine Prüfung. Ausgerechnet. Nun kann ich ihn nicht einmal abholen. Natürlich weiß ich, dass er als Seemann schon viel gereist ist, aber ich mache mir trotzdem Sorgen, ob er sich hier gleich zurechtfinden wird. Noch spricht er ja fast kein Deutsch. Wir unterhalten uns immer noch nur auf Englisch. Ich habe Wanja am Telefon bestimmt zehnmal erklärt, mit welcher Straßenbahn er fahren muss. Vorher muss er noch Geld wechseln und sich eine Fahrkarte am Automaten kaufen. Das schaffen ja nicht mal Einheimische auf Anhieb!

Bei der Prüfung muss ich jede Frage gleich dreimal lesen, weil ich mich überhaupt nicht konzentrieren kann. Ich bin so aufgeregt, weil Wanja vielleicht schon ganz in der Nähe ist. Ob er weiß, dass er den Fahrschein in der Straßenbahn noch abstempeln muss, überlege ich. Den Wohnungsschlüssel habe ich bei der Nachbarin abgegeben – für den Fall, dass meine Mitbewohner nicht da sind. Wir haben verabredet, dass Wanja zu Hause auf mich wartet.

Als ich am frühen Nachmittag nach Hause komme, ist er nicht da, nur seine Tasche steht in meinem Zimmer. Wo kann er denn hin sein, überlege ich, er kennt sich doch gar nicht aus. Von den anderen aus der WG ist noch niemand da. Ich beschließe, erst einmal Spaghetti zu kochen. Nudeln sind immer gut, sie beruhigen die Nerven, und außerdem weiß ich, dass Wanja sie mag. Nach einer halben Stunde steht Wanja plötzlich in der Tür, und sofort weiß ich, dass jeder noch so leiseste Zweifel der letzten Monate unberechtigt war. Wir fallen uns in die Arme und vergessen die Welt um uns herum. Als ich ihn später beim Essen frage, ob am Morgen alles gut geklappt hat, greift Wanja in seine hintere

Hosentasche und legt eine Monatskarte auf den Tisch. »Das wird am Ende billiger«, sagt er. Ich bin beeindruckt. »Und wo bist du eigentlich vorhin gewesen?«, frage ich. Wanja holt eine große Tüte aus dem Flur. In der Tüte ist eine Jalousie, genau in dem Terracottaton, in dem mein Zimmer gestrichen ist. »Ich hab gesehen, dass deine kaputt ist und eine neue gekauft«, sagt er. Ich komme aus dem Staunen nicht heraus. »Wo gibt's denn hier Jalousien zu kaufen?« Er erzählt, dass er das Geschäft vom Straßenbahnfenster aus gesehen hatte. »Also bin ich einfach noch mal zwei Haltestellen zurückgefahren.« Ich bin gerührt und auch ein bisschen stolz auf ihn. »Du kennst mich doch«, sagt Wanja und zwinkert. »Mir ging es nur darum, die neue Monatskarte richtig zu nutzen.«

Kurz vorm Einschlafen fällt mir noch etwas ein. »Das hätte ich ja beinahe vergessen! Ich habe dich doch zu einem Sprachkurs angemeldet: Deutsch Intensiv eins an der Volkshochschule.« Wanja ist schon schläfrig. »Ein Sprachkurs?«, fragt er und gähnt. »Ich hab doch jetzt erst mal Urlaub. Wann soll dieser Kurs denn anfangen?« Ich öffne das Fenster und es strömt kalte Luft herein. »Na ja, eigentlich läuft er schon seit einer Woche, aber du darfst ausnahmsweise noch einsteigen. Das habe ich schon mit der Lehrerin besprochen.« – »Soll das heißen, ich muss da gleich morgen früh hin? Ist das dein Ernst?« Etwas mehr Begeisterung hatte ich eigentlich schon erwartet. »Dann langweilst du dich wenigstens nicht, wenn ich in der Uni bin.« – »Ich glaub nicht, dass ich mich hier langweilen werde«, sagt Wanja, »jedenfalls sicher nicht gleich am Anfang.« Ich stelle den Wecker trotzdem.

Wir haben verabredet, dass Wanja mich nach seinem Sprachkurs von der Uni abholt. Als ich aus dem Seminargebäude komme, wartet er schon. Ihn plötzlich hier in meiner vertrauten Umgebung zu sehen, ist irgendwie unwirklich, aber toll. Wie er so dasteht in seiner schwarzen Lederjacke und den Lederschuhen, die leicht spitz zulaufen, das Hemd in die Jeans gesteckt, sieht man auf den ersten Blick, dass er ein Russe ist. So kommt es mir jedenfalls vor. Ich schleiche mich an und küsse ihn. »Wie war's denn in der Volkshochschule?«, frage ich gespannt. »Es war ein Schock«, sagt er und macht ein ernstes Gesicht. »Was?«, frage ich erschrocken. »Warum denn?« – »Du hast mir nicht gesagt, dass der Unterricht sechs Stunden dauert! Ich hatte nicht mal eine Flasche Wasser dabei.« Ich hatte nur gesagt, dass es ein Intensivkurs ist, und Wanja konnte natürlich nicht wissen, was das genau bedeutet. Doch ich sehe ihm an, dass er nicht wirklich verärgert ist. »Außerdem wusste ich nicht, dass in dem Kurs nur Deutsch gesprochen wird.« – »Ja, was dachtest du denn?«, frage ich verwundert. Wanja hatte angenommen, er würde nur zusammen mit Russen unterrichtet werden und dass die Lehrerin alles auf Russisch erklärt. »Dann müsste man ja für jede Nation einen extra Deutschkurs anbieten. Für die Franzosen auf Französisch, für die Spanier auf Spanisch und für die Chinesen auf Chinesisch.« Ich muss lachen. Ja, so hatte Wanja sich das vorgestellt. Aber nun ist er auch ganz zufrieden. »Wir sind eine lustige Gruppe«, sagt er. »Es gibt zwei Tunesier, zwei Russen, einen Türken, einen Kroaten, ein Mädchen aus Brasilien, einen Mann aus dem Senegal, zwei aus Polen und eine Chinesin.« Auf der Krim geht es weniger international zu, dort trifft man in der Regel nur Russen, Ukrainer und Krim-Tataren.

Während wir so durch die Innenstadt laufen und Wanja noch erzählt, fällt mir ein, dass wir noch zu einem Schlüsseldienst wollten. Ich möchte, dass er mit einem eigenen

Schlüssel kommen und gehen kann, wann er will. Die anderen in der WG haben auch nichts dagegen. Ich kann mich nur nicht daran entsinnen, hier in der Nähe schon einmal so einen Laden gesehen zu haben. Gerade will ich Wanja sagen, dass ich mal jemanden fragen werde, da holt er meinen Wohnungsschlüssel aus der Jackentasche und einen zweiten, der genauso aussieht. »Hab ich vorhin schon machen lassen«, sagt er. Wow, denke ich. In Sewastopol hätte ich das wahrscheinlich nicht so schnell hinbekommen. »Das ist was anderes«, sagt Wanja. »Bei euch gibt es ja Schlüsseldienste an jeder Ecke.«

Die ganze Sippe an einem Wochenende

Das Wochenende steht vor der Tür, und ich habe Zugfahrkarten gekauft. »Was meinst du?«, frage ich Wanja. »Nehmen wir zusammen den großen Trolley oder ich meinen kleinen und du deine Reisetasche?« – »Das kommt darauf an, wo wir hinwollen«, antwortet er. Ich dachte, das wäre längst klar. »Na, zu meinen Eltern natürlich. Sie wollen dich doch kennenlernen.« Wanja zieht beide Augenbrauen nach oben. »Gleich an meinem ersten Wochenende? Hat das nicht noch etwas Zeit?« Also, ich finde, er könnte dem ersten Treffen mit seinen Schwiegereltern in spe etwas enthusiastischer entgegensehen, zumal ich ihm erzählt habe, dass ich vor ihm noch nie jemanden mit nach Hause gebracht habe. »Ich dachte, du bist genauso gespannt auf sie wie sie auf dich«, sage ich, und mein Tonfall verrät, dass ich nah dran bin, gekränkt zu sein. »Versteh mich nicht falsch: Ich will sie sehr gern kennenlernen«, sagt Wanja und holt vom Kleiderschrank den großen Trolley runter. »Ich dachte nur, wir genießen erst einmal die

Zeit zu zweit. Schließlich ist es das erste Mal, dass wir mal länger zusammen sind.« Wie recht er hat! Manchmal verstehe ich mich selbst nicht. Warum habe ich nur schon so viel in den Terminkalender geschrieben? »Du bist eben eine Deutsche. Ihr könnt doch ohne Planung nicht leben«, sagt Wanja und zieht mich an sich. »Die nächsten Wochenenden bleiben aber frei – versprochen?« – »Versprochen!«

Als wir am nächsten Morgen im Zug sitzen, sage ich scheinbar beiläufig: »Es ist noch so früh, wenn wir ankommen, lass uns doch erst mal bei meinen Großeltern vorbeifahren! Die sind auf jeden Fall schon auf und freuen sich.« Wanja durchschaut mich gleich. »Das ist dir doch nicht gerade eben eingefallen! Du hast mir doch selbst gesagt, dass spontane Besuche in Deutschland ziemlich unüblich sind.« Erwischt. »Na ja, ich wollte dich gestern nicht mit noch einem Termin erschrecken«, sage ich kleinlaut. Aber da Wanja auch ein Familienmensch ist und weiß, wie innig meine Beziehung zu meinen Großeltern ist, nimmt er es mit Humor: »Wenigstens hast du es mir noch gesagt, bevor wir vor ihrer Tür stehen. Jetzt können wir wenigstens noch Blumen besorgen.«

Opa Franz und Oma Frieda sind beide schon über achtzig, aber sie haben es sich nicht nehmen lassen, für uns ein großes Frühstück mit Rührei und Speck, frischen Brötchen und Obstsalat vorzubereiten. »Das ist also Wanja«, sagt meine Oma erfreut. »Wie schön, Sie kennenzulernen. Unsere Enkelin schwärmt ja immer so von Ihnen.« Wanja überreicht ihr die Blumen: »Ja tosche otschen rad.« – »Ich freue mich auch sehr«, sagt er, und fragt mich: »Was heißt denn ›schwärmt‹?« Ich küsse ihn und grinse. Sein Sprachkurs scheint ja gute Fortschritte zu machen.

Mein Großvater hängt die Jacken auf: »Treten Sie durch, junger Mann und nehmen Sie Platz! Darf ich Ihnen etwas zum Trinken anbieten?« Er öffnet eine Klappe der Schrankwand, hinter der sich seine kleine Hausbar befindet. »Wodka habe ich leider keinen, aber dafür Korn, Schnaps und Weinbrand. Was darf es sein?« – »Aber, Opa«, sage ich, »nur weil Wanja ein Russe ist, fängt er doch nicht schon morgens an, Schnaps zu trinken.« – »Schade eigentlich«, sagt mein Opa. »Ohne Gesellschaft erlaubt mir die Oma nämlich auch kein Gläschen.« Ich übersetze und Wanja lacht. »Und da heißt es immer, die Deutschen haben keinen Humor. Dein Opa Franz ist der beste Gegenbeweis.« Wir beschließen, erst einmal zu frühstücken. Es ist kurios: Obwohl meine Großeltern weder Russisch noch Englisch sprechen und nicht mehr sonderlich gut hören und Wanja des Deutschen auch noch nicht mächtig ist, verstehen sie sich bestens. Vieles muss ich gar nicht übersetzen. Nach dem Frühstück fragt mein Opa: »Na, wie wär's jetzt mit einem Gläschen zur Verdauung?« Er lässt aber auch nicht locker, so trinkversessen kenne ich ihn gar nicht. »Nu ladno.« – »Also einverstanden«, stimmt Wanja zu. Ich weiß, dass ihm ein Tee nach dem Essen lieber gewesen wäre. Aber manchmal ist es eben so, dass nicht der Deutsche dem Russen zuliebe einen mittrinkt, sondern der Russe dem Deutschen zuliebe. Beim Abschied sagt Wanja: »My naschli obschij jazyk.« – »Wir haben eine gemeinsame Sprache gefunden.« Er meint es als großes Kompliment, und meine Großeltern verstehen es auch so. »Auf Wiedersehen!«, sagt er. »Do swidanija!«, sagen Opa Franz und Oma Frieda stolz.

Mit der U-Bahn geht es weiter zu meinen Eltern. Ich bin ein bisschen aufgeregt. Wird es mit ihnen auch so gut laufen? Als sie die Wohnungstür aufmachen, halten sie schon ein Glas Sekt zur Begrüßung in der Hand. »Herzlich willkommen!«, sagt mein Vater und reicht Wanja und mir zwei

Gläser. Wanja muss langsam den Eindruck bekommen, dass ohne Alkohol in Deutschland gar nichts läuft. Die Gesichter meiner Eltern sehen erleichtert aus. Ich weiß nicht, was genau sie sich unter einem russischen Seeoffizier vorgestellt hatten, aber mir scheint, sie haben sich vor der Begegnung beinahe ein wenig gefürchtet. Umso sympathischer finden sie jetzt den jungen Mann, der vor ihnen steht. Im Russischen gibt es das Wort »simpatitschno« ebenfalls, was allerdings »hübsch anzusehen« bedeutet. Manchmal führen solch feine Unterschiede auch zu Missverständnissen. Einmal erzählte ich Wanja von einer guten Freundin und sagte, sie sei wirklich sehr sympathisch. Als wir sie dann trafen, meinte er hinterher: »Na ja, sympathisch ist sie nicht gerade – aber nett.« Ich verstand erst gar nicht, was er meinte, bis er mir das Wort genau übersetzte. Ich glaube, in diesem Moment trifft beides zu: Meine Eltern finden Wanja sowohl hübsch als auch nett. Wenn das kein guter Auftakt ist!

Wir setzen uns ins Wohnzimmer auf die schwarze Ledercouch und die deutsch-russische Annäherung geht auf Englisch weiter. »Please call me Sabine«, sagt meine Mutter. »And I'm Frank«, sagt mein Vater. Meine Eltern haben sich gründlich vorbereitet und mein Vater hat sich sogar ein paar Fragen zurechtgelegt. »Was sind das denn für Schiffe, auf denen du fährst?«, fragt er. Wanja erklärt ihm auf Englisch, dass er auf Frachtschiffen und Schwergutfrachtern fährt. Mein Vater versteht zwar nur die Hälfte, aber meine Mutter nickt. »Not military«, sagt sie. »That is good.« Offizier, das klang für sie anfangs nach russischer Armee und Geheimdienst, bis ich ihr erzählte, dass die Ränge in der zivilen Seefahrt auch so heißen. Ich finde das Gespräch etwas anstrengend. Meine Eltern können mit ihrem Schulenglisch zwar ein paar Fragen stellen, aber sie verstehen oft Wanjas

Antworten nicht. Als Wanja auf dem Balkon eine raucht, sagt mein Vater: »An seiner Aussprache muss er aber noch arbeiten. Mit diesem starken russischen Akzent versteht man ihn ja kaum.« Ich ärgere mich ein bisschen über diese väterliche Arroganz und verkneife mir, das Englisch meines Vaters zu kommentieren. Als Wanja wieder hereinkommt, fragt meine Mutter: »Ihr kommt doch heute Abend mit zu Onkel Gustavs Geburtstag? Anna und Jonas werden auch da sein.« Anna ist meine Schwester und Jonas ihr Freund. Wanja schaut mich erstaunt an. Das hatte ich wirklich völlig vergessen. »Ähm, wir müssen das noch besprechen«, sage ich und werfe Wanja einen flehenden Blick zu. »Aber was gibt's denn da noch zu besprechen?«, meint meine Mutter. »Alle freuen sich doch schon auf euch. Oma Berta hat sogar schon ein dickes Wörterbuch für Wanja gekauft, das sie ihm unbedingt schenken will.« Oma Berta war früher Deutschlehrerin. »Schon gut«, sagt Wanja. »Wir kommen gern.«

Zum Glück ist Wanja nicht die Hauptattraktion an diesem Abend. Die ganze Sippe hat sich lang nicht gesehen, und so bleibt es Wanja erspart, die ganze Zeit über im Mittelpunkt des Interesses zu stehen. Mit dem Freund meiner Schwester versteht er sich gleich gut – kein Wunder, Jonas ist auch ein Seemann – ausgerechnet! Zwar macht er etwas anderes als Wanja – er ist Minensuchtaucher bei der Bundeswehr, aber es ist trotzdem ein komischer Zufall, dass wir Schwestern nun beide Seemannsbräute sind.

Oma Berta drückt Wanja gleich an sich, als wäre er ihr eigener Enkelsohn. Natürlich vergisst sie auch nicht, ihm das russisch-deutsche Universalwörterbuch zu überreichen, es wiegt bestimmt mehrere Kilogramm. »Sie müssen ja jetzt gut Deutsch lernen«, sagt sie. »Die Sprache ist so wichtig, wenn Sie hier leben.« Ich übersetze das nicht, aber Wanja versteht trotzdem genug. »Hier leben?«, fragt er. »Vielleicht ja, vielleicht nein.« – »Aber ich denke«, sagt Oma Berta und holt tief Luft. »Sie wollen doch nicht etwa, dass unsere Juliane mit in die Ukraine zieht?« Wanja schaut mich fragend an, und ich sage schnell: »Das haben wir noch nicht entschieden. Beide Länder haben doch ihre Vor- und Nachteile.« So schnell lässt sich Oma Berta aber nicht die Butter vom Brot nehmen. »Das ist doch ein ganz, ganz armes Land«, sagt sie. »Und ich habe gelesen, dass sich Aids dort schneller ausbreitet als in jedem anderen Land in Europa.« Wanja beobachtet uns etwas ratlos. »Aber die Krim ist etwas Besonderes«, sage ich. »Dort ist es landschaftlich sehr schön, das Wetter ist besser, und mit Wanjas Gehalt kann man sich mehr leisten als hier.« – »Soll das heißen, du ziehst doch dorthin?« – »Nein. Ich weiß noch nicht. Vielleicht irgendwann mal.« Oma Berta sieht entrüstet aus. »Wissen das deine Eltern denn schon?« – »Oma, es gibt nichts zu wissen. Erst einmal studiere ich hier auf jeden Fall zu Ende. Das dauert sowieso noch ein paar Jahre. Was dann kommt, werden wir schon sehen.« Beim Abschied gibt Oma Berta Wanja nur noch die Hand. Bis vor ein paar Stunden war er für sie noch der nette junge Russe, dem man helfen muss, sich in Deutschland zu integrieren. Nun ist er plötzlich jemand, der ihre Enkelin in die Ukraine verschleppen will. Das kostet ihn natürlich Sympathiepunkte. Wir nehmen es gelassen.

Man hat nicht nur Freunde

Als wir wieder in Leipzig sind, treffen wir uns einige Zeit später mit meiner Kommilitonin Luisa in einem Café. Wir haben uns schon ein Dreivierteljahr nicht mehr gesehen. Zuerst war sie für ein Semester in Frankreich, danach war noch vorlesungsfreie Zeit. Nun gibt es auf beiden Seiten viel zu erzählen. Sie trinkt Cappuccino, ich bestelle einen doppelten Espresso für Wanja und einen Milchkaffee für mich. Wir unterhalten uns eine gute Stunde, die Atmosphäre ist nett und entspannt. Als dann die Rechnung gebracht wird, sagt sie: »Es ist mir ja unangenehm, aber du schuldest mir noch 1,80 Euro für die Cola, die ich das letzte Mal für dich bezahlt habe.« Ich kann mich daran zwar nicht mehr erinnern, sage aber schnell: »Ja klar.« Es ist mir sogar etwas peinlich. Peinlicher ist mir allerdings noch, dass sie tatsächlich so penibel ist. Fremdschämen nennt man das wohl. Und Wanja sagt im Scherz: »Luisa, das geht aber nur mit Rechnung.« Doch er staunt nicht schlecht, als sie tatsächlich eine kleine zerknitterte Rechnung aus ihrem Portemonnaie holt und sie uns zum Beweis vor die Nase hält. »Schon gut«, sage ich. Wanja guckt immer perplexer. Hoffentlich denkt er jetzt nicht, dass wir hier alle so drauf sind. Die Bedienung kommt und bringt die Rechnung, Wanja wirft einen Blick darauf und bezahlt. Er schiebt Luisa die Rechnung hin. Ihr Cappuccino hat genau 1,80 Euro gekostet. Komischer Zufall! Jetzt sind wir quitt. Die Verabschiedung fällt ziemlich kühl aus. Als Luisa außer Sichtweite ist, sagt Wanja: »Ihr seht euch fast ein Jahr nicht und sie fragt dich nach dem Geld für eine Cola, die ihr irgendwann mal zusammen getrunken habt. Sie hatte sogar noch die Rechnung in ihrem Portemonnaie. Für mich klingt das ziemlich verrückt!« Ich versuche, Luisa in Schutz zu nehmen. »Bei uns gibt es so ein Sprichwort: Wer den Pfennig nicht ehrt, ist den Taler nicht wert. Wahrscheinlich ging es ihr ums Prinzip.« Wanja lässt das nicht gelten. »Bei uns sagt man: Kopeka rubel bereschot. Und das bedeutet so ziemlich das Gleiche. Aber denkst du vielleicht, meine Freunde und ich haben gezählt, wer wem wann ein Bier bezahlt hat? Natürlich nicht! Dafür ist man doch befreundet.« Ich umarme ihn fest. In solchen Dingen denken wir gleich.

Die Straßenbahnen am Gördeler Ring fallen heute aus. Irgendetwas ist an der Oberleitung kaputt. Wie ärgerlich, mir ist schon total kalt, aber es hilft ja nichts. Wir laufen eine Haltestelle zurück bis zum Taxistand am Hauptbahnhof. Nur ein Auto steht noch da. Bevor wir einsteigen, sagt Wanja zu mir: »Lass mich das mal machen!« Er grüßt freundlich und nennt dem Taxifahrer den Namen unserer Straße. Natürlich hat er dabei einen Akzent, aber man kann ihn gut verstehen, wenn man sich etwas Mühe gibt. Der Taxifahrer gibt sich leider keine. »Wohin?«, fragt er langgezogen und schaut uns schlecht gelaunt durch den Rückspiegel an. Wanja wiederholt den Straßennamen. »So eine Straße gibt's bei uns nicht«, sagt der Taxifahrer kalt. Entweder versteht er wirklich nicht oder er will absichtlich nicht verstehen. Am liebsten würde ich eingreifen, aber dann denke ich: Wenn Wanja jetzt allein wäre, müsste er da auch irgendwie durch. Er wiederholt nun schon zum dritten Mal den Straßennamen und versucht, ihn noch deutlicher auszusprechen. Der Taxifahrer stellt sich dumm. Ich kann nicht mehr an mich halten und sage laut und deutlich, wohin wir wollen. »Na also, warum nicht gleich so?«, sagt der Taxifahrer. So ein Idiot, denke ich. Als wir später die Treppen zu meiner Wohnung hochgehen, fragt Wanja: »Habe ich das vorhin wirklich so schlecht ausgesprochen?« – »Quatsch«, platzt es aus mir heraus. »Der Typ hatte was an den Ohren. Mach dir da bloß nichts draus. Schließlich kann nicht jeder sächsisch sprechen.« Es ist wie es ist: Blöde Leute trifft man überall auf der Welt.

Der unfreundliche Taxifahrer ist allerdings noch harmlos im Vergleich zu dem, was Wanja eines Abends in der Straßenbahn erlebt. Er ist auf dem Weg in eine Nachtapotheke, weil ich mich ziemlich stark erkältet habe und etwas zum Einschlafen brauche. Es ist schon ziemlich spät, nach elf, der letzte Wagon ist leer. Wanja setzt sich. An der nächsten Haltestelle steigen drei junge Männer mit Bomberjacken und kahlen Schädeln ein. Sie trinken Bier und lachen laut. Dann entdecken sie Wanja. Dass er ein Russe ist, sehen sie sofort. Darin sind sie geschult. Sie gehen auf ihn zu und sprechen ihn auf Deutsch an. Doch er versteht sie nicht und antwortet auf Englisch: »Sorry, I don't understand.« Die Männer lachen böse, rülpsen ihm ins Gesicht, zeigen ihm den ausgestreckten Mittelfinger. Dann fängt einer an, sein Bier langsam über Wanjas Kopf auszugießen. Wanja springt auf, greift sich den Typen, nimmt ihn in den Schwitzkasten und schüttet das Bier über seinem Kopf aus. Dann wendet er sich drohend an die anderen beiden. »Wollt ihr auch?«, fragt er auf Englisch. »Dann kommt nur her!« Da haben sie sich wirklich mit dem Falschen angelegt. Wanja hat in seiner Jugend in Sewastopol gelernt, wie man kämpft. Er ist stark und er ist schnell. Die Jungs lassen sich von ihm einschüchtern und verziehen sich an der nächsten Station.

Eine Bratwurst zum Geburtstag

Zuerst eine winterliche Kutschfahrt zu zweit und anschließend ein Candle-Light-Dinner bei dem noblen kleinen Italiener am Nikolaiplatz – das wird Wanja bestimmt gefallen! Es soll eine Überraschung sein – und so bitte ich ihn nur, sich anzuziehen und mitzukommen. Leider ist das Wetter draußen so gar kein Wintertraum. Der erste Schnee hat sich längst in graue Pampe verwandelt, es ist nasskalt und höchst ungemütlich. Wanja sagt: »Ja nikuda ne chotschu.« – »Ich will nirgends hin.« Ich überrede ihn, sich doch aufzuraffen. »Heute ist doch dein Geburtstag und mein Geschenk wartet im Zentrum«, sage ich. Die Kutsche und der Tisch im Restaurant habe ich schon vor Wochen bestellt. »Na schön«, sagt Wanja und zieht sich an.

Als wir da sind, ist es schon dunkel, und im Schein der Laternen sieht der Schneematsch längst nicht mehr so hässlich aus. Allerdings hat es angefangen zu nieseln und der Wind ist eisig. Wanja sieht die offene Kutsche: »Ist das dein Ernst?«, fragt er. Der Kutscher beschwichtigt: »Ich habe auch warme Decken. Die halten sogar starken Regen ab.« Er fürchtet wohl, dass wir die Fahrt gleich absagen. Mir zuliebe steigt Wanja ein. Und da er als Seemann eigentlich nie friert, lehnt er die angebotene Wolldecke ab. Also nehme ich zwei und kuschele mich hinein. Der Weg ist mit Lichterketten erleuchtet, und die Fahrt könnte sehr romantisch sein, wenn uns nur der feine Nieselregen nicht die ganze Zeit ins Gesicht wehen würde. Als wir nach einer halben Stunde zum Stehen kommen, sind wir ordentlich durchgefroren. »Slawa Bogu!« – »Gott sei Dank!«, sagt Wanja und reicht mir die Hand zum Aussteigen. »Das war aber erst die erste Überraschung«, sage ich und ernte einen wenig begeisterten Blick. »Keine Sorge!«, sage ich schnell. »Diesmal ist es drinnen.« Zum Glück ist es zu Fuß nicht weit, und vom Himmel tröpfelt es auch nur noch ganz leicht.

Als wir vor dem schicken Italiener stehen, sagt Wanja. »Hier willst du rein?« Ich strahle ihn an. »Ja, ich dachte, wir gehen zur Feier des Tages mal schön essen.« Wanja tritt einen Schritt zurück. »Aber dafür bin ich völlig unpassend angezogen. Du hättest mir sagen sollen, was du vorhast.«

Ich finde, er sieht gut aus. Okay, die weißen Turnschuhe zur Jeans sind sehr leger, aber immerhin sind es gute, neue Schuhe. Und dass er kein Hemd trägt, dürfte doch heutzutage kein Problem mehr sein. Dafür hat er einen schwarzen Pullover an, der ihm hervorragend steht. »Ich bin aber auch nicht rasiert«, sagt Wanja und streicht sich über das stoppelige Kinn. »Das macht doch nichts«, sage ich leichthin. »Bei uns in Deutschland ist das nicht so streng.« Auf der Krim hätte Wanja wahrscheinlich auf dem Absatz kehrtgemacht, aber hier lässt er sich von mir überreden. Kaum sind wir eingetreten, mustert der Kellner Wanja erst einmal unverhohlen von oben bis unten. »Was kann ich für Sie tun?«, näselt er dann. »Wir haben reserviert«, sage ich selbstbewusst. Er nickt und führt uns zu einem schönen Platz auf der Empore, dann zündet er die Kerze auf dem Tisch an. Ich finde ihn aber bei allem, was er tut, reichlich hochnäsig. Schade, denn das Ambiente mit dem indirekten, warmen Licht und der dezenten Musik im Hintergrund ist eigentlich sehr schön

Der Blick in die Speisekarte lässt mich schlucken. Auch Wanja zieht erstaunt die Augenbrauen hoch. Es ist wirklich ziemlich edel. Wir einigen uns erst mal auf einen Vorspeisenteller und ein Glas Rotwein – natürlich für jeden. In den Restaurants, die ich mir sonst leiste, sind die Vorspeisen eher reichlich bemessen, und davon kann ich auch Wanja überzeugen. Doch als der Kellner die Teller bringt, wird mir klar, dass diese Rechnung nicht aufgeht. Es gibt für jeden nur eine hauchdünne Scheibe Fleisch, die nicht einmal halb so groß ist wie meine Handfläche. Dazu gibt es einen winzigen Klecks Gemüsemus. Das ist alles. Ich versuche, mir nichts anmerken zu lassen, und erhebe mein Glas: »Auf dich, Wanja! Alles Gute zum Geburtstag!« Der Kellner erzählt uns, dass der Wein wichtige Preise gewonnen habe und einem hervorragenden Jahrgang entstamme. Das mag ja auch sein – mir ist er trotzdem viel zu trocken. Zum Glück schmeckt er Wanja, ich schiebe ihm mein Glas rüber und bestelle lieber noch einen Saft. Wanja möchte noch einen doppelten Espresso. Die Vorspeise hat er mit zwei Bissen verputzt und der Kellner hat die Teller sofort abgeräumt. Meine Hand liegt in Wanjas und wir schauen durch die große Scheibe nach draußen. Draußen ist es kälter geworden, denn es tanzen Schneeflocken vorbei. Eigentlich ein wunderschöner Anblick. Leider können wir ihn beide nicht so recht genießen: Wanja knurrt der Magen, und außerdem fühlt er sich in seiner Freizeitkleidung immer noch fehl am Platze. Und ich weiß nicht, was ich jetzt machen soll. Der Kellner hat mich von Weitem schon zweimal per Handzeichen gefragt, ob er die Karte noch einmal bringen soll. Er denkt offensichtlich, dass wir doch noch etwas bestellen wollen. Ich habe aber nur 50 Euro und ein paar Münzen dabei. Das reicht gerade einmal, um unsere Vorspeisen, den Wein und Wanjas Espresso zu bezahlen. Als der Kellner sich nähert, sage ich ihm: »Wir nehmen jetzt gleich das Dessert. Auf den Hauptgang müssen wir heute leider verzichten, weil wir noch eingeladen sind.« Wanja guckt mich verständnislos an. Ich beichte ihm, dass ich jetzt nicht genug Geld dabeihabe, um noch etwas Richtiges dazuzubestellen. Sicher wird er mich gleich fragen, warum ich ihn überhaupt in so ein teures Restaurant eingeladen habe. Das hätte ich mir doch vorher überlegen müssen. Aber Wanja sagt: »Darum das ganze Theater? Ich hätte doch sowieso die Rechnung bezahlt.« Damit hatte ich nicht gerechnet. »Das geht doch nicht!«, protestiere ich. »Wenn ich dich einlade, muss ich auch bezahlen.« Wanja findet das nicht. »Julie, du kannst mich ruhig einladen, aber wenn wir zusammen essen gehen, dann bezahle ich trotzdem. So bin ich einfach erzogen.« Für mich klingt das unlogisch, aber trotzdem sehr lieb. Der Kellner bringt zwei Teller mit Kuchen. Wanja schiebt mir seinen rüber. »Iss den ruhig für mich mit. Dann gehen wir und holen uns draußen eine Bratwurst.« Der Kellner tänzelt mit der Rechnung an unseren Tisch. »Zahlen Sie bar oder mit Karte?«, fragt er. Wanja holt ein dickes Bündel Geldscheine aus seiner Gesäßtasche. Der Kellner und ich machen große Augen. Er zählt zwei 50-Euro-Scheine ab und legt sie in das Rechnungsbüchlein. »That's allright«, sagt er und steht auf, um unsere Jacken zu holen.

Draußen liegt der frisch gefallene Schnee wie eine Decke über dem Kopfsteinpflaster. Wanja zündet sich eine Zigarette an. »Tut mir leid«, sage ich zerknirscht und hake mich bei ihm unter. »Aber diesem Lackaffen hast du's gezeigt!« – Wanja grinst. »Der muss ja nicht wissen, dass das die ganzen 800 Euro sind, die ich habe. Das Geld muss noch bis zur Abfahrt in zwei Monaten reichen.« Ich halte ihn kurz an. »Aber es ist ziemlich leichtsinnig, das einfach so in der Hosentasche herumzutragen. Du kannst es verlieren oder jemand kann es stehlen.« Wanja nickt. »Stimmt schon. Aber bei mir zu Hause macht man das so. Von meinen Freunden hat keiner ein Portemonnaie.« – »Wanja, tu mir einen Gefallen und …« – »Okay okay, ich lasse einen Teil in der Wohnung«, unterbricht er mich. »Jetzt sag mir lieber, ob der Bratwurststand am Bahnhof noch offen hat.«

Er hat noch geöffnet. Wanja bestellt eine Wurst für mich und zwei für sich. »Eines der besten Dinge hier in Deutschland ist die Thüringer Rostbratwurst mit Brötchen«, sagt Wanja und beißt zufrieden hinein. Ich lege meinen Kopf an seine Schulter und denke: So einfach wäre es gewesen, ihn an seinem Geburtstag glücklich zu machen.

Der schönste Feiertag des Jahres ist für mich Weihnachten – das Fest der Liebe und der Familie. Ich habe es diesmal besonders genossen, weil Wanja bei mir war und weil ich jetzt schon weiß, dass er im nächsten Jahr zu dieser Zeit auf See sein wird. Für Wanja sind unsere Weihnachtsfeiertage im Dezember eigentlich ganz normale Tage, weil man da bei ihm zu Hause ja nichts feiert. Wichtig ist erst die Silvesternacht. Weil ich weiß, dass sie ihm als Vorzeichen für das ganze kommende Jahr gilt, will ich natürlich, dass sie besonders schön wird. Wanja weiß schon aus seinem Deutschkurs, dass man Silvester in Deutschland eher mit Freunden als mit der Familie feiert, also anders, als er es von zu Hause kennt. Wir sind mit Freunden aus meiner Schulzeit verabredet und wollen bei meiner Freundin Kathrin zu Hause feiern.

Schon Anfang Dezember geht die E-Mail-Korrespondenz los, und Wanja ist fassungslos: »Ihr besprecht schon vier Wochen vorher, was ihr an dem Abend kochen werdet?«, fragt er. »Natürlich. Es geht doch auch um die Frage, wer was mitbringt. Außerdem müssen wir wissen, wer wogegen allergisch ist.« – »Bitte was?«, fragt Wanja verständnislos. »Na ja«, erkläre ich. »In den letzten Jahren haben immer mehr meiner Freunde Unverträglichkeiten gegen bestimmte Nahrungsmittel entwickelt. Kathrin darf zum Beispiel nur noch lactosefreie Milchprodukte zu sich nehmen und reagiert auch auf Gluten, Friederike kann nichts essen, wo Nüsse drin sind, und Mark, der Freund von Isabell, isst Tomaten nur gekocht – nicht frisch, weil sein Mund sonst wie Feuer brennt.« Wanja nimmt das zuerst gar nicht ernst. »Du hast dich sicher auch schon mit diesem mysteriösen Allergievirus infiziert«, sagt er grinsend. Wahrscheinlich denkt er, die Deutschen spinnen mal wieder. Ich finde aber, man sollte das nicht auf die leichte Schulter nehmen. »Ich kann zum Glück bis jetzt alles essen. Aber bei den anderen ist das auch ziemlich plötzlich aufgetreten. Früher in der Schule war das noch nicht so. Ich weiß auch nicht, woran das liegt.« Wanja wird nachdenklich; er kennt keinen einzigen Freund oder Bekannten in Sewastopol, der solche Unverträglichkeiten hat. Auch seine Familie ist kerngesund. Überhaupt scheinen Allergien dort so gut wie nicht zu existieren. Ob das daran liegt, dass die Russen und Ukrainer robuster sind als wir? Wahrscheinlich sind die Nahrungsmittel auf der Krim einfach noch naturbelassener. Viele Menschen bauen dort Tomaten, Gurken, Salat und Kartoffeln noch selbst im Garten an – so wie Wanjas Mutter. Und ich muss sagen: So saftigsüße Tomaten und so aromatisch-knackige Gurken wie bei ihr habe ich in Deutschland noch nie gegessen.

»Denk dran, die Feier heute beginnt um sieben Uhr«, sage ich Wanja am Einunddreißigsten, bevor ich noch einmal für Oma Frieda und Opa Franz einkaufen fahre. »Für mich ist es ein Widerspruch in sich, pünktlich mit dem Feiern anzufangen«, entgegnet er. »Pünktlich muss man auf der Arbeit sein, aber doch nicht auf einer Party. Und findest du es nicht etwas spießig, dann zu genau festgelegter Stunde auch wieder mit dem Feiern aufzuhören?«, fragt er. Klar, dass ihm das komisch vorkommt. Bei ihm zu Hause entscheiden die Gäste über die Dauer einer Feier. Ihm käme es nicht in den Sinn, da ein Ende vorzugeben. Am Kühlschrank meiner WG hängen zwei Einladungen: eine Hochzeit, deren Ende mit ein Uhr nachts angegeben war, und ein Geburtstag, der von drei bis sechs Uhr nachmittags gehen sollte. Über so etwas kann Wanja nur den Kopf schütteln. Und ich merke selbst, dass es auch mir immer komischer vorkommt, wenn Freunde solche zeitlichen Grenzen abstecken. Trotzdem klingeln wir um Punkt sieben bei Kathrin, einfach weil ich weiß, wie wichtig es ihr ist.

Wanjas Begeisterung hält sich in Grenzen, als er das eher bescheidene Büfett inspiziert. Bei so viel organisatorischem Vorgeplänkel hat er sich wohl ein reichhaltigeres Menü erwartet. Und als Katrin ihm eine Kelle Kürbissuppe in eine Schale gießt, sieht er nicht gerade glücklich aus. Ich reiche ihm schnell noch zwei Stückchen Kräuterbaguette aus dem Brotkorb. Wahrscheinlich hat er gedacht, so lange, wie wir E-Mails hin und her geschickt haben, würde sich nun die Tischplatte unter all den Leckereien biegen. Auf dem Tisch ist es aber ziemlich übersichtlich. Außer der Suppe gibt es nur noch eine Käseplatte, die mit Weintrauben garniert ist, und einen Salat, den exakt sechs Hähnchenbrust-Streifen zieren – genau einen für jede Person. »Und wo habt ihr den Wodka versteckt? Oder was trinkt ihr hier?«, fragt Wanja. »Wir haben Bowle vorbereitet«, sagt Kathrins Freund Jens stolz. »Und was ist da drin?« Jens zeigt ihm die Ananas- und Pfirsichdosen auf der Arbeitsplatte und hebt eine leere Weißweinflasche hoch. »Das ist alles?«, fragt Wanja. Ich stoße ihn unter dem Tisch an. »Ich meine ja nur, weil der Topf doch ziemlich groß ist«, murmelt Wanja. Wir kosten die Bowle. Mir schmeckt sie – schön fruchtig. Aber dass da Alkohol drin ist, merkt man nicht.

Im Hintergrund läuft schon die ganze Zeit leise klassische Musik. Zum Essen war das ja noch okay, aber jetzt, wo wir im Wohnzimmer auf der Couch sitzen, drückt sie doch etwas auf die Stimmung. Wanja hat sich schon bei der Bowle ziemlich weit vor gewagt, jetzt will er nicht auch noch derjenige sein, der die Musik kritisiert. Eigentlich wäre es also an mir zu fragen, ob wir nicht etwas anderes hören können. Ich hätte schon Lust, richtig zu tanzen – so wie immer auf den Partys in Sewastopol. Die sind jedes Mal ein echtes Erlebnis. Aber die anderen scheinen einen ruhigen Abend geplant zu haben – so wie fast immer.

»Und was machen wir jetzt?«, fragt Wanja. »Ich habe Ligretto dabei«, sagt Friederike freudig. »Das ist ein Kartenspiel«, erkläre ich ihm, »dabei geht es um Zahlen und um Schnelligkeit.« Ehrlich gesagt, finde ich dieses Spiel schrecklich, weil ich jedes Mal verliere. »Ein Kartenspiel«, wiederholt Wanja ungläubig. Wahrscheinlich denkt er: So ist das also, wenn deutsche Akademiker feiern. Und schon werden die Regeln geklärt und die Karten ausgeteilt. Wanja spielt ohne großen Enthusiasmus mit. Doch dann steckt er sie alle in die Tasche, indem er jede einzelne der fünf Runden gewinnt.

»Dann lasst uns doch jetzt die Bescherung machen«, schlägt Kathrin vor. In der Weihnachtszeit haben wir es nicht geschafft, uns zu treffen. Darum gibt es die Geschenke erst jetzt. »Siehst du, es ist wie bei dir zu Hause am Einunddreißigsten«, raune ich Wanja zu, obwohl ich es selbst nicht ganz glaube. »Fast«, sagt er und grinst. Wir beschließen, reihum zu würfeln, und immer bei einer Sechs ein Geschenk auszupacken. Wanja guckt, als sei er auf einen Kindergeburtstag geraten. »Nur damit ich das richtig verstehe«, sagt er. »Jeder hat ein Päckchen für jeden vorbereitet?« – »Genau.« – »Dann packen wir jetzt sechsunddreißig Päckchen aus?« – »So ist es.« – »Ich nehme an, das dauert eine Weile. Dann hole ich auch schon mal mein Geschenk.« Er geht hinaus und kommt mit einer Flasche Whiskey wieder. Die hatten ihm heute Nachmittag meine Eltern geschenkt. »Wer will?« Mark und Kathrin wollen. Entweder wirklich, oder weil sie nett sein wollen. Ich hole drei Gläser. »Wanja, du bist dran!«, erinnert Jens ihn ans Würfeln. Er wirft eine Sechs – gleich beim ersten Versuch. Ich reiche ihm aus dem Geschenkesack ein Päckchen mit seinem Namen. Es ist ganz leicht, wie aus Kunststoff, und der Form nach eine Flasche. Wanja wickelt das Papier ab: Es ist eine Deko-Champagnerflasche. Er dreht sie einmal am Hals um die Achse und sagt: »Okay.« Dann stellt er sie ab. Viel mehr ist zu der Flasche eigentlich auch nicht zu sagen: So etwas braucht wirklich kein Mensch. Ich bin die Nächste. Inzwischen haben wir uns darauf geeinigt, dass jeder dreimal würfeln darf – damit es etwas schneller geht. Tatsächlich ist auch eine Sechs dabei. Dafür bekomme ich Ingwertee. Ich weiß schon: Er ist gerade in und außerdem gesund, aber trotzdem mag ich Ingwer nicht. Ich tue trotzdem so, als ob ich mich freue und gebe den Würfel weiter. Wanja guckt mich belustigt von der Seite an. Er weiß, dass ich den weiterverschenken werde.

Kurz vor Mitternacht legen wir eine Pause beim Würfeln ein. Der Geschenkesack ist zwar immer noch nicht ganz leer, aber gleich kommt der Countdown. Wir gehen nach draußen und schaffen es gerade noch, die Wunderkerzen anzuzünden. Dann zählen wir zusammen: zehn, neun, acht, sieben, sechs, fünf, vier, drei, zwei, eins: Hurra!!! Wanja hat die Deko-Champagnerflasche dabei. »Lasst die Korken knallen!«, ruft er. Das hat er in seinem Sprachkurs gelernt. Dann haut er sich die Flasche zum Spaß leicht auf den Kopf. Dumm nur, dass sie nicht aus Kunststoff war, sondern aus feiner Schokolade. Wanja hält nur noch den Flaschenhals in der Hand, und im Schnee liegen lauter Schokoladenstückchen herum. Wer auch immer sie ihm geschenkt hat – er scheint nicht sauer zu sein. Alle lachen. Nur ich gucke Wanja ein bisschen streng an. »Ach, Schatz«, sagt er, »irgendjemand muss doch für Partystimmung sorgen.«

Fast zwei Monate teilen wir uns nun schon mein zehn Quadratmeter kleines WG-Zimmer. Nachts schlafen wir zusammen auf einer neunzig Zentimeter breiten Matratze, mehr Platz ist neben Schreibtisch, Stuhl und Schrank einfach nicht. Anfangs fanden wir das noch romantisch, inzwischen könnten wir beide etwas mehr Platz brauchen. Auch die ständige Unordnung nervt, denn wir haben kaum Stauraum und räumen alles nur ständig von einer Ecke in die andere. Wir haben auch keine Waschmaschine in der WG und sammeln die Schmutzwäsche immer erst in einer Kiste in der Ecke. Einmal in der Woche packen wir dann alles in eine große Reisetasche und fahren mit der Straßenbahn zum Waschsalon. Schöner wohnen geht anders.

Vormittags geht Wanja immer noch zu seinem Deutschkurs, den Rest des Tages hat er frei – nur ich leider nicht. Vor acht Uhr abends bin ich selten zu Hause, weil ich nicht nur in Leipzig Journalistik studiere, sondern auch noch im dreißig Kilometer entfernten Halle das Fach Russistik. Was für ein hässliches Wort für so eine spannende Wissenschaft: Ich will endlich die russische Sprache und Literatur kennenlernen. Ich habe das Fach aus Liebe zu Wanja gewählt, um alles über seine Sprache und Kultur zu lernen. An der Leipziger Uni gab es dieses Fach leider nicht. Aber nun sorgen die täglichen Fahrten nach Halle für Stress. Wenn ich abends nach Hause komme, bin ich oft schon »kein Geschenk« mehr, »nje podarok«, wie Wanja sagt, weil ich schon so müde und gereizt bin. Wanja findet: Ehrgeiz beim Studium ist ja gut und schön, aber nicht, wenn ich ihn dabei vernachlässige. Ich sollte lieber zu Hause ein bisschen fleißiger sein. Aber ehrlich gesagt war mir Putzen und Ko chen noch nie besonders wichtig, und ich entdecke auch jetzt keine neuen häuslichen Ambitionen an mir. »Ach, lass uns doch einfach ein paar Brote machen«, sage ich, wenn ich abends nach Hause komme. »Brote sind kein richtiges Abendessen«, grummelt Wanja. »Na dann koch du doch etwas, du hast ja viel mehr Zeit als ich«, antworte ich. Ohne es zu wollen, treffe ich damit genau seinen wunden Punkt. Ihm fehlt eine Aufgabe, eine richtige Männeraufgabe. Seine Familie und Freunde sind weit weg, Geld für größere Unternehmungen hat er nicht, dafür verdient er noch zu wenig. Das Wetter ist schlecht, ihm ist langweilig und er fühlt sich überflüssig. Für uns zu kochen und zu putzen ist da keine befriedigende Alternative. »Ich bin Seeoffizier, keine Hausfrau«, beschwert er sich regelmäßig. »Und außerdem habe ich jetzt Urlaub. Wenn ich schon den ganzen Tag auf dich warte, kannst du doch wenigstens abends für uns kochen.« Wanja kommt aus einer russischen Seefahrerfamilie. Für ihn ist es ganz normal, dass sich die Frau um das leibliche Wohl ihres Mannes kümmert. Aber dass deutsche Frauen da anders ticken, das wusste er ja von Anfang an. Eigentlich hätte ich es sogar andersherum erwartet: dass er tagsüber für uns einkaufen geht und uns am Abend ein leckeres Essen kocht. Ich wäre mit dem Kopf voller neuer russischer Wörter nach Hause gekommen und wäre stolz auf meinen emanzipierten Seemann gewesen. Aber Wanja findet, so geht das nicht: »Ich mache doch hier nicht alles allein, nur weil du studierst. Kochen und putzen sind eigentlich deine Aufgaben, du bist schließlich die Frau.« Ich schnappe nach Luft. »Ach, und was macht dann deiner Meinung nach der Mann?« – »Der Mann hilft mit«, sagt Wanja. Na wenigstens etwas!

Um des lieben Frieden Willens raffe ich mich einmal pro Woche auf und koche: keine Menüs, aber immerhin Spaghetti mit Tomatensauce aus dem Glas, Fischstäbchen mit aufgetautem Buttergemüse oder Bratkartoffeln mit Rührei. Wanja hatte sich das zwar etwas anders vorgestellt, aber er ist froh, überhaupt etwas Warmes zu bekommen. Mir macht das Ganze wenig Spaß, und ich versuche immer, alles so schnell wie möglich hinter mich zu bringen. Einmal hat Wanja schon Kartoffeln geschält, als ich nach Hause komme. Er will gerade anfangen zu kochen, aber ich schiebe ihn sanft aus der Küche. »Heute mache ich für uns Abendbrot, es gibt Bratkartoffeln mit Ei und Spinat.« Wanja sieht nicht so aus, als sei das sein Lieblingsessen, aber er lässt mich machen und geht derweil an den Computer. Als ich ihn zum Essen rufe, wundert er sich: »Schon fertig? Im Internet merkt man gar nicht, wie die Zeit vergeht.« Wir setzen uns und er probiert. »Die Kartoffeln sind ja noch fast roh!«, sagt er mit gerunzelter Stirn. »Ach komm, du übertreibst«, antworte ich. Zwar hätte es den Kartoffeln gutgetan, noch einen Moment länger in der Pfanne zu bleiben. Aber das ging eben nicht, weil mir dann schon das Ei angebrannt wäre. Wanja trinkt einen Schluck warmen Tee. Immerhin, an dem hat er nichts auszusetzen. Er stochert auf seinem Teller herum. »Okay, dann mache ich noch mal neue.« – »Nein, lass«, brummt er. »Es geht schon.« Er ist frustriert, ich aber auch. Eigentlich sind das Lappalien, und doch kosten sie im Alltag Nerven. Ich schiebe unseren Frust auch ein bisschen aufs Wetter. Es ist Januar, grau und kalt – das schlägt aufs Gemüt. Auf der Krim wäre es jetzt bestimmt schöner.

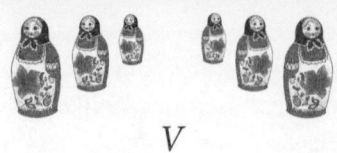

V

Ein Semester in Sewastopol

Man sagt, die Liebe ist die beste Sprachlehrerin. Und trotzdem bekomme ich nach einigen Semestern von einem Dozenten den dringenden Rat, ein Auslandssemester einzulegen. Sonst sei die Zwischenprüfung auf Russisch kaum zu schaffen. Ich weiß, dass er recht hat. Die meisten meiner Kommilitonen haben die Sprache jahrelang in der Schule gelernt, ich habe aber bei null angefangen und hinke noch ziemlich hinterher. Obwohl ich einen russischen Freund habe.

Natürlich will ich nach Sewastopol. Dort könnte ich endlich richtig Russisch lernen und gleichzeitig in Wanjas Heimatstadt sein. Andrej hatte mir erzählt, dass es drei Universitäten in der Stadt gibt. Schon bei meinem ersten Besuch hatte ich mit dem Gedanken gespielt, an einer davon zu studieren. Besonders eine hatte es mir angetan. Das strahlend weiße, palastartige Gebäude mit dem roten Ziegeldach lag hoch über einer der Buchten. Ich wusste, auf diesem Berg befindet sich auch eine Ausbildungskaserne für Matrosen und Unteroffiziere der russischen Schwarzmeerflotte. Ohne einen speziellen Passierschein kommt man da gar nicht hinauf. Wie gern würde ich dort ein Semester studieren! Als ich Wanjas Mutter von meiner Idee erzählte, riss sie die Augen auf und sagte lächelnd: »Mädchen, das stellst du dir etwas zu einfach vor. Das ist immerhin eine Außenstelle der MGU.« MGU – die drei magischen Buchstaben haben in Russland denselben Klang wie Harvard, Yale oder Oxford in den USA und England. Sie stehen für die Staatliche Moskauer Lomonossow-Universität, die im ganzen Land ein hohes Ansehen genießt. Auch Wanjas Mutter spricht mit Ehrfurcht von der berühmten MGU. In Sewastopol ist die Filiale der Schwarzmeerflotte. »Dorthin schicken die russischen Marineoffiziere ihre Kinder zum Studium. Normale Leute oder Ausländer können meines Wissens nicht einfach dort studieren«, sagt sie. Doch Wanjas Mutter weiß nicht, dass meine Universität (noch aus Vorwende-Tagen) eine enge Verbindung zur Moskauer Uni unterhält und ständig Studenten zwischen Moskau und Halle hin- und herschickt. Warum sollte ich nicht statt nach Moskau nach Sewastopol gehen dürfen? Auch Wanja findet, es komme auf einen Versuch an. Er hilft mir bei der Bewerbung – und siehe da, ich bekomme den Platz. Ich werde als erste Austauschstudentin nach Sewastopol gehen. Eine echte Krimpionierin!

Wanja besorgt eine DVD über die Krim, um mich auf die Zeit einzustimmen. Man sieht wunderschöne Landschaftsaufnahmen, untermalt von Musik mit reichlich Pathos. Dann sagt die russische Sprecherin: »Die Krim – das ist der Orden an der Brust des Planeten.« Ich pruste los. Wanja versteht überhaupt nicht, was ich so komisch finde. »Das klingt einfach so herrlich unbescheiden«, kichere ich. Wanja zieht die Augenbraue hoch. »Vielleicht meinte sie nur die Form der Krim, die sieht wirklich ein bisschen aus wie ein Orden«, brummt er. Ich wische mir die Lachtränen weg. »Aber auf so einen Vergleich können wirklich nur Russen kommen!«, sage ich japsend. Wanja wartet einfach, bis ich mich wieder beruhigt habe, dann drückt er erneut auf »Play«. Es wird eine kleine Stadt gezeigt: sie heißt »Nowyj Swjet« – »Neue Welt«. Für mich wird die Krim auch eine neue Welt sein.

Kann man ohne Schrank leben?

Wanjas Eltern haben uns für ein halbes Jahr die Wohnung von Bekannten vermittelt. Am Telefon hat Wanja gesagt, sie liege in einem guten Stadtteil. Das bezog sich aber nur auf die Lage. Als wir das erste Mal den »Prospjekt pobjedy«, die »Straße des Sieges«, stadtauswärts fahren, bin ich ganz schön ernüchtert: unverputzte, graue Plattenbauten, betonierte Zufahrtstraßen und dazwischen ein paar angemalte, rostige Eisenstangen als Spielplatz. Weder Bäume noch Wiesen – stattdessen kaputte Holzbänke und Müll, in dem die Hunde wühlen.

Unser Haus ist eigentlich erst vor zehn Jahren gebaut worden, aber man sieht überall bereits oberflächliche Risse. Der Fahrstuhl geht offensichtlich schon länger nicht, denn an den Türen hängen Spinnweben. Die Klingeln tragen keine Namensschilder, und nichts lässt darauf schließen, wer hinter den gleich aussehenden Türen wohnt.

Unsere Wohnung ist nahezu leer. Im Wohnzimmer stehen ein Schlafsofa und ein Fernseher auf dem Boden. In einem zweiten kleinen Zimmer gibt es noch eine kleine Couch – das ist alles. In der Küche haben Wanjas Eltern etwas Geschirr und Besteck für uns hinterlassen. Wanja zeigt mir stolz das Bad. »Guck mal, ein Warmwasserboiler!«, sagt er. Den hat er extra für mich einbauen lassen. »Haben wir auch eine Waschmaschine?«, frage ich. – »Nein, aber wir können bei meiner Mutter waschen, und wir haben jetzt den ganzen Winter warmes Wasser. Nicht schlecht, oder?« Davon war ich allerdings ausgegangen. Wanja ist enttäuscht, dass ich keine Freudensprünge mache. Als wir im zweiten Zimmer das Licht anschalten, fallen mir beim Anblick der Tapete fast die Augen aus dem Kopf. Sie ist dunkelgrün und so dicht mit großen Blumen bedruckt, dass einem schwindelig werden kann. Ich lache. »Das muss ich unbedingt fotografieren und meinen Freunden schicken.« Wanja findet das nicht halb so witzig wie ich. Er ist üppige Ornamentik gewöhnt. »Eine normale Tapete. Ich weiß nicht, was du hast«, sagt er. Ich drücke ihm meine Kamera in die Hand und lehne mich grinsend an die Wand. Widerwillig knipst er ein Bild.

Plötzlich fällt mir auf, dass es in der Wohnung gar keinen Kleiderschrank gibt, auch keine Kommode oder ein Regal. »Wolltest du die Wohnung nicht so vorbereiten, dass wir gleich hier einziehen können?«, frage ich. »Da, i što?« – »Ja, und was?«, fragt er. »Ich kann doch nicht ein halbes Jahr ohne Schrank leben. Soll ich meine Sachen etwa alle auf die kleine Couch stapeln?«, frage ich. »Ja, wo ist denn das Problem?«, meint er. »Aber keine Frau könnte ein halbes Jahr ohne Schrank leben«, sage ich und merke sofort, dass ich mich gerade vergaloppiere. Wahrscheinlich leben sogar die meisten Frauen auf der Welt ohne Kleiderschrank. Wanja ist enttäuscht. »Von wegen du hättest mit mir auch in einer Hütte ohne Strom und Wasser gelebt. Erinnerst du dich noch an deine Worte?« Ja, ja, das habe ich gesagt. Trotzdem, wenn ich mich richtig erinnere, so gab es auch in Wanjas Elternhaus Schränke. »Ich will doch nichts Großes oder Teures – nur ein Schränkchen für meine Sachen. Ist das denn wirklich zu viel verlangt?« Wanja schüttelt den Kopf. »Wir haben einfach kein Geld dafür. Und meine Eltern will ich nicht bitten.« Da geht es uns ähnlich. Meine Eltern haben ihre monatliche Unterstützung für die Zeit des Auslandssemesters um die Hälfte gekürzt, weil sie selbst knapp bei Kasse sind. »In der Ukraine ist das Leben ja viel billiger als in Deutschland«, meinte mein Vater. Und ich dachte das ehrlich gesagt auch. In Wirklichkeit ist das Leben auf der Krim und in Sewastopol aber teurer als in den meisten anderen Teilen der Ukraine. Wenn man hier gut leben möchte, kostet das oft genauso viel wie in Deutschland, manchmal sogar mehr. »Bei uns gibt es noch keine Möbeldiscounter«, sagt Wanja. »Wenn man sich etwas kauft, dann gleich für das ganze Leben oder zumindest für eine lange Zeit. Ich kann dir so einen Schrank kaufen, aber dann reicht mein Geld nicht, um bei dir an Land zu bleiben. Wenn ich kein Geld mehr habe, muss ich wieder aufs Schiff. Willst du das?« Was für eine Frage! Also bleibt es beim Leben ohne Schrank.

Schrammen vom Baden

Das Semester beginnt erst am ersten September, und bis dahin verbringen wir den Sommer am Meer. Am besten gefällt es mir in Balaklawa an der Südküste. In der Sowjetunion war der Ort eine wichtige Militärbasis der Schwarzmeerflotte. Heute liegen im Hafenbecken noch ein paar kleinere ukrainische Marineschiffe, die zum Beispiel bei Staatsbesuchen im Einsatz sind. Von Jahr zu Jahr ankern hier auch mehr schicke Privatyachten, deren Besitzer sich standesgemäß in dem kleinen Yachtclub »Solotoj simbol« – »Goldenes Symbol« treffen. Für die weniger Betuchten liegen an den Stegen kleine »katery« – »Motorboote«, mit denen die Touristen »morskije progulki« – »Meeresspaziergänge« in der Bucht machen können. Das Wort gefällt mir.

Ein Bekannter von Wanjas Vater hat gleich mehrere von

diesen »katery« in der Bucht liegen, von ihm mieten wir ab und zu ein kleines Holzboot mit Motor, um zu einem »dikij pljasch«, einem wilden Strand, zu fahren. Dort ist man völlig ungestört.

Wir haben uns mit Vika und Sascha verabredet. Um sie zu treffen, müssen wir ein Stück aus der Bucht herausfahren. Kaum sind wir um die Landzunge herum, die die Bucht vom offenen Meer abgrenzt, werden die Wellen stärker. Das kleine Boot wird hin und her geworfen. »Wanja, hast du das Boot im Griff?«, frage ich ängstlich und klammere mich an den Rand. »Ich glaube, wir liegen zu tief im Wasser.« Wanja grinst. »Wenn der Kahn kentert, schwimmen wir eben an Land. Das sind höchstens fünfhundert Meter bis zur Küste.« Mir ist gar nicht nach Scherzen zumute. Der Wind zieht an meinem T-Shirt und reißt an meinen Haaren. Hier draußen ist es viel frischer als an Land. »Haben wir eigentlich einen Rettungsring oder Schwimmwesten an Bord?«, frage ich Wanja beunruhigt. »Im Notfall rette ich dich, versprochen!«, antwortet er in bester Laune. Na hoffentlich!, denke ich und versuche, tief durchzuatmen. So langsam gewöhne ich mich an das Schaukeln auf See. Und plötzlich nehme ich auch wahr, wie schön es hier ist: Eine atemberaubende Kulisse liegt hinter uns. Die späte Nachmittagssonne hat die Felswände an Land in warme Sand- und Erdtöne getaucht. Und überall dort, wo Pflanzen wachsen, sehen die Klippen aus, wie mit grünem Samt überzogen. Darüber leuchtet ein hellblauer Himmel. »Oj kak krasiwo!« – »Oh, wie wunderschön!«, sage ich, und ein Gefühl von Freude durchströmt mich.

Vika und Sascha sind schon an der Badestelle. Wanja macht unser Boot mit einem dicken Tau an einem großen Stein fest. »Priwjet krasawitsa!« – »Hallo, Schönheit!«, ruft

Vika mir entgegen. »Priwjet sontse!« – »Hallo, Sonne!«, rufe ich zurück. Ich habe eindeutig dazugelernt. Noch bevor wir unsere Handtücher ausbreiten können, sagt Sascha: »Ein Stück weiter gibt es noch eine viel schönere Badestelle. Man muss nur ein bisschen klettern. ›Poschli!‹ – ›Lasst uns gehen!‹« Und er beginnt mit dem Aufstieg. Vika legt sich ihr Handtuch um den Hals und folgt ihm. Ich kann meine Augen kaum von ihrem goldenen Mini-Bikini abwenden, der sich strahlend von ihrer gebräunten Haut abhebt. Unsicher drehe ich mich zu Wanja um. Ob er Vikas Reize mit meinen vergleicht? Doch er ist gerade dabei, sich die Kühltasche und ein paar andere Sachen umzuhängen, damit er die Hände zum Klettern frei hat. Vika scheint ihn nicht so zu beeindrucken wie mich.

Der Aufstieg ist relativ einfach, denn es gibt genug größere Felsvorsprünge, an denen man Halt findet. Aber um ans Wasser zu kommen, muss man danach auch wieder herunter. Die Stelle, die sich Vika und Sascha für den Abstieg ausgesucht haben, lässt mich an ihrem Verstand zweifeln. »Da runter?«, fragte ich ungläubig. »Das ist ja lebensgefährlich! Gibt es keinen anderen Weg?« Aber sie hören mich nicht, weil der Wind uns entgegenbläst, und klettern behände in ihren Badesachen über die Steine. Wanja überholt mich: »Warte! Ich gehe vor. Dann kann ich dir zeigen, wohin du treten musst.« Ich lasse ihn gern vorbei, aber das mulmige Gefühl bleibt. Als wir endlich unten sind und auch Sascha sieht, dass ich etwas blass um die Nase bin, sagt er: »Das kommt einem am Anfang steil vor, ich weiß, aber beim nächsten Mal ist es schon leichter.«

Wanja sucht einen geeigneten Felsbrocken für uns zum Liegen. Das ist gar nicht so leicht, überall schlagen die Wellen auf die Felsen. Doch er wird fündig. Trotzdem ist der

Untergrund natürlich hart. Meine Laune ist nicht mehr die allerbeste, und zu allem Überfluss sagt Vika jetzt auch noch: »Deine Haut ist ja so blass. Es ist doch schon Ende August. Hast du dich gar nicht gesonnt?« Langsam geht sie mir auf die Nerven. Alles, was zählt, ist Schönheit und Sex. »Meine Haut wird eben nicht so leicht braun«, sage ich. Über das Thema Sonnenbaden habe ich hier schon öfter diskutiert: mit Wanja, seinem Bruder und seiner Mutter. Immer wieder sieht man hier kleine Kinder, die ohne Hut in der prallen Sonne spielen. Viele haben helle Haare und Augen, aber tief dunkel gebräunte Haut. Wanja und seine Familie finden nichts dabei. »Es ist Sommer, da ist das doch normal«, sagt Andrej. Weder er noch Wanja haben jemals in ihrem Leben Sonnencreme benutzt. Mein deutsches Sprüchlein »Von elf bis drei lieber sonnenfrei!« konnte sie leider auch nicht überzeugen. Vielleicht, weil es sich im Russischen nicht reimt.

Ich hole trotzdem meine Sonnenmilch heraus. »Wollt ihr auch etwas?« Die Antwort kenne ich schon vorher: »Nein, danke! So etwas brauchen wir nicht. Unsere Haut ist Sonne gewöhnt«, sagt Sascha. »Das ist ja Faktor dreißig, damit kannst du ja gar nicht braun werden«, meint Vika kopfschüttelnd. Ich weiß schon: Wenn hier überhaupt jemand Sonnenschutz verwendet, dann nur mit einem niedrigen Faktor: sechs, allerhöchstens acht. »Es ist doch gleich fünf Uhr«, sagt Wanja. »Da brauchst du das wirklich nicht mehr.« Drei gegen eine: Ich drehe den Spieß um. »Schade, dass es hier keinen Sandstrand wie an der Ostsee gibt«, sage ich. »Ich hasse Sand«, sagt Vika. »Der klebt so an der nassen Haut und dann hat man ihn überall in den Sachen.« Die anderen denken genauso. »Aber ich mag Sand«, sage ich, »mehr als diese Steine.« Ich mochte schon als Kind die

Sandstrände an der Nord- und Ostsee. Doch Wanja merkt gar nicht, dass ich sauer bin. Dafür hat er einfach zu gute Laune. »Kommt, lasst uns schwimmen gehen«, sagt er und macht einen Kopfsprung ins Meer. Sascha und auch Vika folgen ihm prompt. Ich klettere vorsichtig zum Wasser und halte erst einmal die Füße rein. »Oh Mann, das ist ja kalt!«, rufe ich. »Ja, heute gibt es eine kalte Strömung, aber morgen ist es wahrscheinlich schon wieder wärmer. Kommst du nun endlich?«, ruft Wanja. Wenn das so einfach wäre. Überall sind Steine: spitze, nasse, glitschige Steine. Als ich endlich im Wasser drin bin, kommen mir Sascha und Vika schon wieder entgegen: leichtfüßig, lachend. »Uns tun auch die Füße weh«, sagt Vika, »du musst einfach die Zähne zusammenbeißen!« Das meint sie ernst. Sie lässt sich den Spaß nicht durch ein paar Unannehmlichkeiten verderben. Ein bisschen bewundere ich sie dafür. Die Russen sind einfach härter im Nehmen als wir Deutsche.

Beim Schwimmen sehe ich die spitzen Steine durch das kristallklare Wasser und gleite darüber hinweg. Vielleicht wird es doch noch ein schöner Nachmittag. Ich bin fast versöhnt. – Wuuusch! Da reißt mich eine Welle gegen den nächsten Felsen. Mein ganzer Arm ist aufgeschrammt. Wanja kommt schnell zu mir gekrault und zieht mich vom Felsen weg. Er ist erschrocken und erklärt mir, dass man immer ein Stück rausschwimmen muss, um nicht an die Felsen gespült zu werden. Die Verletzung ist aber nur oberflächlich und das bisschen Blut verschwindet im Wasser sofort. »Bei dem Glück, das ich heute habe, taucht hier bestimmt gleich eine schwarze Rückenflosse auf«, sage ich und grinse. In dem Moment höre ich Vika aufgeregt rufen. »Da hinten! Seht ihr die Flossen?« Ich schaue entsetzt zu Wanja. Aber er lacht. »Delfine!«, ruft er. Jetzt sehe ich es auch. In ungefähr zwanzig Metern Entfernung schwimmt eine ganze Gruppe vorbei. Ich glaube, heute ist doch mein Glückstag!

Prototyp Austauschstudentin

Als Wanja mich am ersten Tag des Semesters zur Uni begleiten will, bin ich zuerst nicht so begeistert. »Man könnte glauben, ich werde noch einmal eingeschult«, scherze ich. Doch es zeigt sich, dass ich ohne Wanja nicht weit gekommen wäre: Immerhin liegt die Uni auf russischem Militärgelände. Schon der »Schlagbaum« – die Schranke am Fuße des Hügels – wird zur ersten Hürde. Jeder, der hier hinaufwill, muss einen »propusk«, einen Passierschein, vorzeigen. Ich habe aber noch keinen. Wanja erklärt den beiden Wachen, dass ich eine Austauschstudentin aus Deutschland bin und meinen Passierschein erst heute bekommen soll. Die beiden jungen Männer in Uniform mustern mich. Dass ich keine Russin bin, glauben sie sofort. Dafür muss ich nicht einmal meinen deutschen Akzent vorführen. Mit Jeans, einem einfachen weißen Baumwoll-T-Shirt, nicht ganz sauberen Turnschuhen und einem wuscheligen Pferdeschwanz würden die russischen Studentinnen höchstens zu Hause herumlaufen. Trotzdem sind die jungen Männer unsicher, was sie mit mir anfangen sollen. Offenbar haben sie für solche Situationen keine Instruktionen. Uns einfach so durchlassen geht natürlich nicht. Ich könnte ja eine westliche Spionin oder sogar eine Terroristin sein. Sie beraten sich kurz, dann geht der eine in das Wachhäuschen und telefoniert. Als er fertig ist, teilt er uns mit, dass er uns bis zum Büro des Direktors begleiten soll. Ich habe nichts dagegen. Dann lassen wir uns eben eskortieren.

Das Unigebäude ist von innen sogar noch schöner als von außen: Glänzende Marmorfußböden, bunte Glasfenster im Treppenaufgang und eine Garderobe im Erdgeschoss erinnern an ein Theater. »Das ist ja schick hier«, sage ich zu Wanja. Der nickt stumm. An seiner Uni in Kertsch gab es solchen Luxus nicht.

Der Direktor ist ein freundlicher älterer Herr und ziemlich beschäftigt. Er will von mir wissen, warum ich hier studieren will, und ich sage mein Sätzchen auf: »... potomu schto ja chotschu lutsche goworitch po-russkij« – »... weil ich besser Russisch sprechen will.« Das ist nicht sehr originell, aber ihm reicht es als Erklärung völlig. Er gibt mir die Stundenpläne für mein Studienfach und entschuldigt sich, dass es keinen extra Sprachkurs für Ausländer gibt: »Aber Sie werden verstehen – Sie sind ja die einzige Austauschstudentin«, meint er. Dann wünscht er mir eine schöne Zeit und verabschiedet sich. Das ist das erste und das letzte Mal, dass ich ihn sehe.

Wanja und ich schlendern über den kleinen Campus, der hoch oben über einer Bucht liegt. Die Aussicht ist traumhaft. »Hier zu studieren ist wie Urlaub zu machen«, sage ich begeistert. »Das ist schon nett hier«, sagt Wanja nur, aber ich glaube, er ist auch ziemlich beeindruckt. Ich lese ihm den Stundenplan vor: Puschkin, Literatur des 19. Jahrhunderts, Stilfragen im Journalismus und sogar das Thema Pressefreiheit stehen darauf – eigentlich wie in Deutschland. Ich bin begeistert und würde am liebsten sofort loslegen.

Aber ich muss mich noch gedulden, denn jetzt ist erst einmal Mittagspause. Hinter uns füllt sich allmählich der Campus. Beim Anblick der Studentinnen reiße ich die Augen auf, denn die Mädchen sehen allesamt aus wie einer Modezeitschrift entstiegen. Sie tragen Sommerkleider aus Seide und

Chiffon oder elegante Röcke und zarte Blusen. Selbst die Accessoires sehen aus, als hätte eine Top-Stylistin die Studienberatung übernommen: ob Sonnenbrille, Handtasche oder Schuhe – alles vom Feinsten. Dazu perfektes Make-up, perfekte Nägel, perfekte lange Haare. Ich schlucke. So fühlt man sich also als graue Maus, denke ich. »Wanja?«, fange ich schüchtern an. »Zieht man sich hier immer so an, wenn man zur Uni geht? Die Mädchen sehen ja aus, als ob sie zu einem Ball wollen.« Wanja lacht. »Sie wollen eben den Männern gefallen, egal wo sie hingehen. Als ich gesehen habe, wie die deutschen Frauen an der Uni herumlaufen, war ich schon ein bisschen geschockt. Viele machen gar nichts aus sich. In deinen Uni-Kreisen ist Make-up ja fast verpönt. Ich verstehe ja, dass ihr gern praktische Sachen tragt, aber sexy ist das nicht.« – »Bei uns wollen die Frauen eben um ihrer selbst willen geliebt werden, nicht wegen ihres Äußeren. Schönheit ist doch sowieso vergänglich.« Das weiß Wanja natürlich selbst. Doch er lässt mein Argument nicht einfach stehen. »Wer hat den deutschen Frauen nur den Floh ins Ohr gesetzt, dass eine attraktive Frau automatisch weniger innere Werte haben muss? Das eine schließt doch das andere nicht aus. Ich kenne Mädchen, die nett und intelligent und sexy sind.« – »Schön für dich«, sage ich und ziehe einen Flunsch. »Meinst du Mädchen wie Vika?« Wanja schaut mich belustigt an. »Das kenne ich ja noch gar nicht von dir. Bist du etwa eifersüchtig?« – »Natürlich nicht!«, rufe ich gleich. »Aber ihren goldenen Bikini neulich fand ich trotzdem absolut übertrieben. Das war ja nicht mehr als eine kleine Stoffprobe. Klar kann sie es sich leisten, so etwas zu tragen. Aber so trifft man sich doch nicht mit einem befreundeten Pärchen. Das ist doch peinlich.« Ich weiß, wie spießig und miesepetrig sich das anhört, und ich ärgere mich über mich selbst. Wanja legt den Arm um mich. »Weißt du, es gibt sehr viele schöne Frauen auf der Welt, aber es gibt nur wenige, die auch etwas Besonderes sind. Und das bist du für mich.« So ein »podlisa« – »Schmeichler«, denke ich – und freue mich doch.

Absatzschuhe statt Turnschuhe

Am nächsten Tag tausche ich meine Turnschuhe vorsichtshalber gegen silberne Sandaletten mit Absatz und meine Jeans gegen einen kurzen Rock. Normalerweise trage ich immer nur etwas Mascara und Lipgloss auf, wenn ich zur Uni gehe, aber nun will ich den russischen »djewuschki«, meinen neuen Kommilitoninnen, in nichts nachstehen. Ich lege Lidschatten auf und Rouge, ziehe die Augenbrauen nach und probiere sogar einen schwarzen Kajalstrich aus. Aber der missglückt, sodass ich ihn mit einem Wattestäbchen wieder wegwische. Wanja sieht mich stirnrunzelnd an. »Du siehst aus wie ein Indianer auf dem Kriegspfad«, sagt er wenig charmant. »Was ist denn mit den inneren Werten passiert, auf die es dir gestern noch so ankam?« – »Die stehen immer noch ganz oben«, beruhige ich ihn. »Ich passe mich nur äußerlich ein bisschen an.« Er hat doch selbst gesagt, dass die deutschen Mädchen und Frauen hier nicht als sonderlich attraktiv gelten. Und wenn ich schon als Botschafterin meines Landes unterwegs bin, so kann ich zumindest versuchen, diesem Klischee etwas entgegenzusetzen.

So aufgebrezelt harmoniere ich mit meinen russischen Kommilitoninnen bestens – zumindest rein optisch. Leider sind unsere sonstigen Interessen aber sehr verschieden. Vielleicht liegt das auch daran, dass ich etwas älter bin. Das Studium beginnt hier viel früher, und die Studenten in einigen meiner Kurse sind erst achtzehn – ich werde schon bald dreiundzwanzig. Die jungen Mädchen gackern herum, schicken sich während der Seminare gegenseitig Kurznachrichten und zeigen mir die Strass-Steinchen auf ihren Handys. In den Pausen schminken sie sich auf der Toilette nach, werten die Attraktivität der männlichen Kommilitonen aus und planen den Freitagabend. Obwohl ich mir so viel Mühe gegeben habe, wie sie auszusehen, interessieren mich diese Themen kaum. Umso gespannter bin ich auf die Seminare und Vorlesungen. Doch schon am ersten Tag muss ich erkennen, dass mein Alltagsrussisch bei Weitem nicht ausreicht, um zu verstehen, worum es überhaupt geht. Als die Dozentin einen einführenden Vortrag über Puschkins »Jewgenij Onegin« hält, verstehe ich nicht einmal die Hälfte von dem, was sie sagt. Zwei Jahre habe ich nun Russisch studiert und Vokabeln und Grammatik ohne Ende gepaukt. Und nun? Pustekuchen! Soll das etwa das klägliche Ergebnis meines Grundstudiums sein?, frage ich mich und bin ziemlich frustriert. Bis morgen sollen wir Puschkins Roman in Versen gelesen haben, sagt die russische Dozentin am Ende der Stunde, denn dann wolle sie ihn mit uns besprechen. Bis morgen? Auf Russisch? Wie soll ich das denn schaffen? Doch ich fasse tausend gute Vorsätze und besorge mir das Buch in der Bibliothek.

Wanja wartet schon am Fuß des Hügels mit dem Auto auf mich. Er war heute bei seiner Mutter, hat dort den Garten umgegraben und ihr Auto gewaschen. Den Nachmittag will er mit mir verbringen. »Komm, wir fahren auf den Markt und kaufen ein«, sagt er gut gelaunt. Ich schaue auf die Uhr. Eigentlich passt das nicht so richtig in meinen Zeitplan, ich muss doch lesen. Aber ich will ihn nicht enttäuschen. Puschkin muss warten. »Okay. Nur, können wir uns ein bisschen beeilen? Ich hab noch ganz viel zu tun. Bis morgen muss ich ›Jewgenij Onegin‹ gelesen haben.« Wanja scheint das nicht weiter zu beeindrucken. »Ja, das habe ich auch in der Schule gelesen«, sagt er. Na toll, denke ich. Wanja hat das schon als Schulkind gelesen und für mich ist es jetzt noch zu schwer. Meine frustrierende Seminarerfahrung kommt wieder hoch und ich platze heraus: »Du unterstützt mich gar nicht richtig beim Russischlernen. Wir sprechen fast immer nur Deutsch, und dein Deutsch ist schon viel besser als mein Russisch, obwohl du nur zum Spaß Deutsch sprichst und ich Russisch richtig studiere!« – »Hab ich was verpasst? Du hast ja ganz miese Laune!«, sagt er. »Ich kann dir das Russischlernen nicht abnehmen. Du musst selbst mehr sprechen. Und was kann ich denn dafür, dass mir Deutsch leichter fällt als dir Russisch?« Ich schmolle. Dem werd ich's zeigen! Ich werde Puschkin lesen und Tolstoj, und die ganze Familie wird staunen, wie gewählt ich mich auszudrücken weiß.

Auch beim Einkaufen auf dem Markt bessert sich meine Laune nicht. Manchmal macht es mich richtig wütend, dass es immer nur die gleichen Dinge zu kaufen gibt. Ich würde so gern mal wieder Kräuterquark essen, Apfelmus und ein gutes Stück Käsekuchen – doch das gibt es hier nicht. Manchmal sind es vor allem diese einfachen Dinge, die einem plötzlich Heimweh machen.

Puschkin ist an allem schuld

Als wir wieder nach Hause kommen und die Einkäufe wegräumen, fragt Wanja. »Was willst du denn heute kochen?« Diese Frage ist der Tropfen, der das Fass zum Überlaufen bringt. »Ich koche überhaupt nichts«, sage ich ärgerlich.

»Ich muss bis morgen Puschkin gelesen haben. Das habe ich dir vorhin doch schon gesagt. Aber dich interessiert nur die nächste Mahlzeit.« Auch Wanja reißt jetzt der Geduldsfaden. »Von dir höre ich immer nur: ich-ich-ich. Also damit eines klar ist: Ich koche nicht schon wieder. Lieber esse ich woanders.« Dann nimmt er seine Lederjacke vom Stuhl und geht. Natürlich zu seiner Mutter, ich wüsste nicht, wer sonst noch für ihn kocht. Mist!, denke ich. Nun wird sie erfahren, dass ich wieder einmal nicht genug für ihren Sohn gesorgt habe. Doch ich bin einfach keine Frau, die nichts anderes als das leibliche Wohl ihres Mannes im Kopf hat. Als ich trotzig mein Buch nehme und mich damit aufs Sofa hocke, laufen schon die ersten Tränen. Und dann kann ich das Weinen nicht mehr zurückhalten. Schon wieder haben wir uns gestritten!, denke ich traurig. Was ist bloß mit uns los? Wie soll es weitergehen? Und wie soll ich mich jetzt noch auf dieses Buch konzentrieren? Eigentlich hatte ich ja gehofft, Wanja würde mir beim Puschkin lesen helfen. Das kann ich jetzt wohl vergessen. Verzweifelt nehme ich das Wörterbuch und fange an zu übersetzen – die Wörter sehe ich nur verschwommen durch den Tränenschleier. Nach einer Dreiviertelstunde habe ich gerade einmal die erste Seite geschafft. Unglücklich blättere ich durch die übrigen zweihundertvierunddreißig Seiten. So ist das wirklich aussichtslos! Ich brauche eine deutsche oder englische Ausgabe, überlege ich. Oder das Internet. Langsam wird mir klar, dass ich in diesem Semester wahrscheinlich keinen einzigen Schein für mein Studium schaffen werde. Es ist einfach zu schwer, als einzige Nichtrussin in einem russischen Seminar zu sitzen. Trotzdem will ich nicht so schnell aufgeben. Ich beschließe, mit dem Bus ins Zentrum zu fahren, um dort in ein Internetcafé zu gehen.

Wo die nächste Haltestelle ist, weiß ich, und ein paar ukrainische Hrywnja habe ich auch immer in der Tasche. Doch welche der vielen Busnummern ist die richtige? Hier gibt es keine Fahrpläne, auf denen die Nummern der Busse stehen, und bisher hat Wanja mich immer überall mit dem Auto hingebracht und abgeholt. Es gibt große, alte Omnibusse, in denen die Fahrt nur fünfzig Kopeken kostet. Wahrscheinlich sind sie vor Jahren in Deutschland ausrangiert worden, denn an manchen kann man die deutschen Schilder noch sehen. »Bitte Abstand halten!« steht auf einem und »Tür öffnet selbsttätig« auf einem anderen. Man kann auch mit den kleinen »marschrutki«, den Kleinbussen, fahren, die gepflegter wirken und meist neueren Baujahres sind. In diese Busse passen, wenn auch gedrängt, zwölf Personen rein, und die Fahrt kostet zu dieser Zeit immer eine Hrywnja – egal wohin es geht. Ich entscheide mich für eine noch nicht ganz volle »marschrutka«. Wie die Frau vor mir, drücke auch ich dem Fahrer das Geld in die Hand und dränge mich dann zu einem freien Sitz durch.

Ich suche mit den Augen nach dem Halteknopf kann aber keinen entdecken. Wenn jemand aussteigen will, ruft er es dem Fahrer einfach zu. Macht sich keiner bemerkbar, fährt der Fahrer einfach an den Haltestellen vorbei. Ich schaue aus dem Fenster und bin erleichtert. Wir nähern uns tatsächlich dem Zentrum. In der »Gostinitsa Krim«, dem Hotel Krim, kenne ich ein Internetcafé. Dort will ich hin. Hoffentlich steigt in der Nähe noch jemand ein oder aus, denke ich. Denn ich will nicht durch den ganzen Bus rufen. Während ich noch darüber nachdenke, taucht plötzlich das Hotel vor uns auf. Jetzt wäre der richtige Zeitpunkt, um sich bemerkbar zu machen. Aber ich traue mich nicht laut zu rufen, und außer mir will anscheinend niemand aussteigen. Also halten wir nicht. Der Bus fährt und fährt, in der »marschrutka« aber bleibt es still. Als ich an der Endhaltestelle aussteige, ist es schon dunkel. Mir ist zum Heulen zumute. Ich reiße mich zusammen und steige auf der gegenüberliegenden Straßenseite wieder in eine »marschrutka« mit der gleichen Nummer. Glücklicherweise fährt sie tatsächlich den gleichen Weg zurück. Dieses Mal setze ich mich gleich in die Nähe des Fahrers. Als wir in die Nähe des Hotels kommen, raune ich ihm zu: »Gostinaja Krim, poschalujsta!« Er guckt mich überrascht und amüsiert durch den Rückspiegel an. »Gostinaja ili gostinitsa Krim?«, fragt er grinsend, und leider auch so, dass es alle hören. Ich würde mich am liebsten ganz klein machen. »Gostinaja« heißt nämlich Wohnzimmer. Solche Verwechslungen passieren mir andauernd, und meist amüsiert das meine Mitmenschen.

Dort vorn ist das Internetcafé. Es ist gähnend leer. Das ist sicher kein gutes Zeichen, denke ich, denn sonst muss man hier immer ziemlich lange auf einen freien Computer warten. »Das Internet arbeitet zurzeit nicht, es war starker Wind«, sagt der junge Mann, der das Café betreut. Dieses Problem gibt es hier öfter, da die Leitungen oberirdisch verlegt sind. Immer, wenn es sehr windig ist, geht gar nichts mehr. »Vsjo jasno!« – »Alles klar!«, sage ich. »Do swidanija!« Dann gehe ich wieder. Der ganze Weg war also umsonst. Mein Enthusiasmus ist hinüber. Ich will nur noch zurück nach Hause. Auf dem Rückweg in der »marschrutka« denke ich: »Nu schto djelatch!« – »Was soll man machen!« Puschkin würde es mir sicher nachsehen, dass ich sein Buch ein andermal lese.

Als ich die Wohnungstür aufschließe, kommt mir Wanja schon entgegen. Er ist sichtlich erleichtert, dass ich wieder da bin. »Wo warst du denn?«, fragt er. »Du hast keine Nachricht hinterlassen und dein Handy lag auf dem Küchentisch.« – »Ich wollte ins Internetcafé«, murmle ich und ziehe meine Schuhe aus. »Meine Mutter hat dir etwas vom Abendessen eingepackt. Ich mache es dir schnell warm«, sagt Wanja. Ich bin hungrig wie ein Wolf und nehme es gern an. Beim Essen erzähle ich, wie es mir in den letzten Stunden ergangen ist. Wanja wundert sich nicht. Er kennt mich mittlerweile gut. »Weißt du, wie du mir manchmal vorkommst?«, fragt er. Ich schüttele den Kopf. »Wie eine Rose aus dem Gewächshaus. Man könnte dich nicht einfach so im Wald einpflanzen, denn dort würdest du glatt eingehen.« Ich glaube, ich verstehe, was er meint: Ich hänge sehr stark an meinen Gewohnheiten und tue mich immer noch schwer, mit dem Leben in der Ukraine zurechtzukommen. Und trotzdem hat es seinen Reiz. Wir trinken noch eine Tasse Tee. Als Wanja den Beutel aus meiner Tasse nimmt, muss ich lächeln. Schon auf dem Schiff habe ich die Art geliebt, wie er das macht: Er schwenkt ihn nicht tropfend wie ich von der Tasse aufs Tellerchen, sondern hebt ihn noch über der Tasse auf den Teelöffel, wickelt den Faden um Beutel und Löffel herum, bis die letzten Tropfen in die Tasse geronnen sind, und legt den Beutel schließlich, ohne einmal zu kleckern, beiseite. Vielleicht stammt das Sprichwort »Ordnung ist das halbe Leben« in Wirklichkeit doch nicht von den Deutschen, sondern von den Russen?

Das Puschkin-Seminar am nächsten Tag schwänze ich. Gelesen habe ich ja ohnehin kaum etwas. Stattdessen will

Wanja mir einen besonderen Ort zeigen, und auf dem Weg dorthin verrät er, dass dieser so heißt wie unser Segelschiff: »Xersones«. – »Oder wie ihr Deutschen immer sagt: ›Kerschones‹.« Ich lache. Genau so klingt es bei den Deutschen.

Der Anblick der antiken Ruinen aus weißem Kalkstein ist atemberaubend. Wir stehen inmitten jahrtausendealter Mauern, und direkt hinter den Klippen beginnt das Meer. Was für eine wunderschöne Kulisse! Überall liegen Säulen und Fundamente von Häusern, in denen einst Menschen gelebt haben. Und dort hinten steht ein steinerner Türrahmen, der die Zeit überdauert hat, wie ein Bilderrahmen in der Landschaft. In ihm sieht man die Wolken ziehen. »Wow! Wanja, das ist ja unglaublich schön.« Er legt seine Arme um mich. »Das, was du hier siehst, ist nur ein Teil dieser alten Welt«, sagt er. »Vieles ist bis heute noch gar nicht ausgegraben.« Er erzählt, dass die alten Griechen die ersten Siedler auf der Krim waren und dass »Xersones« nichts anderes als »Halbinsel« bedeutet. Zu der alten griechischen Siedlung gehört auch eine große gusseiserne Glocke direkt am Meer. Sie hängt an einem dicken Balken aus dunklem Metall, der von zwei breiten Steinstützen getragen wird. Zwei junge Pärchen fotografieren sich gerade gegenseitig darunter. »Das machen hier alle Liebespaare«, erzählt Wanja. »Ich glaube, in Sewastopol hat wirklich fast jeder so ein Foto.« Es ist wirklich ein sehr romantischer Ort, denke ich und frage: »Hast du denn hier auch schon mit einem anderen Mädchen ein Foto gemacht?« Wanja wird verlegen. »Ähm, ja. Ist aber schon lange her«, antwortet er. An diesem Abend kann ich lange nicht einschlafen. Plötzlich habe ich riesiges Heimweh.

Die Einladung zur Hochzeit flattert ziemlich überraschend ins Haus. Ein ehemaliger Klassenkamerad von Wanja will sein Junggesellendasein beenden. »Dass sich Artur überhaupt noch an mich erinnert!«, sagt er erstaunt. Eigentlich hatten die beiden zu Schulzeiten nicht viel miteinander zu tun gehabt. »Lass uns hingehen!«, bitte ich. Ich wollte schon immer mal zu einer richtigen russischen Hochzeit. Es heißt, die Russen feiern tagelang, essen und trinken riesige Mengen und tanzen auf den Tischen. Ich würde zu gern sehen, was an diesem Mythos dran ist. Wanja hat nichts gegen ein bisschen Folklore und sagt zu.

Wie erwartet, kennt er von den anderen Gästen kaum jemanden. Aber das macht nichts. Die Braut sieht in ihrem Kleid hinreißend aus und der Bräutigam macht auch einen sympathischen Eindruck. Die Familien der beiden Brautleute haben für die Feier einen Saal in einem Restaurant gemietet und selbst dekoriert. Die Tische sind zu einem großen U aufgestellt – mit Stühlen und Gedecken von beiden Seiten. Kleine Vasen mit bunten Plastikblumen und weiße Servietten-Schwäne zieren die Tafel.

Wir sitzen an der rechten Außenseite mit gutem Blick auf das Brautpaar und auf den »tamada«. Das ist ein spezieller »Moderator«, der die Hochzeitsgäste den Abend über bei Laune halten soll. Alle fünf Minuten fordert er uns auf, das Glas zu erheben und mit Wodka auf das Brautpaar anzustoßen. Anfangs finde ich den Brauch, dabei laut mit den anderen »gorko« – »bitter« zu rufen, noch lustig. Es heißt, das Brautpaar könne ein bitteres Eheleben von sich abwenden, wenn es sich vor den Augen der Gäste lang und innig küsst. Durch diese Küsse soll das Leben zu zweit dauerhaft süß bleiben. Es wird also abwechselnd geküsst und getrunken, getrunken und geküsst. Wodka kriege ich zwar nicht runter, aber ich stoße jedes Mal mit Wasser an. Wanja hat da weniger Probleme – er leert ein Gläschen nach dem anderen. »Wenn du und die anderen in dem Tempo weitertrinkt, seid ihr bald sturzbesoffen«, sage ich nach Runde drei. »Ach, so schnell geht das nicht«, wiegelt er ab. »Wir essen doch auch gut.« Und demonstrativ füllt er sich den Teller noch einmal mit Braten, Kartoffelpüree und Salat nach. Wanja verträgt wirklich einiges. Um uns herum wird die Stimmung aber immer alberner, und nach Runde fünf fangen die ersten Tischnachbarn an zu lallen.

Für den »tamada« scheint das genau der richtige Zeitpunkt zu sein, um zu ein paar lustigen Partyspielchen aufzurufen. Er sucht sich im Publikum fünf Ehepaare und bittet sie nach vorn. Dann verbindet er einer der Frauen die Augen und fordert sie auf herauszufinden, welcher ihr eigener Mann sei. Die Dame lässt sich Zeit dabei und befühlt ausgiebig die Schienbeine und Waden der Herren und dann deren Unterarme und Hände. Anscheinend gelten diese Körperteile als grüner Bereich, damit keine Eifersucht aufkommt. Aber so wie sie es macht, wirkt es für mich trotzdem reichlich anzüglich. Immerhin tippt sie am Ende auf den Richtigen. Danach wird das Ganze noch andersherum gespielt: Ein Mann soll seine Frau finden, und auch das dauert seine Zeit. Gleich zweimal geht er die Reihe entlang und befühlt mit Hingabe zuerst die Hände, Handgelenke und Unterarme und dann die Unterschenkel, Knöchel und Füße der anderen vier Frauen. Die Gäste johlen. Ich finde die Nummer ziemlich peinlich. »Wanja, findest du das etwa lustig?«, frage ich ihn, weil er schon die ganze Zeit grinst. »Ja, warum denn nicht?«, meint er. »Hey, das ist doch eine Party. Da darf man sich amüsieren.« Der »tamada« fordert derweil einen weiteren Toast auf das Brautpaar. »Wanja, jetzt hör doch mal auf!«, sage ich. »Du hast schon ganz glasige Augen.« Doch für Wanja hat das Fest gerade erst begonnen.

Als Nächstes folgt ein Quiz der besonderen Art. Mitmachen sollen diesmal die Singles im Saal. Der Moderator stellt Fragen – und wenn einer die Antwort nicht weiß, muss er ein Kleidungsstück abgeben. So weit, so gut. Aber das Spiel scheint noch einer anderen Logik zu folgen, die sich mir nicht ganz erschließt. Am Ende jeder Runde sollen sich immer ein Single-Mann und eine Single-Frau nur noch leicht bekleidet zusammen in ein großes Kleid zwängen. Die Mehrheit der Gäste hat schon ausreichend intus und biegt sich vor Lachen. Ich bin hier wohl die einzige Spaßbremse.

Als der »tamada« den nächsten, ich weiß nicht wievielten Toast ankündigt, und unser Tischnachbar Oleg schon wieder dabei ist, allen die Gläser vollzugießen, sehe ich rot. Kurzerhand nehme ich Wanjas volles Glas und schütte es in die Vase mit den Plastikblumen. Oleg guckt mich verdutzt an, Wanja selbst hat es gar nicht gemerkt und gießt sein Glas noch einmal voll. Wieder schütte ich den Wodka in die Vase. Da steht Wanja abrupt auf. »Domoj!« – »Nach Hause!«, sagt er nur und geht schnurstracks in Richtung Ausgang. Er ist stinksauer. Draußen schnauzt er mich regelrecht an: »Julie, mach so etwas nie wieder! Ich allein entscheide, wann und wie viel ich trinke. Du hast mich vor allen bis auf die Knochen blamiert. Weißt du, was die da drinnen jetzt denken?« Noch nie habe ich ihn so verärgert erlebt. Offenbar habe ich seinen Stolz tief verletzt. »Ich habe mir doch nur Sorgen um dich gemacht«, sage ich kleinlaut. Doch Wanja hat keine Lust mehr, mit mir zu diskutieren. Aus Anstand legt er mir zwar noch sein Jackett um, damit ich in meinem dünnen Abendkleid nicht friere. Aber auf dem Heimweg herrscht Schweigen.

Eine Auszeit

Am Abend danach sind wir mit Sascha, Vika und ein paar Bekannten in einer Bar, um Saschas Geburtstag zu feiern. Wanja und ich haben uns noch nicht wieder versöhnt, aber wir wollten auch nicht absagen. Die Frauen trinken süßen Rotwein, die Männer Bier. Dazu haben wir Erdnüsse, Orangenscheiben und Apfelstückchen sowie zwei Tafeln Schokolade bestellt. Eigentlich ist die Stimmung ganz gut – bis mein Handy summt. Es ist eine Nachricht von meinem Vater: »Opa ist gestern Nacht friedlich eingeschlafen.« Mir kommen sofort die Tränen. Sein Tod trifft mich völlig unvorbereitet, obwohl ich eigentlich mit einer solchen Nachricht hätte rechnen können. Er war schon lange schwer krank gewesen. Aber gerade deshalb hatte ich auch gehofft, ihn nach meinem Auslandssemester noch einmal wiederzusehen. Wanja geht mit mir raus und tröstet mich ein bisschen, aber nach Hause gehen will er trotzdem nicht. Ablenkung sei jetzt besser, als sich zu Hause die Augen auszuweinen, meint er. Davon werde mein Opa ja auch nicht wieder lebendig. Ich weiß, dass er normalerweise ganz anders reagieren würde, und mir wird klar, dass es nicht gut um unsere Beziehung steht.

Am nächsten Tag telefoniere ich mit meinen Eltern und kaufe mir ein Flugticket. Bei der Beerdigung will ich natürlich dabei sein. Und ich brauche eine kleine Auszeit. Ob ich noch einmal nach Sewastopol zurückkehren werde, weiß ich noch nicht. Mir scheint, Wanja kann die Zeit zum Nachdenken auch gut gebrauchen.

Trotz des traurigen Anlasses ist es ein gutes Gefühl, wieder zu Hause in Berlin zu sein. Alle wollen natürlich wissen, wie es mir auf der Krim gefällt, ob ich mich gut mit Wanja und seiner Familie verstehe und ob mein Russisch schon Fortschritte mache. Und alle sind sehr stolz auf mich, schließlich bin ich die Erste in der Familie, die so ein Auslandssemester macht. Wenn die wüssten, wie es bis jetzt gelaufen ist, denke ich. Früher hätte ich ihnen wahrscheinlich mein Herz ausgeschüttet, aber jetzt muss ich erst mal selbst herausfinden, was ich eigentlich fühle. Also lasse ich mir nichts anmerken und sage, dass alles gut ist. Wenn ich abends allein in meinem Zimmer bin, lasse ich die vergangenen drei Monate Revue passieren. Und langsam begreife ich, wo das Problem gelegen haben könnte: Die Erwartungen, mit denen ich in dieses Abenteuer aufgebrochen bin, waren übergroß. Und die tatsächliche Bereitschaft, mich der russischen Kultur und ihren Gegebenheiten anzupassen, war einfach zu klein. So konnte ich eigentlich nur scheitern.

Jeden Abend ruft Wanja mich an. Seine Stimme klingt warm und vertraut. Ich finde, wir sollten es auf jeden Fall noch einmal versuchen.

Der Boulevard am Meer

Nach meiner Rückkehr kommt mir Sewastopol wie verwandelt vor. Sind das tatsächlich die gleichen weißen Kalksteinbauten im Zentrum, die im Sommer noch so gleißend hell gewirkt haben? Nun im Herbst sieht die ganze Stadt, mit ihren Hügeln und Buchten, wie in sanftes Licht getaucht aus. Es ist auch viel ruhiger, seit die Badegäste abgefahren sind. Im Sommer, so hatte mir Wanjas Mutter erzählt, seien immer dreimal mehr Menschen in der Stadt als Einwohner, also statt der üblichen dreihundertfünfzigtausend mehr als eine Million. Dieser Rummel ist nun vorbei. Selbst der Himmel hat ein weicheres Blau angenommen, und alles sieht aus, als würde man es durch einen Gelbfilter betrachten. »War der Herbst nicht auch Puschkins liebste Jahreszeit?«, frage ich Wanja beim Spazierengehen. Ich spreche jetzt mehr Russisch mit ihm. Er nickt. »Das ist schon seltsam«, sage ich. »In Deutschland mag ich den Frühling immer am meisten, aber hier auf der Krim eindeutig den Herbst. Er strahlt so eine unendliche Ruhe aus.« Wanja lächelt. »Ja, unser Herbstlicht macht jeden ein bisschen sentimental. Manche sagen, es leuchtet aus vergangenen Zeiten herüber.« Wir schlendern Hand in Hand den »Primorskij Bulwar«, den Boulevard am Meer, entlang. Er ist das Herz der Stadt und führt durch einen großen Teil des Zentrums. Und zum ersten Mal spüre ich, wie sehr ich Sewastopol schon lieb gewonnen habe.

Wie immer sind viele Leute noch nach der Arbeit auf den Boulevard gekommen. Die Männer und Frauen tragen lederne schwarze Aktentaschen unterm Arm oder halten Einkaufsbeutel für den Heimweg in der Hand, und Schulkinder haben ihre Ranzen abgestellt und füttern Schwäne und Enten mit Weißbrot. Wanja und ich setzen uns auf eine der Bänke mit Meerblick, die Sonne steht schon recht tief und spiegelt sich rötlich im Meer. Bald werden die schönen schmiedeeisernen Laternen angehen. Hier auf dem Plateau mit der Sonnenuhr sitzen auch immer die »babuschki« mit ihren bunten Kopftüchern und den sehr schlichten Mänteln. Man kann das Kreischen der Möwen und das Bersten der Wellen am Kai hören. Hin und wieder ertönt auch ein tiefes Nebelhorn aus der nahen Hafeneinfahrt. Die Alten schauen ganz still und ernst auf die Bucht hinaus. Woran sie wohl denken? An Menschen, die sie einmal geliebt und vielleicht zu früh verloren haben? An Dinge aus ihrem Leben, die sie heute bereuen? Vorsichtig sehe ich zu der alten Frau, die neben mir sitzt. Auf ihrem Schoß liegt eine aufgeschlagene Bibel und darin, dicht nebeneinander, zwei getrocknete Astern. Sie wischt sich mit einem weißen Stofftaschentuch über die Augen. Es ist nicht nur der Wind, der ihr die Tränen in die Augen treibt. Aber der Primorskij Bulwar ist kein Ort, an dem man nachfragt. Er bewahrt die Geheimnisse der Menschen. Wanja und ich sitzen Hand in Hand auf der Bank und schauen auf die Bucht hinaus. Es hat seine Zeit gebraucht, aber nun habe ich in Sewastopol richtig geankert.

Eine Jacke aus echtem Fell

Wanjas Vater, Kapitän Igor Dmitrijewitsch, kommt wieder von großer Fahrt zurück, und Wanjas Mutter ist aufgeregt wie ein junges Mädchen vor dem ersten Rendezvous. Sie hat das Haus blitzblank geputzt, gekocht, gebacken und gebraten, war beim Friseur, hat sich ein neues Kleid, neue Schuhe und sogar eine neue Handtasche gekauft. Zur Feier seiner Ankunft veranstaltet die ganze Familie ein kleines Grillfest. Die Männer kümmern sich draußen um Fleisch und Fisch, und wir Frauen schnippeln drinnen Salat und decken den Tisch. Als ich Wanja draußen Gesellschaft leiste, merke ich, dass ich langsam doch eine richtige Winterjacke brauche.

Ich frage seine Mutter, ob sie mir ein Geschäft in der Stadt empfehlen könne. »Am besten fahren wir mit dir auf den großen Markt«, sagt sie. »Dort gibt es sehr gute Jacken, und die Preise sind auch in Ordnung.« Ein Angebot, das ich gern annehme.

Der Markt liegt etwas außerhalb der Stadt und ist riesig. Stände um Stände reihen sich aneinander, so weit mein Auge reicht. »Nje poterjajsja!« – »Geh nicht verloren«, sagt Wanjas Mutter halb im Spaß. Die Rollen bei unserer Einkaufstour sind von Anfang an klar verteilt: Sie geht voran, und ich folge ihr. Immer wieder kommen wir an Ständen mit Winterjacken vorbei, doch sie bleibt einfach nicht stehen. Dann lasse ich mich eben überraschen, denke ich und laufe weiter hinterher.

Noch einmal biegt sie in eine schmale Gasse ein, dann ruft sie: »Hier ist es.« Ich schaue mich um. Um uns herum hängen überall »schuby«, so heißen die typisch russischen, langen Pelzmäntel. Außerdem gibt es alle Arten von kürzeren Fell- und Lederjacken. »Sind die etwa alle echt?«, frage ich. »Natürlich«, sagt sie stolz. In ihren Augen ist das hier der Traum einer jeden Frau. Nie würde sie darauf kommen, dass ich entsetzt sein könnte, weil mir die toten Tiere leidtun. »Ich möchte dir so eine Jacke schenken«, sagt sie freudestrahlend. Ich ringe mir ein Lächeln ab. Ich will keine Pelzjacke, schon gar nicht aus echtem Fell und Leder, sondern nur eine normale Winterjacke. Aber ich bringe es nicht über mich, sie so zu enttäuschen. Schließlich ist sie extra mit mir hierhergefahren. Also sage ich stattdessen: »Spasibo!« – »Danke!«, und überlege angestrengt, wie ich aus dieser Nummer wieder herauskomme, ohne sie zu kränken.

Als die Verkäuferin uns entdeckt, kommt sie eilig angelaufen – so als hätte sie uns schon erwartet. »Valentina Grigorijewna! Sdrastwujtje!« – »Ich grüße Sie!«, sagt sie herzlich und ergreift ihre beiden Hände. Wanjas Mutter muss eine sehr gute Kundin sein. Auch die Verkäuferinnen der Nachbarstände kommen dazu. Als klar wird, dass es um eine Jacke für mich geht, nicken sie mir freundlich zu, und dann beginnen sie sich ausgiebig mit Wanjas Mutter zu beratschlagen, welcher Schnitt und welche Farbe zu mir passen könnten. Ich werde dazu nicht weiter befragt. Jetzt traue ich mich erst recht nicht mehr zu sagen, dass ich so etwas gar nicht haben will. Ich kann schließlich nicht Wanjas Mutter vor all diesen Verkäuferinnen blamieren!

Sie winkt mich heran, und ich sehe, dass die Vorauswahl schon getroffen ist. Ich darf mich zwischen drei Modellen entscheiden. Dass ich zwei der Jacken eigentlich gruselig finde, überspiele ich gekonnt. Zum Glück sieht die dritte ganz hübsch aus. Sie ist vielleicht etwas altmodisch, aber sie hat einen Charme wie aus einem russischen Wintermärchen. Ich probiere sie an, sie hat eine schöne Kapuze und einen graublauen Pelzkragen. Die Verkäuferin hält mir einen Spiegel vors Gesicht, und alle schauen mich erwartungsvoll an. Erst lächle ich höflich, aber dann merke ich, dass sie mir wirklich gefällt. Je länger ich sie anhabe, desto wohler fühle ich mich in ihr. Eine echte Pelzjacke! Ob ich die in Berlin jemals tragen werde? Beim Ausziehen sehe ich das Preisschild in Hrywnja. Ich rechne um und bin sprachlos. Fast 400 Euro? Kann das stimmen? Wanjas Mutter wird langsam ungeduldig. »Du sagst ja gar nichts. Gefällt dir die Jacke etwa nicht?« – »Doch, schon«, antworte ich. »Aber der Preis!« Sie lacht. »Wichtig ist nur, ob sie dir gefällt. Sie ist ein Geschenk.« Und Wanjas Mutter ruft der Verkäuferin zu: »Wir nehmen sie.« Dann holt sie ihr Portemonnaie aus der Tasche und zahlt. »Bolschoje Spasibo!« – »Vielen Dank!«, sage ich zu Wanjas Mutter. »Nje sa schto!« – »Gern geschehen!«, antwortet sie zufrieden. »Nositje s udowolstwijem!« – »Tragen Sie sie mit Vergnügen!«, flötet die Verkäuferin zum Abschied. Ich nicke freundlich und hoffe, dass es mir gelingen wird.

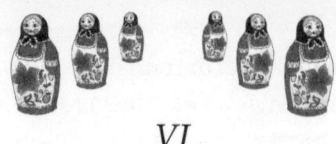

VI

Im Hafen der Ehe

Wieder in Deutschland, zieht mich Wanja des Öfteren damit auf, dass ich mich hier ja ganz schön gehen lasse. In Berlin bleiben die Pelzjacke und die hohen Schuhe im Schrank, und ich tausche sie gegen Turnschuhe und Jeans. Auch meine Schminke reicht hier einfach länger. »In Sewastopol ziehst du immer die schönsten Kleider an«, sagt Wanja, »und hier läufst du tagaus, tagein mit den gleichen Jeans und ungebügelten Oberteilen herum. – Ist dir denn ganz egal, ob du mir so gefällst?« Ich bin gekränkt. Wer hat schon Lust, sich so etwas sagen zu lassen? Das Schlimme ist nur, er hat sogar recht: In Sewastopol gebe ich mir immer viel Mühe, gut auszusehen, weil die meisten Frauen sehr auf ihr Äußeres achten. Mit einer knitterigen Bluse würde sicher keine meiner russischen Freundinnen aus dem Haus gehen. Von Kopf bis Fuß muss alles perfekt sein. Selbst die Schuhe. Ich putze meine in Deutschland ab und zu, Wanja putzt seine jeden Morgen, bevor er das Haus verlässt. Das ist für ihn so selbstverständlich wie Zähneputzen. »Bei uns sagt man: An den Schuhen erkennt man den Charakter eines Menschen.« Wenn das stimmt, wäre das wirklich ein Phänomen. Dann müsste mein Charakter nämlich in Sewastopol immer etwas besser sein als in Berlin.

Ich muss schon zugeben: Sobald ich wieder eine Weile in

Deutschland bin, falle ich in meine alten Gewohnheiten zurück. Oft trage ich einfach das, was mir morgens als Erstes in die Hände fällt. Hier fühle ich mich damit wohl, denn meine Kommilitoninnen und Freundinnen sind in Kleiderfragen auch ziemlich entspannt. Natürlich möchte ich Wanja gefallen, aber ich habe auch keine Lust, mich zu verkleiden und so zu tun, als sei die ganze Welt ein Catwalk.

An meinem Geburtstag komme ich abends von der Uni nach Hause, und Wanja hat für uns gekocht. Es gibt gebackenen Fisch, Salat mit einem selbst gemachten Dressing und zum Nachtisch »scharlottka«, einen locker-leichten Apfelkuchen, den ich für mein Leben gern esse. Beim Essen erzählt mir Wanja von seinem neuen Volkshochschulkurs. Es ist jetzt schon sein zweiter Fortgeschrittenenkurs – bald macht er die Mittelstufenprüfung. »Diesmal ist zufällig auch ein Mädchen von der Krim dabei: Tanja. Sie hat vor kurzem sogar einen lokalen Schönheitswettbewerb gewonnen«, berichtet er. Soso, denke ich. »Sieht sie denn gut aus?« Was für eine Frage! Wanja grinst. »Na, sie weiß zumindest, wie man sich anzieht.« – »Wenn sie dir so gut gefällt, dann werde doch mit ihr glücklich!«, schimpfe ich und stehe vom Tisch auf. Der Appetit ist mir vergangen.

Als Wanja später in unser Zimmer kommt, liege ich auf der Matratze und schmolle. Aber ich ärgere mich auch über mich, weil ich immer so überempfindlich reagiere. Ein bisschen mehr Gelassenheit täte mir sicher ganz gut. »Schade eigentlich«, sagt er. »Das hätte so ein schöner Abend werden können. Ich hatte sogar eine Überraschung für dich.« Bei dem Wort Überraschung hebe ich den Kopf. »Was denn für eine Überraschung?«, frage ich. »Ach nein!«, sagt Wanja. »Jetzt passt es nicht mehr. Vergiss es einfach! Vielleicht ein andermal.« Doch so leicht lasse ich ihn nicht entkommen.

»Heute ist doch mein Geburtstag. Es tut mir leid. Wirklich. Bitte sag doch, was es ist. Ein Geschenk?«, bohre ich. Er lässt mich erst noch ein Weilchen zappeln, bevor er nachgibt. »Also gut«, sagt er dann, geht kurz raus und kommt mit einem riesigen Strauß weißer Rosen wieder. Ich weiß nicht, wie viele es sind, nur dass es eine ungerade Zahl ist, da bin ich mir sicher. Wanja hat mir mal erklärt, dass man in seiner Heimat immer nur ungerade Zahlen verschenkt – zumindest an die Lebenden. »Ist der schön!«, sage ich begeistert und schmiege mein Gesicht in die duftenden Blüten. »Ich habe noch etwas für dich«, sagt er und reicht mir ein kleines schwarzes Kästchen. Als ich den Deckel aufklappe und den Ring sehe, bin ich sprachlos. Er ist aus Gelbgold, glänzend, glatt und schlicht und hat einen kleinen, eingefassten Brillanten. Wanja nimmt den Ring aus dem Kästchen und hält ihn mir lächelnd hin. »Willst du mich heiraten?« In mir jubelt alles. »Ja«, antworte ich. »Sogar unglaublich gerne.« Pech für die Miss von der Krim! Wir werden heiraten!

Schnitzeljagd ins Glück

Fast ein ganzes Jahr sind wir damit beschäftigt, alle Unterlagen zu besorgen, die das deutsche Standesamt verlangt. Wir kommen uns vor wie auf einer Schnitzeljagd. Wanja muss extra in seine Geburtsstadt Makijiwka im Osten der Ukraine fahren, um sich dort die Geburtsurkunde neu ausstellen zu lassen. Er ist noch in der Sowjetunion geboren, und da es die nicht mehr gibt, wird seine Geburtsurkunde in Deutschland nicht anerkannt. Er weiß überhaupt nicht, an welche Behörde er sich in dieser Angelegenheit wenden muss. Seine Eltern sind mit ihm aus dieser Region weggezogen, als er gerade einmal ein Jahr alt war. Aber es hilft nichts. Dort und nur dort wird die neue Urkunde ausgestellt.

Auch seine Mutter und sein Vater haben vom deutschen Standesamt eine Aufgabe bekommen. Sie sollen in Sewastopol zu einem Notar gehen und dort bekunden, dass ihr Sohn noch nicht verheiratet war und dass er es ihrem Wissen nach auch gegenwärtig nicht ist. Es ist kaum zu glauben, aber ohne diese Bescheinigung dürfte Wanja in Deutschland tatsächlich nicht heiraten.

Als die lange Liste endlich abgearbeitet ist, müssen wir sämtliche Dokumente noch vom Ukrainischen ins Deutsche übersetzen und notariell beglaubigen lassen. Unsere Übersetzerin ist eine nette Frau, die durchaus auch Sinn für Romantik hat, aber ihr Honorar ist trotzdem happig. Als wir endlich alles vorlegen können, ist unser Hochzeitsbudget schon zur Hälfte aufgebraucht.

Die Standesbeamtin heißt Frau Gesteck. Sogar Wanja muss darüber schmunzeln. Sie liest sich alles genau durch und lobt unsere Gründlichkeit. Na, die ist lustig, denke ich. Als ob wir eine Wahl gehabt hätten! Dann beginnt sie, alle Informationen in ihren Computer einzutippen. Nach jedem Buchstaben vergewissert sich die Beamtin, dass sie bei der deutschen Umschrift aus dem Ukrainischen oder Russischen keinen Fehler gemacht hat. Wir helfen ihr, so gut wir können, und buchstabieren alles noch einmal: Wanjas russischen Familiennamen, den Namen seiner Geburtsstadt, den Studienort und natürlich auch S-e-w-a-s-t-o-p-o-l. Wir blockieren die gesamte Sprechzeit mit der Beurkundung unseres Heiratsinteresses.

Jetzt muss nur noch ein Termin gefunden werden. »Ich kann Ihnen zurzeit leider nur zwei Termine zur Auswahl anbieten«, sagt Frau Gesteck. »Entweder gleich übermorgen oder erst wieder in zweieinhalb Monaten. Alles andere ist schon besetzt.« – »Übermorgen?«, frage ich leicht panisch. »Wir haben doch noch niemanden eingeladen, nirgendwo reserviert, wir haben überhaupt noch nichts organisiert. Das geht nicht.« – »Immerhin hast du schon ein Kleid.« Wanja kann sich wie immer alles vorstellen, auch dass wir übermorgen heiraten. Ein Kleid habe ich tatsächlich schon. Vor ein paar Monaten war ich mit meiner Schwester zur Anprobe ihres Brautkleides. Und da hing es auf einmal: das Kleid, von dem ich sofort wusste, dass es das richtige sein würde. Ich habe auch nur dieses eine anprobiert und es hat sofort gepasst. »Trotzdem«, sage ich bestimmt. »Übermorgen ist zu kurzfristig.«

Der andere Termin ist aber auch nicht besser, denn da wird Wanja schon wieder auf See sein. Nach dem ersten Schreck schlagen wir vor, die Trauung zu verschieben, bis mein Seemann wieder an Land ist – das wäre etwa in sieben Monaten. »Dann könnten wir entspannt alles vorbereiten. Und deine Familie hätte genug Zeit, um ein Visum zu beantragen«, sage ich. Doch die Beamtin schüttelt den Kopf. »Das geht nicht. Einige Ihrer Papiere sind nur sechs Monate gültig, die wären dann schon abgelaufen.« – »Und was heißt das?«, frage ich. »Kann man die Fristen nicht verlängern?« Frau Gesteck erklärt uns, dass das nicht zulässig sei. »So leid es mir tut. Aber in diesem Fall müssten sie wieder von vorn anfangen.« Ich traue meinen Ohren kaum. »Soll das etwa heißen, dass der ganze Aufwand umsonst gewesen ist?«, frage ich aufgebracht. »Wissen Sie, was uns das an Zeit und Geld gekostet hat?« Die Beamtin sagt, sie verstehe unseren Ärger, aber sie habe die Regeln nicht gemacht. Wanja legt beschwichtigend seine Hand auf meinen Arm. Er ist ja Kummer mit den ukrainischen Behörden gewohnt und weiß, dass uns Vorwürfe jetzt auch nicht weiterbringen.

Ich ringe mir der Höflichkeit wegen ein »Trotzdem danke« ab, und wir verlassen dieses deutsche Bürokratenamt. Ich fühle mich kraftlos und ausgelaugt. Dass sich Wanja von der ganzen Situation offensichtlich gar nicht erschüttern lässt, macht mich erst recht wütend. Russen sind immer so duldsam. »Wenn es dir nicht so wichtig ist, dann können wir es ja auch lassen«, sage ich. »Bei uns könnte man wahrscheinlich mit ein paar Scheinchen nachhelfen«, sagt er. »Aber hier geht das ja nicht. Ich habe im Moment aber auch keine andere Idee.« Man könnte zwar im Ausland heiraten und damit den ganzen deutschen Bürokratieberg umgehen – das wissen wir. Aber dann könnten viele nicht dabei sein. Die Reise wäre einfach zu teuer. Und für meine Oma Frieda auch viel zu weit. Soll ich wirklich ohne sie heiraten?

Zwei Tage später klingelt das Telefon, und Frau Gesteck ist dran. »Sie haben Glück«, sagt sie. »Ich habe noch einen freien Termin gefunden. Also, wenn Sie wollen, können Sie heute in genau drei Wochen heiraten. Reicht Ihnen das?« – »Natürlich«, sage ich, »das reicht.« Für diese Nachricht könnte ich sie küssen.

Zu kurzfristig – sagen nur Deutsche

Als ich mit meiner Schwester vor einigen Monaten auf einer Hochzeitsmesse war, hieß es, man solle mindestens ein halbes Jahr vor der Trauung anfangen, alles zu planen. Und nun müssen auf einmal drei Wochen reichen. Ob das genug sein wird? Wanja findet, drei Wochen sind reichlich. »Du hast ein Kleid, ich einen Anzug, und wir haben Ringe. Das sind doch schon die wichtigsten Dinge.« Die Hochzeitsringe aus dem typischen Rotgold hat er in der Ukraine gekauft. »Aber was ist, wenn das mit den Einladungen zu kurzfristig ist und keiner kommen kann?«, frage ich besorgt. »Kurzfristig ist ein typisch deutsches Wort«, entgegnet Wanja. »Im Russischen gibt es so ein Wort gar nicht. Bei uns sagt man höchstens, es bleibt nur noch wenig Zeit.« Aber was ist »wenig Zeit« vor einer Hochzeit? Drei Monate? Drei Wochen? Oder drei Tage? »Wer kommen will, der kommt auch. Du wirst sehen.« Ich wünschte, ich hätte Wanjas Gemüt.

Meine Mutter ruft auf gut Glück in einem Restaurant an, das sie selbst mag. Es hat einen verglasten Wintergarten, durch den man direkt aufs Wasser schaut. Tatsächlich ist am vierten Februar 2006 noch etwas frei. Perfekt! Auch die Menüfrage klärt sie gleich mit: Es wird ein kaltes und ein warmes Büfett geben. Die Einladungskarten sind schnell verschickt, meine Schwester kümmert sich um den Blumenschmuck, Susa organisiert eine Fotografin, und ich mache einen Termin beim Friseur. Und schon ist die Hochzeitsplanung fertig. Oder zumindest fast fertig. »Wanja, wollen wir eine Geschenkewunschliste für die Gäste machen?«, frage ich ihn und rechne eigentlich fest mit seiner Zustimmung. So etwas ist doch sehr praktisch. Doch mein zukünftiger Gatte sträubt sich dagegen. »Ich weiß, dass das hier üblich ist«, sagt er, »aber ich finde es irgendwie unhöflich, so direkt Wünsche zu äußern. Eigentlich sind es ja Forderungen, die das Brautpaar an seine Gäste stellt.« Dabei hat Wanja nichts gegen Geschenke. »Wer etwas schenken will, der kann das gern tun«, sagt er. Er will nur nicht, dass wir vorgeben, was und wie viel es kostet. »Ich verstehe dich ja«, sage ich. »Aber was, wenn uns dann alle das Gleiche schenken, zum Beispiel ganz viele Weingläser?« – »Dann ist das eben so«, sagt Wanja. Na gut, denke ich. Lassen wir das mit der Geschenkeliste. Es ist ja schließlich auch seine Hochzeit.

Es ist traurig – besonders für Wanja. Weder seine Eltern noch sein Bruder werden dabei sein können, wenn wir heute heiraten. Sie haben einfach kein Einreisevisum für Deutschland bekommen. Als meine Eltern ihnen eine offizielle Einladung schicken wollten, stellte sich heraus, dass die Bearbeitungszeit bereits zu lange gewesen wäre. Drei Wochen bis zur Trauung sind einfach zu wenig, um den ganzen Papierkram zu schaffen. Wir können die Hochzeit aber auch nicht verschieben, weil Wanjas Papiere ja schon in ein paar Monaten wieder ablaufen. Also hat er sich schweren Herzens entschieden, ohne seine Eltern und ohne seinen Bruder vor den Traualtar zu treten. Sein Freund und Trauzeuge Sergej wird als Einziger die russische Seite vertreten. Er kommt ursprünglich aus Simferopol, lebt aber schon lange in Kiel.

Die letzte Nacht vor dem großen Tag haben Wanja und ich noch einmal getrennt verbracht. Ich konnte erstaunlich gut schlafen und wurde erst am Morgen vom Klingeln des Weckers wach. Von kalten Füßen keine Spur – alles fühlt sich richtig an. Wir wollen uns um zwölf Uhr am Standesamt treffen, um noch die letzten Formalitäten mit der Standesbeamtin zu besprechen. Um eins soll dann die Trauung sein. Wanja und Sergej sind überpünktlich. Sie stehen in ihren schwarzen Anzügen schon um elf Uhr vor dem Standesamt – sicher ist sicher, denkt sich Wanja. Es wird halb zwölf, dann zwölf – wer noch fehlt, ist die Braut. Ich kämpfe indessen zu Hause mit meinem Kleid: Der Reißverschluss klemmt, obwohl ich kein einziges Pfund zugelegt habe. Als endlich alles sitzt, hat meine Schwester eine Laufmasche in ihrer Strumpfhose entdeckt, und meine Mutter hat ihren Fotoapparat verlegt. Drei Frauen, die es zusammen pünktlich auf eine Hochzeit schaffen wollen – das birgt natürlich jede Menge Verspätungspotenzial. Selbst in unserer Familie. Da hilft es auch nicht, dass wir Deutschen ein Pünktlichkeitsgen haben sollen. Bei mir scheint das in einer Mutation verloren gegangen zu sein.

Mein Vater wartet schon ungeduldig mit dem geschmückten Hochzeitsauto, sein Gesicht ist ganz rot vor Anspannung. »Kommt ihr nun endlich? Sonst fangen die noch ohne uns an«, ruft er. »Können sie ja nicht«, sage ich gut gelaunt, »ich bin ja die Braut.« Auf dem Stadtring tritt er ordentlich aufs Gas – die Quittung bekommen wir sofort. Nein, kein Blitzer erwischt uns, und auch die Polizei hält uns nicht an. Aber die weiße Hochzeitstaube aus Pappe, die auf der Motorhaube platziert war, schmiert ab. Wir können geradezu zusehen, wie sie sich von uns verabschiedet. Erst rüttelt der Wind sie ordentlich durch, dann kippt sie auf ihrem Drahtstiel ganz auf die Seite, und am Ende wird sie auf Nimmerwiedersehen fortgerissen. Ob das ein schlechtes Vorzeichen ist?, überlege ich kurz. Ach was!, sage ich mir dann. Wenn ich überhaupt an Vorzeichen glaube, dann immer nur an gute.

Um Viertel vor eins rollen wir vor dem Standesamt vor. »Wo bleibst du denn?«, ruft mir Wanja schon auf dem Parkplatz entgegen. »Die Gäste haben mich alle schon ganz mitleidig angeschaut.« Aber als er mich in meinem Kleid sieht, ist sein Ärger schnell verflogen. »Na hör mal!«, rufe ich, »dich lasse ich mir doch nicht durch die Lappen gehen. ›Nje nadjejsja!‹ – ›Darauf hoffe nicht!‹« Wanja lacht. Auch die Beamtin wartet schon auf uns. Und so beginnt die Trauung doch noch fast pünktlich.

Es war ein schönes Fest: ausgelassen und fröhlich – vielleicht gerade weil nicht alles bis ins Detail durchorganisiert war. Nur einen Wermutstropfen gab es. Wanjas Familie hat uns gefehlt.

Am nächsten Tag lesen wir all die Glückwunschkarten und packen unsere Geschenke aus. Im ersten Päckchen sind sechs Weingläser. Der zweite Karton ist auch nicht sehr schwer. Ich löse das Papier ab, und was kommt zum Vorschein? Vier Weingläser – nur diesmal bauchiger und größer. »Wanja, erinnerst du dich an meine Worte?«, frage ich. Im dritten Paket sind zwei Sektgläser. Im nächsten Paket aber, oh Überraschung, Weingläser im Sechserpack. »Wanja! Wir hätten doch eine Liste machen sollen«, lache ich. Es folgen noch ein paar Handtücher und eine Auflaufform, dann wieder Sektgläser und noch einmal Weingläser. Am Ende haben wir sechsunddreißig Wein- und zwölf Sektgläser bekommen. Meine Freude hält sich in Grenzen. Wanja ist überrascht, dass so viele unserer Gäste die gleiche Idee hatten. »Ihr Deutschen seid ja sehr kreativ«, scherzt er. »Aber sieh es mal so: Eine Ehe ist lang, da geht auch mal etwas zu Bruch. Das reicht jetzt bis zur goldenen Hochzeit.«

Eigentlich wollten wir eine Hochzeitsreise nach St. Malo an der französischen Atlantikküste machen. Wanja war vor einigen Jahren schon einmal mit einem Schiff dort gewesen und hatte mir immer wieder davon vorgeschwärmt. Doch da die Hochzeit ein ziemliches Loch in unsere gemeinsame Kasse geschlagen hat, verschieben wir St. Malo und machen unsere Hochzeitsreise nach – Sewastopol.

Mama Walja und Papa Igor

Gleich am Abend unserer Ankunft wird es sehr feierlich. Wanjas Eltern überreichen mir ein Schmuckkästchen aus dunkelblauem Samt. Darin liegen Ohrringe und ein großer Ring aus Rotgold, besetzt mit kleinen Saphiren und Brillantsplittern. »Du bist jetzt auch unsere Tochter«, sagt Wanjas Mutter. »Ab sofort kannst du uns ›Mama Walja‹ und ›Papa Igor‹ nennen.« Ich bin gerührt, fühle mich aber auch etwas überfordert. Jahrelang habe ich die Zungenbrecher Valentina Gregorijewna und Igor Dmitrijewitsch geübt, und nun soll ich meine Schwiegereltern auf einmal Mama und Papa nennen? Ich würde sie einfach gern mit ihren Vornamen anreden, aber Wanja hält das für keine gute Idee. »Du weißt doch, dass meine Eltern ziemlich konservativ sind. Das ist bei uns einfach unüblich.« Ich gelobe, mir Mühe zu geben. Und auch wenn mir in den ersten Tagen noch ab und zu die gewohnten Namen rausrutschen, gewöhne ich mich doch langsam daran, nun auch auf der Krim eine Mama und einen Papa zu haben.

Doppelt hält besser

Und weil es so schön war, feiern wir gleich noch einmal Hochzeit. Wir wollen, dass Wanjas Eltern und natürlich Andrej und Nastja unseren großen Tag noch einmal nacherleben können. Sie sollen wissen, dass sie für uns genauso wichtig sind wie meine Familie in Deutschland. Ich habe extra mein wunderschönes Kleid mitgenommen und Wanja seinen schwarzen Anzug. Ich mache noch einmal einen Friseurtermin – und bereue es während der Prozedur ein bisschen. Ganze drei Stunden muss ich auf dem Stuhl ausharren, während mich die Friseurin zur russischen Braut zurechtmacht. Wehmütig denke ich daran, dass meine Hochsteckfrisur in Deutschland in einer knappen Stunde fertig war. Noch nicht mal in den Spiegel sehen darf ich. »Erst wenn Sie fertig sind«, sagt Olga, eine Bekannte von Wanjas Mutter. Sie ist die Chefin hier im Salon, das habe ich schon verstanden. Aber dann endlich dreht sie mich mit dem Stuhl zum Spiegel – und ich sehe ein Kunstwerk. Meine Frisur in Deutschland war hübsch, aber das hier ist einfach umwerfend. »Eto sdorowo! Spasibo bolschoje!« – »Das ist wirklich toll! Vielen Dank!«, sage ich. Dafür haben sich die drei Stunden wirklich gelohnt.

Die Gäste hat Wanja eingeladen: sein Land, seine Leute – ich habe mich diesmal nicht eingemischt. Selbst die Terminplanung habe ich ihm überlassen. Und so hat Wanja die meisten erst am Tag vor der Feier angerufen. Doch am Abend zeigt sich, dass das geht. Fast alle sind da, und keinem scheint es zu kurzfristig gewesen zu sein.

Wir feiern im »Lesnoj«, einem urgemütlichen Waldrestaurant am Rand von Sewastopol. Es sieht aus, als sei es komplett aus Holz gebaut und man kann dort separate »Kabinen« mieten, die an Bungalows erinnern, um ganz ungestört zu essen oder zu feiern. Der Kellner kommt immer extra von der Küche im Haupthaus angelaufen und klopft erst höflich an die Tür, bevor er eintritt.

Für die heutige Feier haben wir eine der größeren Kabinen gemietet. Doch bevor wir hineingehen, überreichen uns Wanjas Eltern noch einen großen Laib frisches Brot und Salz. Das ist ein traditionelles Geschenk bei einer russischen Hochzeit, so wie bei uns zum Einzug ins neue Heim. »Ihr müsst jetzt beide nacheinander ein Stück abbeißen«, fordert

uns Nastja auf. Ich habe mich über die russischen Hochzeits-
bräuche informiert und weiß: Wer das größere Stück Brot
abbeißt und verspeist, der hat in der Ehe das Sagen und ist
der »chosjajn w domje«, der Herr im Haus, oder die »chos-
jajka w domje«, die Herrin im Haus. Bei unserer Hochzeits-
feier in Deutschland habe ich einen ähnlichen Wettbewerb
gegen Wanja verloren, darum will ich diesmal natürlich tri-
umphieren.

Damals hatten meine Freundinnen mit roter Textilfarbe
ein menschengroßes rotes Herz auf ein weißes Bettlaken gemalt. Wanja und ich bekamen jeder eine kleine Nagelschere
in die Hand gedrückt und sollten »Auf die Plätze, fertig, los!«
so schnell wie möglich jeweils eine Hälfte von dem Herz aus-
schneiden – immer am äußeren Rand entlang. Wanja bear-
beitete die rechte und ich die linke Hälfte. Es ging bei dem
Spiel darum, wer in unserer Ehe das Sagen haben wird.
Anfangs lief es für mich noch ganz gut. Ich lag mit Wanja
gleichauf. Doch irgendwie war meine Schere stumpf – Wanja
zog an mir vorbei. Etwa zehn Zentimeter vor Schluss hielt
er aber noch einmal inne und wartete auf mich. Ach, Wanja
ist doch wirklich ein »solotoj«, ein »Goldstück«, dachte ich
gerührt und näherte mich wieder mit meiner Schere. Doch
dann preschte Wanja im letzten Moment doch noch vor mir
ins Ziel – und freute sich wie ein Kind. Normalerweise hätte
ich ihm den Sieg von Herzen gegönnt – wenn Wanja das Sagen hat, kommt meistens etwas Gutes dabei heraus –, aber
nach dieser Aktion war ich doch etwas gekränkt.

Jetzt sind wir in Sewastopol und vor uns hält Wanjas Mutter das Brot hoch. »Bitte nach dir«, sagt Wanja gönnerhaft.
»Mein Schatz, ich lasse dir den Vortritt«, antworte ich süß
lächelnd. Er beißt ein mittelgroßes Stück heraus. Wahrscheinlich denkt er, das reicht für den Sieg, weil ich nur ei-

nen kleinen Haps nehmen werde, um meinen Lippenstift nicht zu ruinieren. Doch dieses Opfer nehme ich gern in Kauf. Ich beiße ein Stück ab, das seinesgleichen sucht – groß wie ein Apfel. Das ist zwar nicht sehr damenhaft, aber was soll's! Wanja fängt an zu lachen. »Hast du solchen Hunger?«, fragt er. Ich wundere mich über die Frage. Kennt er am Ende die Bedeutung des Brotabbeißens gar nicht? Tatsächlich: Er hat keine blasse Ahnung und so kläre ich ihn auf. »Dadurch, dass ich diesmal gewonnen habe, ist unsere Ehe jetzt wieder im Gleichgewicht«, sage ich mit einem Zwinkern. Wanja grinst. »Na Gott sei Dank! Wie hätten wir sonst nur weiterleben können!« Ich spiele die Entrüstete und ziehe ihn etwas fester an seiner Krawatte – dann küsse ich ihn. Schon verrückt, dass er das Spiel in Berlin gewonnen hat und ich in Sewastopol. Das kann nur eines bedeuten: Er hat jetzt dort die Hosen an und ich hier. Ich finde, das klingt ganz fair.

Bei der Essensbestellung verblüffe ich wieder einmal meine russische Verwandtschaft und unsere Freunde. Ich bestelle mir, einfach weil ich Appetit darauf habe, Spaghetti mit Tomatensauce. »Aber das ist doch kein richtiges Hochzeitsessen, so ganz ohne Fleisch«, sagt Papa Igor. Nastjas Sorge gilt eher meinem hellen Kleid. »Was, wenn da Tomatensauce draufkleckert?« Ich lege mir eine Serviette auf den Schoß und stecke eine zweite ins Dekolleté. Das wird schon reichen. Wanja erhebt keine Einwände. Nicht heute. Er weiß ja auch, was für ein großer Pastafan ich bin. Er selbst hat sich natürlich etwas mit Fleisch bestellt: Kotleta »po kijewski« – »nach Kiewer Art«.

Nach dem Essen wird getanzt. Die Musik kommt einfach aus dem Radio, das sowieso in der Kabine steht. Dass die Stimmung gut sein würde, war mir vorher schon klar. Unsere Freunde und Wanjas Familie wissen einfach, wie man richtig einen draufmacht. Da einer von Wanjas Studienfreunden wegen seines kranken Sohns zu Hause bleiben musste, sind wir ein paar Tage später bei ihm und seiner Familie eingeladen. Die Drei-Zimmer-Wohnung ist in keinem guten Zustand mehr, und auch die Einrichtung ist eher zweckmäßig als schön. Aber Viktor und Nadja haben viele Ideen, wie sie die Wohnung herrichten können. Sie sparen schon eine Weile für den großen »remont« – die »Renovierung«. Die beiden kennen sich schon seit der ersten Klasse. Sie haben in der Schule nebeneinandergesessen und sind auch heute noch unzertrennlich – wenn Viktor nicht gerade auf See ist. Er hat mit Wanja zusammen studiert und ist auch ein nautischer Seeoffizier. Die Männer haben immer viel zu reden. Ich unterhalte mich aber auch sehr gern mit Nadja. Obwohl sie mit ihrer sehr hellen Haut und den schwarz gefärbten langen Haaren nach außen recht kühl wirkt, ist sie warmherzig, witzig und klug. Nadja hat Ingenieurwesen studiert, ist aber nun erst einmal mit ihrem kleinen Sohn Artjom zu Hause.

Im Wohnzimmer steht ein ganzes Regal mit Elternratgebern, lehrreichen Bilderbüchern und jeder Menge didaktischer Spiele, um die kindliche Entwicklung zu fördern. Auf einigen steht: ab drei Jahren, auf anderen sogar: für Vorschulkinder. »Ich kaufe immer schon im Voraus und probiere es einfach mit ihm aus. Man kann doch heutzutage gar nicht früh genug anfangen, die Kinder auf die Schule vorzubereiten«, sagt Nadja, als sie meinen zweifelnden Blick bemerkt. Dann erzählt sie mir, dass hier fast alle Kinder schon lesen, schreiben und rechnen können, wenn sie eingeschult werden. »Manche Schulen stellen das sogar als Bedingung. Sonst werden die Kinder gar nicht erst aufgenommen.« So früh schon so ein Druck?, wundere ich mich. »Was ist denn, wenn die Kinder das noch nicht können?«, will ich wissen. »Dann wirft das gleich ein schlechtes Licht auf die Eltern«, antwortet sie, »Das sieht dann nämlich so aus, als ob die Eltern ihr Kind nicht richtig gefördert haben.« Schon klar, dass sie nicht so dastehen will.

Für Artjom hat sie neulich erst einen bunten Kinderglobus gekauft. Stolz führt sie uns vor, was sie ihrem Sohn schon beigebracht hat. »Wo war Papa mit seinem Schiff?«, fragt sie ihn. »In Ghana«, antwortet der Knirps und beginnt, den Globus langsam zu drehen. Dann tippt er zielsicher auf das westafrikanische Land. Wanja und ich staunen Bauklötze. »Und wo wohnen Onkel Wanja und Tante Julia?«, fragt Nadja. Artjom dreht den Globus. »Hier«, sagt er und zeigt auf Deutschland. »Und wo wohnen wir?«, fragt die Mama. »In Sewastopol«, antwortet der Kleine. Blitzschnell findet er auch die Krim im Schwarzen Meer. Nadja strahlt, und auch Papa Viktor ist sichtlich stolz. Wanja ist ebenfalls begeistert. Nur ich finde einen so klugen Zweijährigen auch ein bisschen unheimlich. Auf dem Rückweg im Auto sage ich zu Wanja: »Wenn der Kleine in dem Tempo weiterlernt, kann er mit sechs schon seinen Schulabschluss machen.« Er lacht. »Artjom ist vielleicht wirklich ein kleines Wunderkind. Aber von nichts kommt nichts. Nadja und Viktor sind ja auch ziemlich ehrgeizig.« Ich weiß nicht, ob sie ihm damit wirklich einen Gefallen tun. »Sollte er in dem Alter nicht einfach nur spielen?« Wanja weiß es auch nicht genau. Ob er wohl auch so ein ehrgeiziger Vater wäre? »Unglücklich sieht der Kleine jedenfalls nicht aus«, sagt er. Das stimmt. Und darauf kommt es ja letztlich an.

Ende Februar haben es Vika und Sascha satt. Sie wollen nicht noch länger auf den Frühling warten und fragen, ob wir nicht Lust hätten, mit zum Grillen zu kommen. In einer Stunde wollen sie uns abholen. Wanja ist gleich Feuer und Flamme und holt Fleisch aus dem Kühlschrank, um es zu marinieren. Ich bin weniger enthusiastisch. »Es sind nur acht Grad draußen«, sage ich und schaue skeptisch den grauen Himmel an. »Du ziehst dich einfach warm an, und wir packen Tee für dich ein«, antwortet er vorfreudig. Für knusprig gebratene »schaschliki« würde er sogar Frost in Kauf nehmen. Es soll zur »tschornaja retschka«, ans »Schwarze Flüsschen«, gehen.

Als die beiden kommen, sitzt Vika am Steuer. Sie hat ihren Führerschein erst im vergangenen Jahr gemacht, und auf der Heckscheibe klebt ein rotes Dreieck mit einem russischen U für »utschenik«, Fahrschüler. Etwas höher auf der Scheibe klebt noch ein rotes Dreieck, auf dem ein hochhackiger Damenschuh zu sehen ist. »Ist ja witzig!«, sage ich und lache. »Das ist nicht nur als Witz gemeint«, entgegnet Wanja. Ich guckte ihn verdutzt an. Wie meint er das denn? »Es gibt natürlich keine Vorschrift, die besagt, dass man so einen Aufkleber anbringen muss«, sagt er, »aber viele machen es trotzdem.« Will er mich jetzt veräppeln? »Doch nicht etwa, weil Frauen schlechter Auto fahren als Männer?« Wanja murmelt: »Nicht unbedingt schlechter, aber irgendwie unberechenbarer. Frauen sind einfach emotionaler, das merkt man auch am Fahrstil.« So ein Quatsch, denke ich, Frauen verursachen viel seltener Unfälle als Männer. Doch ich merke schon: Hier herrscht ganz klar die Devise, dass Frauen schlecht einparken und Männer nicht zuhören können. Bevor ich zu einer Gegenrede ansetzen kann, klingelt Saschas Telefon. Ein Kollege sei krank geworden, hören wir über Lautsprecher mit. Sascha müsse heute Nachmittag noch arbeiten.

Ich weiß schon von Wanja, dass dieser Chef einer Getränkefirma ein ziemlicher Tyrann sein muss. Sascha jobbt bei ihm als Vertreter, weil er mit seinem Abschluss in Anglistik noch nichts gefunden hat. Zugegeben, sein Englisch ist nicht das beste, aber es geht auch vielen anderen so, die noch besser ausgebildet sind. Vika hat uns vor zwei Jahren noch stolz ihr »krasnyj diplom«, ihr rotes Diplom, in Betriebswirtschaft gezeigt. Das heißt, dass sie ihren Abschluss mit der höchsten Auszeichnung gemacht hat. Und nun arbeitet sie als Verkäuferin bei einem Juwelier in einem großen Einkaufszentrum.

Sascha hält kurz entschlossen an der Straße, auf der wir gerade stadtauswärts fahren. »Lasst uns gleich hierbleiben«, schlägt er vor. »Bis zum Flusschen schaffen wir es nicht mehr.« Ich sehe mich um. Auf der linken Seite stehen Plattenbauten, und rechts geht es einen Hang hinunter, voller dornigem Gestrüpp und Müll. Wo um alles in der Welt will er hier bloß grillen? Wir laufen den Hang hinunter und kommen zu einem kleinen, sehr lichten Nadelwäldchen. Dort klappt Wanja den Campingtisch auf. Immerhin sind wir hier etwas ungestörter als direkt an der Straße. Müll gibt es trotzdem noch reichlich: Am Boden liegen Büchsen und Glasscherben, und in den Zweigen hängen Plastiktüten. »Ganz schön schmutzig hier«, sage ich. Das kann ich mir bei dem Anblick einfach nicht verkneifen. »Ja, du hast recht«, sagt Vika. »Aber was soll man machen? So ist das eben.« Sie fängt an, den Müll rund um den Picknicktisch aufzusammeln. Sascha hilft ihr dabei. Ich staune, wie rührend sie sich bemühen, den Platz für unser Picknick sauberzumachen, da sehe ich, wie sie alles ein Stück entfernt wieder hinwerfen. Ich drehe mich zu Wanja um. Er ist gerade dabei, Steine um die Feuerstelle zu legen und völlig konzentriert auf seine Arbeit. »Wir wollten in die Natur fahren, und jetzt sitzen wir im Müll«, sage ich. »Julie, du übertreibst. So schlimm ist es auch wieder nicht, und immerhin sind wir an der frischen Luft.« – »Ja, aber schau mal, sogar alte Batterien liegen hier herum«, reite ich weiter darauf herum. Wanja legt ein paar Zapfen von den umstehenden kleinen Kiefern auf die glühenden Kohlen. »Die geben dem Fleisch ein ganz besonderes Aroma«, erklärt er mir. Er hat keine Lust, über das Müllproblem zu reden. Während er das Fleisch auf lange Schaschlik-Spieße steckt und auf den Rost legt, rollt Sascha für uns ein paar mittelgroße weiße Kalksteine als Hocker heran. Er ist es, der das Thema Müll wieder aufgreift. »Das ist ein rein organisatorisches Problem. Unsere Müllabfuhr ist ziemlich unzuverlässig«, sagt er. »Die Leute wissen dann irgendwann nicht mehr wohin mit ihrem Abfall und laden ihn in der Natur ab.« Ich nicke. Das habe ich ja selbst schon auf dem roten Hügel bei Wanjas Eltern erlebt. Schon ein paarmal sind die Mülltonnen wochenlang nicht geleert worden. Dann stöbern die Hunde in den Haufen herum, und den Rest verstreut der Wind auf den Straßen.

Vika packt das Essen und die Getränke aus. Ich helfe ihr, den Campingtisch zu decken. Wir haben Weißbrot dabei, würzig eingelegte Tomaten, saure Gurken, Speck und extra scharfen Senf. »Es ist aber nicht nur die Schuld der Müllabfuhr«, sagt Vika. »Es ist bei uns auch ein gesellschaftliches Problem.« So hört man sie nur selten reden. »Die Leute grillen in der Natur, und dann lassen sie ihren Dreck einfach liegen. Die meisten denken nur daran, selbst eine gute Zeit zu haben. An andere verschwenden sie keinen Gedanken.« Es erstaunt mich, dass sie die Dinge so klar beim Namen nennt. Und noch mehr erstaunt mich, dass Wanja ihr zustimmt. »Wot imeno!« – »Genauso ist es!«, ruft er zu uns rüber. »Die Stadt müsste in öffentlichen Parks und in den kleinen Stadtwäldchen viel mehr kontrollieren und den Schmutzfinken ordentliche Geldstrafen aufbrummen.« Vika und Sascha sind ganz seiner Meinung. Und ich verstehe etwas Wichtiges. Über das eigene Land schimpft es sich am besten mit Landsleuten.

Der Mandelbaum

Die Sommer auf der Krim sind heiß. Dank der professionellen Wetterstation, die Papa Igor auf dem Dach des Hauses installiert hat, können Mama Walja und ich uns jeden Tag aufs Neue davon überzeugen, dass fünfundvierzig Grad im Schatten und satte siebzig Prozent Luftfeuchtigkeit herrschen. Wanja ist noch bis zum Herbst auf See, sein Vater ebenfalls, und ich bin im Juli zu meiner Schwiegermutter geflogen, um ihr den Sommer über Gesellschaft zu leisten, bis unsere Männer zurückkommen.

Dass es hier so heiß sein würde, habe ich allerdings nicht erwartet. Wir haben zwar einen »konditioner«, eine Klimaanlage, im Haus, aber der leistet uns nur vermeintlich gute Dienste. Schon nach ein paar Tagen bekommt Wanjas Mutter einen Schnupfen und ich eine Halsentzündung. Der Temperaturunterschied zwischen drinnen und draußen ist einfach zu groß. Also verzichten wir auf die Anlage lieber ganz. Zum Glück gibt es eine selbst gebaute Sommerdusche im Garten. Leider hält der erfrischende Effekt immer nur kurz an. Schon nach einer halben Stunde klebt die Kleidung wieder am Körper. Und beliebig oft duschen können wir auch nicht. In den Sommermonaten regnet es hier fast gar nicht, und man braucht viel Wasser zum Gießen, damit nicht alles vertrocknet. »Warte noch zwei, drei Wochen ab«, sagt Mama Walja, die die Hitze klaglos erträgt. »Du wirst sehen, dass es im August schon viel angenehmer sein wird.« Ich kann mir beim besten Willen nicht vorstellen, dass es im nächsten Monat erträglicher sein wird. Für mich sind Juli und August die Sommermonate, die sich am wenigsten voneinander unterscheiden. Das ist in Berlin so und wird doch sicher auch hier so sein.

Noch ist es jedenfalls heiß, und ich bin schlapp und faul und langweile mich. Eigentlich wollte ich diesmal etwa mehr unternehmen, meine eigenen Ausflüge machen. Wenn ich hier bin, leben wir einfach unser Alltagsleben, und so habe ich mir viele Orte, die Touristen sonst auf der Krim besuchen, immer noch nicht angeschaut. Aber bei diesen Temperaturen in den Bus zu steigen ist keine besonders erfreuliche Idee, und mit dem Auto von Wanjas Eltern kann ich nicht fahren, weil ich nicht mit versichert bin.

Mama Walja steht der Sinn sowieso nicht nach Ausflügen. Sie ist ein ziemlich häuslicher Mensch, und jetzt im Hochsommer geht sie zwischen zehn Uhr am Vormittag und fünf Uhr am Nachmittag möglichst gar nicht aus dem Haus. Manchmal fahren wir zusammen an den Strand, aber meistens erst um sechs Uhr abends, wenn die größte Hitze vorbei ist. Am Meer ist es immer schön, aber in der übrigen Zeit fühle ich mich auf unserem Berg manchmal wie Rapunzel in ihrem Turm. Wenn ich es gar nicht mehr aushalte, steige ich die vielen Treppen hinunter und fahre mit dem Bus zum historischen Malakow-Hügel, der nicht weit von uns entfernt im Südosten der Stadt liegt. Unter dem dichten Blätterdach der vielen Kastanien ist es immer angenehm schattig.

Heute kann man sich kaum noch vorstellen, wie verbrannt und kahl der langgestreckte Hügel im Südosten von Sewastopol nach dem Zweiten Weltkrieg ausgesehen haben muss. Der Bombenhagel hatte damals alles Grün vernichtet. Doch in der Mitte des Hauptweges steht, geschützt durch ein Gitter, der Stamm eines alten Mandelbaumes. Es heißt, nach dem Krieg sei er einer der ganz wenigen Bäume gewesen, die überlebt hätten. Seit einigen Jahren wächst aus ihm ein junger Stamm heraus, dessen Zweige zartes Grün tragen. Sowohl die Einheimischen als auch die Touristen stehen gleichermaßen gerührt vor dem Baum, und auch ich besuche ihn jedes Mal, wenn ich in der Stadt bin.

Der Malakow-Hügel war schon im Krimkrieg von 1854/55 erbittert umkämpft. Fast ein ganzes Jahr lang verteidigten die russischen Soldaten ihren Hügel gegen die ausländischen Truppen, obwohl die Gegner weit in der Überzahl waren. Zehntausende starben. Und am Ende wurden die Russen besiegt. Eine Geschichte aus dieser Zeit hat mich besonders berührt. Die Fremdenführerin, die sie mir erzählt hat, schwört, sie sei wahr: Als am 8. September 1855 die französische Armee ihren letzten Sturmangriff auf den Malakow-Hügel führt, gibt es am Ende nur noch wenige Überlebende. Die russischen Soldaten kriechen aus der zerstörten Festung und schwenken weiße Fahnen als Zeichen ihrer Kapitulation. Die siegreichen Franzosen erwarten das kleine versprengte Häuflein. Aus Respekt für die tapferen russischen Soldaten stehen sie Spalier – und salutieren.

Mag ja sein, dass es vor allem russisches Heldenpathos ist, das sich in solchen Geschichten fortschreibt, aber ich merke, dass ich durchaus empfänglich für diese Art von Geschichtsbewusstsein bin. Und wäre mein Geschichtsunterricht zu Schulzeiten emotional auch nur halb so packend gewesen, hätte ich mir Zahlen und Zusammenhänge sicher besser gemerkt.

Mama Waljas Kochstudio

»Dein Mann kommt in ein paar Tagen nach Hause«, sagt Mama Walja. »Hast du dir schon überlegt, was du für ihn kochen wirst?« Früher hätte ich diese Frage wahrscheinlich für einen Scherz gehalten. Natürlich habe ich darüber noch nicht nachgedacht. Schließlich ist noch fast eine Woche Zeit. Aber inzwischen weiß ich, wie sehr sie sich um das leibliche Wohl ihres ältesten Sohnes sorgt – so sehr, dass sie uns sogar manchmal in Berlin anruft und Wanja fragt, was es denn heute zu Mittag gab.

Manchmal denkt er sich schnell etwas aus, um sie am Telefon zu beruhigen. Ich weiß noch, wie er ihr einmal erzählte, dass ich gebratene Ente mit Buchweizen gemacht hätte. Buchweizen heißt auf Russisch »gretschnjewaja kascha« und ist dort als Beilage mindestens genauso beliebt wie bei uns Kartoffeln. »Sag doch ruhig, dass wir belegte Brötchen gegessen haben«, sage ich. »Es ist doch unsere Sache, was wir essen.« Wanja lächelt nachsichtig. »Malyschka« – »Baby«, sagt er. »Du hast es immer noch nicht verstanden. Für meine Mutter ist es selbstverständlich, dass du als meine Ehefrau für mich kochst. Machst du es nicht, bist du in ihren Augen einfach keine gute Ehefrau.« – »Aber ich koche doch auch ab und zu«, sage ich. Wanja macht ein Gesicht, als ob er in eine Zitrone gebissen hätte. »Was kochst du denn bitte? Rührei, Fischstäbchen und Spaghetti? Das ist doch nicht kochen.« – »Du kochst wirklich viel öfter als ich«, gebe ich zu. »Dafür mache ich noch andere Dinge: Ich wasche unsere Wäsche, räume auf, putze – zählt das für deine Mutter nicht?« Wanja erklärt mir, dass russische Schwiegermütter einfach erwarten, dass ihre Schwiegertöchter sich um alles kümmern. Aber muss man sich denn um erwachsene Männer kümmern – noch dazu, wenn sie Seeoffiziere sind? Kümmern, das klingt nach Kindern oder alten Menschen. »Du weißt, ich liebe dich sehr, mein Herz«, sage ich, »aber ich möchte deine Frau sein und keine zweite Mutter.« – »Ich versuche dir ja nur zu erklären, was man bei uns von einer Ehefrau erwartet«, entgegnet er. »Ein bisschen mehr kümmern wäre trotzdem nicht schlecht.« Ich kann kaum glauben, dass er das ernst meint. Eigentlich ist Wanja der selbständigste Mensch, den ich kenne. Vielleicht will er es einfach einmal von mir hören: »Okay, Liebling«, sage ich, »ab jetzt kümmere ich mich mehr um dich.«

Auf jeden Fall ist klar, dass ich hier in Mama Waljas Küche lieber nicht mit Kindergerichten wie Fischstäbchen oder Nudeln mit Tomatensauce aufwarten sollte. Selbstbewusst und überzeugt sage ich also: »Ich mache ›seljonyj borschtsch‹.« Nicht irgendeinen Borschtsch, sondern den grünen, den Wanja so gern mag. Dieser wird nicht mit roten Beeten, sondern mit grünem Sauerampfer gemacht und schmeckt leicht säuerlich. So ein Eintopf ist ziemlich aufwendig, aber meine Schwiegermutter nickt lediglich gnädig und fragt dann: »Und was willst du als Hauptgericht kochen?« Denn Borschtsch, egal ob roter oder grüner, gilt auf der Krim nur als Vorsuppe. Also plane ich als Hauptgericht noch »scharennaja kartoschka« – »Bratkartoffeln« und »kotlety« ein, das sind Buletten aus Hackfleisch. Dazu kommt ein frischer Salat aus dem Garten. Als Nachtisch werde ich

»scharlottka« backen. Das Begrüßungsmenü steht, und Wanjas Mutter sieht ganz zufrieden aus.

Wanjas Flugzeug soll am Abend kommen. Und ich weiß, dass mich heute ein Tag in der Küche erwartet. Nicht gerade eine berauschende Vorstellung. Mama Walja sieht mir an, dass ich nicht gerade Lust aufs Kochen habe. »Ich verrate dir etwas«, sagt sie. »Mein Mann und meine Söhne denken, ich liebe es, in der Küche zu stehen und zu kochen, zu backen und zu braten, aber das stimmt eigentlich gar nicht.« Ich schaue sie überrascht an. Wanja denkt nämlich auch, dass seine Mutter eine leidenschaftliche Köchin ist. »Warum machst du es denn dann?«, frage ich. »Ganz einfach«, antwortet sie, »weil ich meine Männer liebe und weil ich will, dass sie gut essen.« Ich würde meine Liebe lieber auf eine andere Weise ausdrücken. Aber das behalte ich diesmal für mich. Und koche erst einmal – unter Mama Waljas Anleitung. Das ist nicht ganz leicht, denn sie hat ganz genaue Vorstellungen davon, welchen Topf und welche Pfanne ich nehmen sollte, welcher Löffel am besten rührt und welches Messer am besten schneidet. Ich weiß, sie meint es nur gut, aber ich mache drei Kreuze, als alles fertig ist.

Wanjas Flugzeug verspätet sich, erst mitten in der Nacht kommt er nach Hause, und gegessen hat er schon im Flieger. Er probiert aber wenigstens eine Gabelspitze von dem Kuchen und ist stolz auf mich. Ich bin so glücklich, dass er wieder da ist. Fünf Monate ohneeinander waren wieder eine lange Zeit. Das, was ich gekocht habe, wärmen wir morgen einfach auf. Dann muss wenigstens niemand den Tag am Herd verbringen.

Ein paar Tage später treffen wir uns mit Vika und Sascha: nicht in einer Bar, nicht am Strand und auch nicht zum Grillen, sondern auf einer Baustelle. »Das war's«, sagt Sascha sehr ernst und zieht Vika fest an sich. Sie weint. Gerade hat er ein Schild mit der Aufschrift »Prodam« – »Wir verkaufen« am Rohbau ihres gemeinsamen Hauses angebracht. Wanja und ich stehen betroffen daneben. Die beiden haben uns angerufen, weil sie nicht allein hierherkommen wollten. Sozusagen als seelischen Beistand.

Über ihr kleines Grundstück ist das letzte Mal vor vier Jahren eine Schubkarre mit Baumaterialien gerollt. Die beiden hatten für ihren Traum vom eigenen Haus einen Bankkredit zu Wucherzinsen von fast zwanzig Prozent aufgenommen. Ihre Eltern hatten dafür gebürgt. Doch das Geld reichte gerade mal für den Rohbau und die monatlichen Raten. Jahrelang redeten sie sich ein, dass es bald besser werden würde. Sie wollten weiterbauen, sobald wieder etwas Geld in der Haushaltskasse wäre. Doch der Plan ging nicht auf, weil bei ihren kleinen Einkommen am Ende des Monats nie etwas zum Sparen übrig blieb. Und irgendwann begriffen sie, dass sich das auch so bald nicht ändern würde. Nun wollen sie verkaufen, solange sie überhaupt noch etwas dafür bekommen. Die beiden sind bei Weitem kein Einzelfall. In Sewastopol und Umgebung gibt es viele verwaiste Baustellen und halb fertig gebaute Häuser. Die Ironie dabei ist, dass diese Bauruinen im Sommer eine Art Aufbruchstimmung vermitteln. Kinder spielen in den unverputzten Rohbauten, zwischen Betonpfeilern hängt Wäsche auf den Leinen, Hühner flattern von einer Etage in die nächste, auf den ungedeckten Dächern wird gegrillt. Wer zum ersten Mal hierherkommt, staunt, wie viel überall gebaut wird. Doch kommt man wieder, fällt einem auf, dass sich kaum etwas verändert. Bei uns auf dem Berg stehen einige Rohbauten schon zehn Jahre, ohne dass auch nur ein Stein dazugekommen wäre.

Wir laden Vika und Sascha zu uns zum Essen ein, um sie auf andere Gedanken zu bringen. Doch so leicht lässt sich der Abschied von einem Lebenstraum natürlich nicht verkraften. Das Haus hätte ihre Zukunft sein sollen. Vika ist gerade schwanger. Sie und Sascha hatten sich ursprünglich ausgemalt, wie ihre gemeinsamen Kinder hier einmal herumlaufen und groß werden – mit einem eigenen kleinen Garten zum Spielen. Nun erscheint ihnen das ein für alle Mal unerreichbar.

»Als mein Cousin Anton so reingefallen ist, habe ich noch gedacht: So ein Trottel!«, gibt Sascha mit einem bitteren Lachen zu. »Man muss doch nachdenken, bevor man so ein Projekt startet.« Sein Cousin, auch ein Seeoffizier, hatte jahrelang gespart und dann 17 000 Dollar für eine Einzimmerwohnung angezahlt. Insgesamt sollte sie das Doppelte kosten. Der neue Gebäudekomplex, zu dem sie gehörte, wurde allerdings nie fertig gebaut. Die Baufirma ging pleite, der Geschäftsführer war unauffindbar. Sein Geld wird Anton sicher nicht wiedersehen. Der Sechsundzwanzigjährige wohnt immer noch bei seinen Eltern und hat wieder angefangen zu sparen.

VII

Leben in zwei Welten

Meine Studienjahre in Leipzig sind vorüber, und ich ziehe zurück nach Berlin. Die wenigsten meiner Kommilitonen sind in Leipzig geblieben. Nun freue ich mich auf meine alten Freunde und auf meine Familie. Wanja streicht über meinen runden Achtmonatsbauch. »Dann wird unser Sohn also ein echter Berliner.« Ja, ein echter Berliner mit deutschrussischen Wurzeln.

Bis wir etwas Eigenes gefunden haben, können wir bei meinen Eltern wohnen. Wenn man meinen Vater so über den Wohnungsleerstand in der Hauptstadt referieren hört, dann scheint nichts leichter zu sein als das. Also gehen wir die Suche ganz entspannt an. Wir lesen Immobilienangebote und besichtigen alle paar Tage eine Wohnung. Die erste ist uns zu dunkel, die zweite zu nah an der Straße, die dritte zu teuer. Ich halte nach Spielplätzen Ausschau und stelle mir vor, wie es sein wird, mit unserem Baby durch die Stadt zu ziehen.

Wenn Männer zu Vätern werden

Natürlich habe ich uns auch zu einem Geburtsvorbereitungskurs angemeldet. Die Angebotspalette ist riesig: Ich kann zwischen Geburtsvorbereitung mit Lachyoga, Akupunktur und Meditation wählen, entscheide mich letztlich aber für das ganz normale Programm. Als ich Wanja daran erinnere, dass heute Abend der erste Termin ist, schaut er mich ungläubig an: »Hast du gerade gesagt, *wir* müssen um sieben da sein? Was soll ich denn da?« Für Wanja sind solche Kurse reine Frauensache. »Das ist ein Partnerkurs. Alle Frauen bringen ihre Männer mit, und viele der Übungen macht man sowieso zu zweit.« – »Was denn für Übungen?«, fragt Wanja. Ihm scheint das Ganze nicht ganz geheuer. Kein Wunder: In Russland und in der Ukraine ist es noch nicht so verbreitet, dass Männer an der Geburtsvorbereitung – geschweige denn an der Geburt – teilnehmen, und auch die Frauen wollen lieber unter sich sein. »Willst du etwa, dass ich bei der Geburt dabei bin?«, fragt Wanja mit leichtem Entsetzen. »Ja, natürlich – ich dachte, das ist selbstverständlich.« Das muss er erst einmal verdauen. Wanja kann nicht glauben, dass ein Mann in dieser Situation überhaupt behilflich sein kann. »Bei uns wartet der Mann meist draußen. Und wenn er hört, dass alles gut gegangen ist, geht er mit seinen Kumpels in die Kneipe um die Ecke und trinkt darauf«, sagt er. Ich gucke ihn schief an. Wanja lacht. »Schon gut, mit dem Anstoßen warte ich auf dich.« Aber er merkt, dass mir das nicht genügt. »Also schön, wenn du willst, bin ich dabei. Aber wehe, du schreist wie die Frauen in Filmen: ›Du Mistkerl, du hast mir das angetan!‹« Ich verspreche, genau diesen Satz nicht zu sagen. Ansonsten kann ich aber für nichts garantieren.

Doch Wanja ist nicht der einzige Mann, für den die Atmosphäre im Kurs erst einmal ziemlich ungewohnt ist. Auch die deutschen Männer wirken unsicher. Für fast alle ist es das erste Kind. Nur Peter wird schon zum dritten Mal Vater und kennt sich aus. Die Kursleiterin geht es langsam an, erzählt etwas über Massageöle und Entspannungstechniken. Dann verteilt sie kleine bunte Massagebälle mit Gummistacheln. Wir sollen uns alle hintereinander auf den Boden setzen und den Ball über den Rücken kreisen lassen. Zuerst massiert Wanja meinen Rücken und ich den von Sabrina, die vor mir sitzt. Hinter Wanja sitzt Thomas und massiert seinen Rücken. Dazu läuft eine CD mit meditativer Musik. »Wenn mich so meine Männer vom Schiff sehen könnten!«, flüstert Wanja. Ich antworte leise: »Oder dein Vater und dein Bruder! Die würden auch Augen machen.« Nun sollen sich alle einmal umdrehen. Sabrina massiert meinen Rücken, ich Wanjas und er den von Thomas. Danach kommen die Gebärpositionen dran. Dabei sollen die Männer ihre nicht mehr ganz leichtgewichtigen Frauen von hinten stützen und halten. Nach fünf Minuten erschlaffen die ersten Männerarme, Schweiß bricht aus. Hebamme Claudia motiviert zum Durchhalten. Die erste Geburt könne ohne Weiteres zehn, zwölf oder auch vierzehn Stunden dauern, sagt sie. Da hätte Wanja ja lang auf sein Bier warten können! Dann kommen die berühmten »Hechelübungen« und als Höhepunkt des Abends: das Tönen. Um den Geburtsschmerz besser zu ertragen, sollen wir ganz geräuschvoll stöhnen. Claudia führt es auch gleich vor: »Aaaaaaaaaah. Probiert es aus!« Verstörte Blicke in der Runde – auch bei uns Frauen. Keiner traut sich, nur Wanja tönt, als habe er nie etwas anderes gemacht. Claudia lobt ihn und Wanja grinst.

An diesem Abend erwacht mein Nestbauinstinkt. »Wanja, in vier Wochen kommt unser Baby auf die Welt und wir haben immer noch keine Wohnung gefunden. Wir müssen doch noch alles vorbereiten.« Wanja beruhigt mich und verspricht, dass wir rechtzeitig ein eigenes Dach über dem Kopf haben werden.

Schon die nächste Wohnung, die wir uns zwei Tage später anschauen, gefällt uns. Sie hat zwar nur zwei Zimmer, aber sie ist gut geschnitten und hat einen Blick ins Grüne, sogar eine kleine Einbauküche ist schon drin. »Die nehmen wir«, sage ich gleich zu dem Mann von der Wohnungsbaugesellschaft und strahle. Der Mann lächelt freundlich zurück, hebt aber die Hände: »Ich kann Ihnen leider keine Zusage geben. Meine Chefin, Frau Dirksen, muss entscheiden, ob Sie alle Voraussetzungen erfüllen.« Ich bin überrascht: »Was für Voraussetzungen denn?«, frage ich. Schließlich will ich hier keine Prüfung ablegen oder mich für eine Stelle bewerben. Er sagt, das sollten wir doch am besten mit ihr direkt besprechen, und bittet uns freundlich wieder hinaus. Noch am selben Tag fahren wir zu Frau Dirksen ins Mieterbüro. Sie hat heute anscheinend nicht ihren besten Tag, jedenfalls klingt ihr »Was kann ich für Sie tun?« ziemlich müde und reserviert. Sie bittet uns auch nicht, Platz zu nehmen, Wanja wartet aber nicht lange und rückt mir einen Stuhl zurecht. Wir erklären ihr, welche Wohnung wir gern mieten würden. Sie nimmt eine Art Protokoll zur Hand. »Sind Sie beide berufstätig?«, fragt sie. Ich erkläre, dass ich gerade mein Studium beendet habe und nun erst einmal ein Babyjahr machen werde. »Ach ja, ich sehe schon«, sagt sie und schaut kurz auf meinen Bauch. Wanja sagt auf Deutsch, dass er ein nautischer Offizier ist. »Was sind Sie?«, fragt Frau Dirksen. Wahrscheinlich versteht sie ihn nicht nur wegen seines Akzentes nicht, sondern weil man hier in Berlin-Hellersdorf nicht viele nautische Offiziere trifft. »Mein Mann fährt zur See, er ist ein Seeoffizier«, sage ich. »Er arbeitet für eine niederländische Reederei.« Frau Dirksen schaut uns ungefähr so an, als hätte ich gesagt, er würde auf dem Mond nach Gold suchen. »Sie haben doch sicher einen Arbeitsvertrag. Den brauche ich und die Gehaltsabrechnungen der letzten drei Monate.« Ich merke, wie in mir Hitze aufsteigt, denn nun wird es langsam kompliziert. Wanja erklärt, dass der Arbeitsvertrag auf Englisch ist – und wie befürchtet sagt Frau Dirksen, dass wir ihn erst übersetzen lassen müssen. Was, wenn sie sieht, dass der Vertrag erst einmal auf ein Jahr befristet ist, überlege ich nervös. »Ich bin jetzt schon anderthalb Monate an Land, um meine Frau vor der Geburt zu unterstützen«, sagt Wanja. »Gehalt bekomme ich immer nur, wenn ich auf See bin. Aber ich könnte Ihnen meine letzte Jahresabrechnung zeigen.« Frau Dirksen atmet hörbar ein. »Also, Sie müssen in jedem Fall ein regelmäßiges monatliches Einkommen nachweisen«, sagt sie und hält ihre Liste mit beiden Händen fest. Ich fange sicher gleich an zu heulen. Für so etwas habe ich jetzt im neunten Monat einfach keine Nerven mehr. Frau Dirksen fährt fort. »Ich brauche auch Ihre Ausweise, um mir eine Kopie zu machen.« Wanja legt seinen ukrainischen Pass auf den Tisch, Frau Dirksen blättert mit spitzen Fingern darin herum. »Haben Sie denn überhaupt eine Aufenthaltserlaubnis? Ach ja, hier. Aber die ist ja nur noch ein halbes Jahr gültig. Das reicht nicht für einen Mietvertrag.« Wanja versucht zu erklären, dass er die unbefristete Genehmigung bald bekommt und verspricht, sie nachzureichen. Das ist ihr aber zu unsicher. In mir macht sich Verzweiflung breit, und ich kann die Tränen nicht länger zurückhalten. Erschrocken schaut sie mich an. »Es tut mir ja auch leid, aber so sind eben die Vorschriften. Die einzige Möglichkeit wäre, dass jemand, der die Voraussetzungen erfüllt, für sie bürgt und den Mietvertrag mit unterschreibt.« Wir verabschieden uns und versprechen, morgen noch einmal anzurufen.

Draußen müssen wir beide erst einmal tief durchatmen. Wanja tröstet mich, aber er ist auch sauer. »Ich verdiene mein Geld mit ehrlicher Arbeit, und wir können uns diese Wohnung ohne Probleme leisten, aber das zählt gar nicht. Als Seemann mit einem ukrainischen Pass werde ich trotzdem fast wie ein Krimineller behandelt.« Ich verstehe voll und ganz, dass ihn das kränkt. »Das ist wirklich ungerecht. Aber so wird es uns wahrscheinlich auch bei anderen Vermietern gehen. Und wir brauchen eine Wohnung. Wir könnten doch meine Eltern bitten, für uns zu bürgen«, sage ich. Wanja schaut in die Ferne. Er hilft anderen gern, bittet aber selbst nur höchst ungern um einen Gefallen, weil er niemandem etwas schuldig sein will. Doch in diesem Fall springt er über seinen Schatten: »Okay. Wir fragen sie.«

Gleich am nächsten Tag kommt meine Mutter mit zu Frau Dirksen. Wie erwartet ist sie die ideale Mieterin: Sie hat einen festen unbefristeten Arbeitsvertrag bei einem deutschen Arbeitgeber, übersichtliche monatliche Gehaltsabrechnungen und einen deutschen Personalausweis. Frau Dirksen macht ein Häkchen nach dem anderen auf ihrer Liste und ist wie verwandelt. Auf einmal geht alles problemlos und schnell. Wanja und ich nehmen es hin, dass wir nur Mieter zweiter Klasse sind. Wenigstens können wir die Schlüssel für unsere neue Wohnung gleich mitnehmen.

Die Kreißsaal-Frage

Als unser Söhnchen Kirill im Februar 2008 das Licht der Welt erblickt, ist Wanja im Kreißsaal dabei – mir zuliebe. »Schto?« – »Was?«, fragt Andrej entsetzt, als wir mit ihm über Skype sprechen. »Du warst wirklich im Kreißsaal dabei?« Wanja zeigt ihm seinen kleinen Neffen. Aber Andrej ist immer noch fassungslos. »Also für mich wäre das nichts, und Nastja würde das auch nicht wollen!« Wanja beruhigt seinen Bruder und lacht. Im Hintergrund taucht Nastja auf. Sie ist neugierig, denn das Babythema ist auch bei Andrej und ihr aktuell. Die Brüder überlassen uns erst einmal ihre Plätze. Nastja schüttet mir gleich ihr Herz aus: »Also wenn Andrej mich so sehen würde – ich meine, in den Wehen, mit schmerzverzerrtem Gesicht, verschwitzt und so weiter, hätte ich Angst, dass er mich hinterher nicht mehr attraktiv findet.« So etwas Ähnliches habe ich von Vika auch schon gehört. Eine Geburt ist für viele russische Frauen immer noch eine eher unappetitliche Angelegenheit, die man lieber ohne den Mann hinter sich bringt. »Bei uns sind fast neunzig Prozent der Väter bei der Geburt dabei. Das ist schon ganz normal geworden«, sage ich zu Nastja. Die Zahl habe ich gerade erst in einer Elternzeitschrift gelesen. Nastja mag es sich trotzdem nicht vorstellen. »Mach dir keine Sorgen!«, sage ich. »Du wirst im Kreißsaal bestimmt immer noch toll aussehen.«

Genau sechs Wochen kann Wanja nach Kirills Geburt noch bei uns bleiben, dann muss er wieder aufs Schiff. Von Luft und Liebe allein können wir schließlich nicht leben. Noch nie ist uns der Abschied so schwergefallen. Nicht nur, dass ich mich ohne ihn plötzlich ziemlich hilflos fühle, ich bin auch traurig, weil er in den nächsten vier Monaten so viel in Kirjuschas Leben verpassen wird. Aber so ist das eben mit einem Seemann. Ich verspreche ihm beim Abschied, ganz viele Fotos zu machen, und weine dem Taxi hinterher, das ihn zum Flughafen bringt.

Als ich ihn fünf Monate später mit Kirill vom Flughafen abhole, sieht Wanja sehr erschöpft aus. Wir gehen erst einmal beim Italiener um die Ecke essen und kuscheln uns dann zu Hause zusammen mit Kirill aufs Sofa. Es ist schon zu einer guten alten Tradition geworden, dass ich ihm seinen Lieblingswhiskey gekauft habe, dunkle Schokolade und Nüsse. Unser Söhnchen ist inzwischen eingeschlafen, Wanja schenkt sich ein Glas ein, und wir machen es uns bequem. Er erzählt, dass er eine schwere Reise hinter sich hat, besonders die Überfahrt von Südkorea nach Mexiko. »Wir haben einundzwanzig Tage gebraucht und hatten die ganze Zeit schlechtes Wetter«, sagt er. Ich weiß schon, was das heißt: schlechtes Wetter. Wanja nennt auch schwere Stürme so, um mich nicht zu beunruhigen. Wenn ich dann genauer nachfrage, stellt sich oft heraus, dass die Wellen höher waren als das Haus, in dem wir wohnen – und das hat immerhin drei Etagen. So auch diesmal. »Die Mannschaft konnte kaum essen und schlafen, weil das Schiff so gerollt ist«, erzählt er. »Zwei, drei Tage kann man das gut aushalten, aber wenn das über Wochen so geht, wird es hart.«

Und auch als Osteuropäer hatte Wanja es diesmal besonders schwer. Sein Kapitän wollte keinen russischen Offizier in seiner Crew. »Ihr Russen nehmt uns nicht nur die Arbeitsplätze weg, ihr verderbt auch die Löhne.« Dabei gibt es in den EU-Ländern gar nicht mehr genug qualifizierte Seeoffiziere, um alle Schiffe zu besetzen. Wanja trinkt ein zweites Glas, dann ein drittes. Das beunruhigt mich nicht, denn in all den Jahren habe ich ihn nie richtig betrunken erlebt. Als Kirjuscha wach wird und schreit, gehe ich rüber, um die Windeln zu wechseln. Gerade will ich den frisch gewickelten Kirill seinem Papa bringen, da steht Wanja im Wohnzimmer und schwankt wie ein Baum im Sturm. Er torkelt noch ein paar Schritte auf uns zu, lallt ein paar unverständliche Worte – und fällt um. Einfach so, der Länge nach auf den Teppich. »Wanja! Was ist denn mit dir?«, schreie ich. Dann laufe ich aus der Wohnung und klingele bei unseren Nachbarn, einem netten älteren Ehepaar. Ich drücke dem alten Herrn unseren Sohn in den Arm und stammle: »Mein Mann hat Kreislaufprobleme. Können Sie kurz auf unser Baby aufpassen?« Noch ehe er antworten kann, drehe ich mich um und eile die Treppen hinauf. Wanja liegt noch genauso da wie eben. Mein Blick fällt auf die Whiskeyflasche auf dem Tisch, sie ist beinahe leer getrunken. Doch ich weiß, dass Wanja etwas vertragen kann – an Tagen wie diesen auch mal eine ganze Flasche. Ich schnappe mir das Telefon, gehe raus auf den Balkon und wähle mit zitternden Fingern die 112. »Mein Mann hat eine Flasche Whiskey getrunken und ist einfach umgefallen«, sage ich. »Bitte kommen Sie schnell!« Dann erst schaue ich nach unten. Mist! Die Nachbarn sitzen im Garten und haben alles mit angehört. Ich kann mir schon vorstellen, was die nun denken: Da kommt der russische Seemann nach Monaten endlich nach Hause und lässt sich gleich volllaufen. Ach, sollen sie doch denken, was sie wollen! Jetzt kann ich das sowieso nicht aufklären. Da hält schon der Krankenwagen mit Blaulicht und Sirene auf unserem kleinen Parkplatz. Ich laufe hinunter und zeige dem Arzt und den beiden Sanitätern den Weg zur Wohnung. Einer der Sanitäter hebt im Wohnzimmer einen Nuckel auf, der neben Wanja auf dem Boden liegt und gibt ihn mir. Das ist mir alles so unangenehm! Der Arzt und ein Sanitäter legen Wanja auf die Couch, einer misst den Blutdruck, der andere bereitet eine Infusion vor. Als sie mich bitten, auf einem Formular zu unterschreiben, sage ich: »Bitte denken Sie jetzt nichts Falsches! Normalerweise ist mein Mann nie betrunken.« Der Sanitäter nickt freundlich, und der Arzt sagt: »Was glauben Sie, was wir schon alles gesehen haben. Uns schockiert nichts mehr.« – »Nein wirklich, das ist das erste Mal!«, sage ich. »Schon gut«, sagt der Arzt. »Geben Sie Ihrem Mann viel Wasser zu trinken, das wird schon wieder!«

Wanja erholt sich schnell, aber er kann nicht fassen, dass ihm so etwas tatsächlich passiert ist. »Julie, tut mir sehr leid, dass ich dich so erschreckt habe. Anscheinend vertrage ich nichts mehr«, sagt er halb im Spaß, halb im Ernst. Als ich im Bad seine Waschtasche auspacke, fällt mir eine Packung mit Tabletten in die Hände: Malaron. »Was ist das denn?«, frage ich ihn. Wanja schlägt sich gegen die Stirn. »Das hatte ich ja total vergessen! Das ist ein Mittel zur Malaria-Prophylaxe, ich habe das bis vorgestern eingenommen, es muss noch in meinem Blut gewesen sein.« Ich lese den Beipackzettel. Dort steht, dass Alkohol während der Einnahmezeit tabu sei – sonst bestehe Lebensgefahr. »Oh Mann, Wanja! Das war echt leichtsinnig!« Bloß gut, dass er so robust ist. Aber Whiskey zur Begrüßung gibt es in Zukunft nur dann noch, wenn er vom Eismeer kommt.

Auf gute Nachbarschaft

In der Woche darauf lädt Wanja unsere Nachbarn zum Borschtsch- und Pelmeniessen ein – als kleines Dankeschön dafür, dass sie am Tag seines Blackouts auf unser Baby aufgepasst haben. Der ukrainische Eintopf und die mit Fleisch gefüllten Teigtaschen kommen bei den beiden richtig gut an.

Es stellt sich heraus, dass sie ziemlich gut über die Krim und Sewastopol Bescheid wissen. »Zu DDR-Zeiten haben viele davon geträumt, auf der Krim Urlaub zu machen. Wir waren einmal in Jalta, das hat uns sehr gut gefallen«, erinnert sich Frau Küchenberger. Wanja freut sich und füllt ihren Teller gleich noch einmal nach.

Herr Küchenberger interessiert sich vor allem für Wanjas Arbeit. Er hat gleich das alte Steuerrad an unserer Wohnzimmerwand bewundert, das einst zu einem Segelschiff gehört hat. Als junger Mann wollte unser Nachbar selbst zur See fahren. Es blieb aber bei dem Traum. Wanja erzählt von Windrädern, die er von Deutschland nach Japan gebracht hat, von Rohren für Ölpipelines, die von Frankreich nach Nigeria verschifft wurden, und von millionenschweren italienischen Jachten, die sie zur Miami-Boatshow bringen sollten – ohne dass der kleinste Kratzer entsteht. Herr Küchenbergers Augen leuchten. Und als er dann noch unsere große Weltkarte im Wohnzimmer bestaunt, werden wir für ihn zu wahren Kosmopoliten. Sofort fallen ihm die vielen grünen Fähnchen auf, die in der Karte stecken. »Sind das alles Häfen, in denen Sie schon waren?«, fragt er. Wanja nickt. »Allein in den letzten vier Monaten waren es zwanzig verschiedene. Die Liegezeiten der Schiffe sind heutzutage nur noch kurz.« Ich bringe den beiden eine Tasse Tee. »Und die roten Fähnchen sind von mir«, sage ich stolz. Herr Küchenberger betrachtet noch einmal die Karte. »Ach ja!«, sagt er dann. Er hatte sie glatt übersehen. Während die beiden Männer im Wohnzimmer noch ein bisschen fachsimpeln, erzähle ich Frau Küchenberger davon, wie ich Wanja früher in verschiedenen europäischen Häfen besucht habe: Ich bin zu ihm nach Amsterdam, Bordeaux, Bayonne, Marina di Ravenna, La Spezia und Taranto gereist und dort an Bord gegangen. Sie findet das sehr romantisch. Zwar dauerten unsere Wiedersehen immer nur wenige Tage, aber das reichte, um die Liebe frisch zu halten. Und was auch immer schön war: Wanja war an diesen Tagen nicht der Russe in Deutschland, sondern einfach ein junger Mann, und ich nicht die Deutsche auf der Krim, sondern einfach eine junge Frau.

Als ich die Küchenbergers ein paar Tage später am Briefkasten wiedertreffe, sagt Frau Küchenberger verschwörerisch: »Wir haben überall in der Nachbarschaft gestreut, was für ein netter Mensch Ihr Mann ist. Sie wissen schon, wegen der Sache von neulich.« Ich weiß schon. Und ich bin froh, dass Wanjas Ruf nun einigermaßen wiederhergestellt ist.

Tränen in Sewastopol

Der Anruf von Wanja kommt spätabends – bei ihm auf dem Schiff vor der Küste von Florida ist es erst früher Nachmittag. Er lässt mich erst erzählen, was bei uns in den vergangenen Tagen so los war und bleibt selbst ungewöhnlich still. Ich frage ihn, was es bei ihm Neues gibt, und er antwortet: »Ich muss dir etwas Trauriges sagen. Viktor ist tot.« Er ist an Bord seines Schiffes verunglückt. Eine Last von zwölf Tonnen sei nicht richtig gesichert gewesen und auf ihn gestürzt.

Erst nachdem wir aufgelegt haben, beginnt die Nachricht in mein Bewusstsein zu sickern. Unser Freund Viktor ist tot. Nicht verletzt, sondern tot. Er hatte sich doch erst vor zwei Tagen von Nadja und seinem kleinen Sohn verabschiedet. Jetzt sollte es wieder auf große Fahrt gehen. Er war so alt wie Wanja und ich. Kerngesund. Glücklich. Voller Pläne für die Zukunft. Noch am gleichen Abend schreibe ich auf Russisch eine lange E-Mail an Nadja. Das dauert bis tief in die Nacht.

Ich blättere verzweifelt in meinem Wörterbuch, lösche immer wieder, was ich schon geschrieben habe und beginne von vorn. Nie zuvor ist es mir so schwer gefallen, in dieser fremden Sprache die richtigen Worte zu finden. Kann es da überhaupt tröstende Worte geben?

Kirills erster Flug

Es ist Januar, als wir in Berlin wieder einmal die Koffer packen, um nach Sewastopol zu fliegen. Die Vorfreude ist dieses Mal besonders groß: Endlich können wir »Baba Walja« und »Djeda Igor« ihren elf Monate alten Enkel vorstellen. Und es steht noch ein großes Ereignis ins Haus. Andrej wird in ein paar Tagen Nastja heiraten. Für deutsche Verhältnisse ist er mit seinen dreiundzwanzig Jahren immer noch sehr jung, für Russland und die Ukraine aber schon in einem guten Alter, um zu heiraten und an eine Familie zu denken.

Die langen Busfahrten in die Ukraine gehören zum Glück schon länger der Vergangenheit an, aber unser erster Flug mit Baby ist auch nicht gerade ohne. Um im Winter von Berlin auf die Krim zu kommen, gibt es nur zwei brauchbare Varianten: entweder über Kiew oder über Moskau, und eigentlich ist beides ein Umweg. »Bitte nicht wieder über Kiew«, sage ich gleich zu Wanja. »Im letzten Winter hat der Pilot ganze drei Anläufe gebraucht, um die vereisten Propeller zum Laufen zu bringen.« Die anderen Passagiere waren darüber nicht beunruhigt gewesen. Sie hatten sich noch ein paar Bonbons von dem Tablett genommen, das die Stewardess herumreichte, und hatten – wie so oft – einfach abgewartet. Aber mir, der ehemaligen Flugbegleiterin, hatten die Nerven geflattert. Das will ich nicht noch mal durchmachen, schon gar nicht mit Baby. »Okay«, sagt Wanja. »Diesmal nehmen wir die Route über Moskau.«

Unser Flieger geht um ein Uhr nachts. Wanja und ich sind schon seit dem frühen Morgen auf den Beinen und ziemlich müde. Zum Glück wacht Kirill nicht gleich auf, als wir ihn von der Autoschale in seinen Buggy umlegen. Doch wenig später steht die erste Sicherheitskontrolle an. »Sie müssen das Baby leider wecken, so können wir es nicht richtig sehen«, sagt der Mann in Uniform. Uns bleibt nichts übrig, als Kirill aus dem Buggy zu nehmen. Und es kommt, was kommen muss: Das grelle Licht blendet ihn, und er beginnt zu weinen. »Ziehen Sie ihm bitte den Schneeanzug aus!«, heißt es dann. Wir ahnen, dass ihm das nicht gefallen wird, aber was sollen wir machen! Wie befürchtet reißt ihn das erst richtig aus dem Schlaf, und er schreit los. »Sie müssen bitte einzeln durchgehen. Geben Sie das Kind doch kurz meiner Kollegin!« Dass man sein eigenes Kind an der Kontrolle abgeben muss, hab ich auch noch nicht erlebt. Auch Kirill gefällt es nicht auf dem Arm einer fremden Frau. Er ist außer sich und denkt gar nicht daran, wieder einzuschlafen. Im Flugzeug haben Wanja und ich unser quengelndes, knapp zehn Kilo schweres Bündel immer abwechselnd auf dem Arm, und die Zeit schleicht nur so dahin. Als die Flugbegleiterin mit Getränken kommt, bestellen wir jeder gleich zwei Tassen Kaffee. Ich verzichte ausnahmsweise auf Milch und Zucker und stürze meinen gleich schwarz hinunter, bevor Kirill ihn noch mit seinen Füßchen umstoßen kann. Ziemlich geschafft kommen wir morgens um fünf Uhr Ortszeit in Moskau an. Bei der Passkontrolle lassen sich die russischen Beamten viel Zeit. »Es sollte russische Gründlichkeit heißen, nicht deutsche«, sage ich augenrollend zu Wanja. Wir könnten beide vor Müdigkeit umfallen – einzig Kirill hält seine

Augen offen. Wie gut könnten wir jetzt unseren Buggy gebrauchen, aber die Dame am Check-in hat uns offenbar falsch verstanden. Jedenfalls werden wir ihn erst in Simferopol am Gepäckband wiederbekommen.

Das neue Terminal Scheremetjewo 3 befindet sich noch im Bau. Wir müssen also im alten Gebäude auf unseren Weiterflug warten, und auch dort wird gerade umgebaut. Es ist winterkalt, von allen Seiten zieht es, und die Toiletten in der Nähe sind alle gesperrt. Wo soll man hier bloß ein Baby winden? Etwa um acht Uhr beginnt die Arbeit mit den Pressluftbohrern. Sie schaffen es zwar, Kirills Gebrüll zu übertönen, rauben uns allerdings noch den letzten Nerv. Unser Anschlussflug geht erst um zwölf Uhr mittags. Als wir endlich im Flieger sitzen, gibt es Turbulenzen in der Luft, und wir müssen den ganzen Flug über angeschnallt bleiben. Kirill windet sich auf meinem Schoß hin und her. Die Nachbarn sind sichtlich genervt. Erst als der Pilot durchsagt, dass in Simferopol die Sonne scheint, fällt die ganze Anspannung mit einem Mal von mir ab. Ich schaue zu Wanja rüber und muss lächeln. Der Arme hat ganz rote Augen, als sei er nächtelang durch irgendwelche Clubs gezogen. Bestimmt sehe ich auch nicht besser aus. Die anderthalb Stunden Autofahrt nach Sewastopol erscheinen mir nun wie ein Klacks. Und siehe da! Am Gepäckband verlassen Kirill dann doch noch die Kräfte. Endlich schläft er auf meinem Arm ein. Seine Großeltern begrüßen ihn trotzdem schon einmal mit ein paar Küssen.

Wie habe ich es vermisst, hier zu sein! Schon aus dem Autofenster entdecke ich wieder die erste Kuriosität. An einer Kreuzung steht ein junger Mann – wahrscheinlich ein Student – mit einem großen Pfeil in den Händen. Darauf wird ein Autohaus beworben. Er dreht es hin und her und wirbelt es herum. »Das ist ja ein Job!«, sage ich amüsiert zu Wanja. »Aber keine schlechte Idee. So schauen viel mehr Leute hin, als wenn der Pfeil nur irgendwo hängen würde.« An originellen Geschäftsideen mangelt es hier wahrlich nicht. Am rechten Straßenrand steht ein Mann mit hoch erhobener Motorsäge. »Was will der denn?«, sage ich erschrocken, als wir dicht an ihm vorbeifahren »Ach, der will die Säge nur verkaufen«, sagt Wanjas Vater. »Was denn, ausgerechnet hier?«, wundere ich mich. Wer kauft denn im Vorbeifahren eine Motorsäge? Das Geschäft scheint aber gut zu laufen, denn nur ein paar hundert Meter weiter steht schon der Nächste und fuchtelt ebenfalls mit einer riesigen Motorsäge herum. »Die sind hier einfach viel billiger als im Fachgeschäft«, erklärt Papa Wanja. »Nur eine Garantie bekommt man nicht. Wenn sie nach zwei Tagen kaputt geht, hat man Pech.« Ich muss grinsen. So etwas erlebt man nur hier.

Meine Sonne, meine Freude

Andrej und Nastja sind ja schon einige Jahre zusammen, und nun hat Nastjas Mutter zur Eile gemahnt. »Worauf wartest du denn noch?«, soll sie Andrej gefragt haben. »Es geht auch um den Ruf unserer Tochter. Was sollen denn die Leute denken, wenn du so lange zögerst?« Es ist also höchste Zeit, etwas für den Ruf der Familie zu tun, und Andrej hält um Nastja an. Er ist inzwischen bei einer ausländischen Reederei unter Vertrag und verdient als Seeoffizier gutes Geld. Die hübsche Nastja wird von so manchem Mädchen beneidet.

Für junge Frauen ist es hier immer noch wichtig, sich gut zu verheiraten und einen Mann zu finden, der ihnen finanzielle Sicherheit bieten kann. »Wo bleibt denn da die Romantik?«, hat meine Freundin Susa gefragt. Ich habe ihr erklärt, dass die Mädchen hier genauso davon träumen, ihre große Liebe zu finden – so wie überall auf der Welt. »Aber sie können nicht nur Luftschlösser bauen, sondern müssen auch weiter denken«, sage ich. Wenn man Kinder haben möchte, muss man schließlich auch dafür sorgen, dass man sie ernähren kann. Auf Hilfe vom Staat sollte man sich in der Ukraine lieber nicht verlassen. Und selbst wenn die Frau auch arbeiten geht, reicht es kaum aus, um eine Familie zu ernähren.

Die jungen Frauen in Russland und der Ukraine stehen unter einem größeren Druck als die deutschen. Wer bis Mitte zwanzig noch keinen Mann gefunden hat, wird als Problemfall angesehen. Verheiratet zu sein ist hier noch ein wichtiges Statussymbol, vor allem für Frauen. Ob man dann wirklich für immer zusammenbleibt, steht auf einem ganz anderen Blatt. Viele Paare, die ich im Laufe der Jahre in Sewastopol kennengelernt habe, sind inzwischen wieder geschieden. Die meisten davon haben dann noch einmal neu geheiratet. Aber bei Andrej und Nastja habe ich ein gutes Gefühl.

Am Tag der Hochzeit fahren wir zum Haus von Nastjas Eltern, denn dort will Andrej seine Braut abholen. Vor dem Eingang haben die Nachbarskinder eine Wäscheleine gespannt. So einfach lassen sie ihn aber nicht durch. Es ist nämlich Brauch, dass der Bräutigam seine Zukünftige am Tag der Hochzeit noch einmal erobern muss. Andrej versucht zuerst, die Kinder mit schmeichelnden Worten zu überzeugen – das klappt nicht. Dann ermahnt er sie in strengem Ton – umsonst, sie merken, dass das nur gespielt ist. Zum Glück hat sein Trauzeuge Vadik seine Hosentaschen vorsorglich mit Kleingeld und Bonbons gefüllt. Damit kann er die Kinder bestechen und Nastja aus ihrem Elternhaus holen.

Auf den kleinen Fußweg zum Haus haben Nastjas Freundinnen Kreideherzen gemalt. Andrej muss von Herz zu Herz springen und seine Braut mit Kosenamen rufen. »Mojo sontse!« – »Meine Sonne«, ruft er, »moja lastotschka« – »mein Schwälbchen« und »moja radost« – »meine Freude«. Doch trotz der liebevollen Worte lässt sich seine Nastenka nicht blicken.

An der Schwelle des Hauses liegen bunte Luftballons. In einigen von ihnen sind kleine Zettel versteckt, und auf einem steht: »Sing ihr ein Liebeslied!« Ein bisschen verlegen stimmt Andrej vor versammelter Runde eine russische Schnulze an. Er kennt aber nur den Text der ersten drei Zeilen, und auch der Trauzeuge kann ihm nicht helfen. Doch mit etwas Geld lässt sich auch dieser Hänger ausgleichen.

»Nastja«, ruft Andrej, »gib doch einfach zu, dass du noch nicht fertig bist!« Doch es hilft alles nichts, eine letzte Aufgabe muss er noch lösen, bevor er seine Braut endlich sehen darf. Nastjas beste Freundin Lena überreicht ihm eine große Blume aus buntem Papier. Auf jedem Blütenblatt steht eine Zahl, und Andrej muss nun erraten, was es damit auf sich hat. Auf ein Blatt ist eine Zweiundzwanzig gemalt. Andrej überlegt nur kurz: »Der 22. Juli ist der Geburtstag meiner zukünftigen Schwiegermutter.« Lena kichert anerkennend. Auf dem nächsten Blütenblatt steht 16,5. Auch hier weiß Andrej sofort die Lösung: »Das ist Nastjas Ringgröße.« Richtig, jubeln Nastjas Freundinnen. Damit hat der Bräutigam auch die letzte Aufgabe mit Bravour gelöst, und als Belohnung darf er seine Braut endlich sehen. Sie trägt ein schneeweißes, mit Perlen besticktes, bodenlanges Kleid und strahlt wie der helle Tag. Auf diesen Tag hat sie gewartet, seit sie ein kleines Mädchen war. Im »saks« – »Standesamt« von Sewastopol ist die Atmosphäre sehr feierlich. An der Decke hängen funkelnde Kronleuchter, der Boden ist mit dicken Teppichen ausgelegt. Mir fällt aber gleich auf, dass es im Trauungssaal keine Sitzgelegenheiten für die Gäste gibt. Das kenne ich schon aus den orthodoxen Kirchen, wo der Gottesdienst oder andere Zeremonien, wie Hochzeiten oder Taufen, in der Regel auch stehend stattfinden. Ich finde es schon etwas unbequem, Kirill während der gesamten Trauung auf dem Arm zu halten. Aber wenn ich ihn loskrabbeln lasse, stört er die Zeremonie, und das will ich nicht. Wanja ist vollauf damit beschäftigt Fotos von seinem Bruder und dessen schöner Braut zu machen. Es ist mucksmäuschenstill, während die Standesbeamtin spricht und auch, als das Brautpaar sich das Jawort gibt. Kirill macht zum Glück gut mit – zumindest bis gegen Ende. Als Andrej und Nastja nämlich offiziell vermählt sind, bricht unter den Gästen Jubel aus: »Uraaa!!!« – »Hurra!!!«, rufen sie laut im Chor. So viel russisches Temperament ist Kirill noch nicht gewöhnt. Er erschreckt sich und fängt an zu schreien, dass der Kronleuchter beinahe wackelt. Was für ein schlechtes Timing, denke ich verlegen, aber dann bemerke ich verwundert, dass sich die Gäste über sein Geschrei sogar freuen. »Dass er sich gemeldet hat, gilt bei uns als gutes Zeichen«, klärt mich Mama Walja auf. »Das bedeutet, es wird auch in der Ehe von Andrej und Nastja mindestens ein Kind geben.«

Bei der anschließenden Feier im Restaurant wird es kurios. Der »Tamada« – »Festredner« will zur Erheiterung der Gäste ein »anekdot« erzählen. Das ist im Russischen aber ein »Witz«, keine kurze Geschichte wie bei uns. Er fragt, ob jemand im Saal zufällig in der Schule oder an der Uni Deutsch gelernt hat. Ich hebe einfach die Hand. Sofort richtet sich ein Scheinwerfer auf mich. »Dann weißt du doch sicher, was ›schenich‹ auf Deutsch heißt«, meint er und hält mir das Mikrofon hin. »Bräutigam«, antworte ich. »Schto schto?« – »Was?«, fragt er irritiert zurück. »Bräutigam«, wiederhole ich. Der »Tamada« schaut noch einmal auf sein Kärtchen. »Njeprawilno, dwojka!« – »Falsch, das ist eine Vier«, sagt er dann wie ein Lehrer. Die, die mich kennen, fangen an zu lachen, und Andrej witzelt vom Tisch der Brautleute herüber: »Dein Deutsch ist auch nicht mehr das, was es mal war. Du bist einfach schon zu lange bei uns.« Ich überlege: »Nevesta« ist die Braut und »schenich« doch der Bräutigam, oder nicht? Doch Wanja nickt. »Meine Schwägerin ist eine echte Deutsche«, ruft Nastja dem »Tamada« zu. Der ist ehrlich verblüfft. Er findet, ich sehe aus wie eine Russin. »Bist du sicher, dass du eine Deutsche bist?«, fragt er vor dem Publikum. Ich nicke lachend. Doch noch ist er nicht ganz überzeugt. »Aber auf meiner Antwortkarte steht Freier«, wundert er sich. »Was ist denn dann ein Freier?« Wieder hält er mir das Mikro hin. »Ähm. Also, ein Freier ist eigentlich etwas anderes, zumindest heutzutage«, stammele ich. Auf Russisch fehlen mir glatt die Worte, um das näher zu erklären. Gut, dass Wanja einspringt.

VIII

Glück ist eine Reise

Die Warteliste war lang, aber nun haben wir für Kirill einen Platz im deutsch-russischen Kindergarten »solotaja rybka« – »Goldenes Fischlein«, benannt nach einem gleichnamigen Märchen von Puschkin. Die Idee ist, dass Kirill dort nicht nur beide Sprachen, sondern auch beide Kulturen kennenlernt. In jeder Gruppe gibt es zwei Erzieherinnen, eine russische und eine deutsche Muttersprachlerin, die mit den Kindern nur in ihrer eigenen Sprache sprechen. Unser Erzieherinnen-Duo ergänzt sich prima: Sandra, die junge Deutsche, ist eher ein nordischer Typ: hochgewachsen, schlank, vom Gemüt besonnen und den Eltern gegenüber immer sehr diplomatisch. Ihre russische Kollegin Swetlana ist schon älter, klein und rundlich, sehr resolut im Auftreten, aber auch sehr herzlich. Ich fühle mich mit beiden wohl und bin gespannt, wie Kirill die neue Umgebung gefällt.

Das goldene Fischlein

Man tritt über die Schwelle des Kindergartens und wähnt sich in Russland. Die Wände und Fenster sind mit Matrjoschka-Puppen, Mischka-Bären und anderen Fabelwesen aus bunter Pappe beklebt, und wenn die Eltern ihre Kinder bringen oder abholen, hört man sie fast nur Russisch sprechen. Kinder aus deutschen Familien gibt es hier nur wenige. Schon bei der Eingewöhnung von Kirill merke ich, dass es hier anders als in normalen deutschen Kitas zugeht. Wir hatten uns eigentlich darauf eingestellt, dass es einige Wochen dauern wird, bis unser Kind bereit ist, ohne uns den Tag über in der Gruppe zu bleiben. Umso überraschter sind wir, als uns Swetlana schon am dritten Tag sagt, dass es doch besser sei, den Abschied kurz und schmerzlos zu gestalten. »Dass die Kinder am Anfang weinen, ist ganz normal«, sagt sie. »Aber nach spätestens zehn Minuten beruhigen sie sich.« Sie schlägt also vor, dass wir uns herzlich, aber kurz von Kirjuscha verabschieden, ihn in den Gruppenraum schieben und schnell die Tür hinter uns schließen. Ich schaue zweifelnd zu Wanja. Als Swetlana ein anderes Kind begrüßt, sage ich: »Ich glaube nicht, dass das so eine gute Idee ist. Er wird doch sicher Angst bekommen, wenn wir plötzlich weg sind.« Aber Wanja hat keine Bedenken, er verlässt sich da ganz auf Swetlana: »Sie ist seit zwanzig Jahren Kindergärtnerin und weiß sicher besser als wir, wie man das macht.« Vielleicht ist das so, denke ich. Vielleicht aber auch nicht. Mein Eindruck ist, dass Russen eher bereit sind, sich Autoritäten zu beugen. Egal ob es ein Arzt ist, ein Lehrer oder eben eine Erzieherin, die etwas sagt: In der Regel wird es dann so gemacht. Jetzt bleibt leider keine Zeit, um das zu diskutieren, denn Swetlana schließt die Tür, um mit der »sanjatije«, der Beschäftigung, anzufangen. Ich zaudere immer noch. Schade, dass Sandra ausgerechnet in dieser Woche Spätdienst hat. Ich hätte gern gewusst, wie sie als deutsche Erzieherin darüber denkt. Wanja trifft eine Entscheidung: »Wir machen es so, wie Swetlana sagt.« Also gut, probieren wir es. Kaum ist die Tür zu, fängt Kirill dahinter an zu schluchzen. »Mama, Mamotschka!«, ruft er. Am liebsten würde ich die Tür gleich wieder aufreißen, doch Wanja hält mich zurück. »Lass uns zehn Minuten warten, so wie Swetlana gesagt hat«, sagt er. »Wenn er dann immer noch weint, holen wir ihn wieder raus.« Wir sitzen also in der kleinen Garderobe unter Kirills Haken, der mit einem kleinen blauen Hund gekennzeichnet ist, und schauen auf die Uhr. Die Minuten schleichen dahin, Kirill weint drinnen, ich draußen. Nach genau achteinhalb Minuten hört er auf zu weinen. Wir lauschen: nur noch leises Gemurmel im Gruppenraum. »Na siehst du«, sagt Wanja. Stimmt schon, es hat geklappt. Aber ein bitterer Beigeschmack bleibt.

Schon nach einer Woche versteht Kirill die wichtigsten Dinge in »jasli« – der »Krippe«: »my igrajem« – »wir spielen«, »my mojem ruki« – »wir waschen die Hände«, »my kuschajem« – »wir essen«, »my loschimsja spatch« – »wir legen uns schlafen«. Er saugt die neuen Wörter auf wie ein Schwamm. Wenn ich daran denke, wie ich vor einigen Jahren meine ersten Russisch-Vokabeln gepaukt habe! Als Erwachsener richtig Russisch zu lernen ist eine echte Lebensaufgabe, eine faszinierende. Neulich habe ich gelesen, im Russischen würde man die Worte mit mehr Bedacht wählen als im Deutschen. Seltsam. Ich hatte bisher nie den Eindruck, dass die Russen ein Blatt vor den Mund nehmen oder erst lange überlegen, ob und wie man etwas sagen sollte. Das russische Temperament drückt sich sehr stark über die Sprache aus, und viele Russen tragen ihr Herz auf der Zunge. Man fragt sehr direkt und erhält auch klare, offene Antworten. Zumindest erlebe ich es so, auch neulich wieder in Kirills Kita.

Es ist Nachmittag, und ich will ihn abholen. Sicherheitshalber setze ich ihn noch einmal auf den Topf im Waschraum, bevor ich ihn anziehe. Das gemeinsame Topfsitzen, wie es in sowjetischen und auch in DDR-Kinderkrippen gang und gäbe war, gibt es hier zwar nicht, aber dennoch wird hier Wert auf eine frühe Sauberkeitserziehung gelegt. Als ich den Topf unter fließendem Wasser ausspüle, schaut eine russische Erzieherin um die Ecke: »Was um Himmels willen machen Sie denn da?«, ruft sie. »Sie können das doch nicht ins Waschbecken schütten! Das ist unhygienisch.« Das klingt so streng, dass mir beinahe der Topf aus der Hand fällt. Ich gucke sie verdattert an. Beinahe fühle ich mich selbst wie ein Kindergartenkind, das bei irgendeinem Unfug ertappt wird. Kurz fehlen mir die Worte, dann sage ich auf Deutsch: »Ich spüle den Topf hier nur aus. Alles andere habe ich natürlich in die Toilette geschüttet.« Verärgert schiebe ich hinterher: »Was haben Sie denn gedacht?« Jetzt ist sie es, die überrascht aussieht. »Entschuldigung!«, sagt sie auf Deutsch und verschwindet schnell um die Ecke.

Zu Hause erzähle ich Wanja davon. Er versteht nicht gleich, was mich dabei geärgert hat, denn für ihn ist es ganz normal, dass Eltern einer Erzieherin Rede und Antwort stehen. »Wenn sie vermutet hat, dass du alles ins Waschbecken ausleerst, ist es doch normal, dass sie nachfragt«, sagt er. »Ja, aber sie muss doch nicht gleich so vorwurfsvoll klingen«, erwidere ich. Ich bin doch kein Kind. »Sie wollte dich sicher nicht kränken. Du weißt doch: Wir sind einfach viel emotionaler beim Sprechen.« Emotionaler und auch autoritärer, denke ich. »Aber das zeigt auch, dass sie ihre Sache ernst nehmen«, sagt Wanja. Ich nicke. Das Wohl der Kinder liegt den russischen Erzieherinnen zweifellos am Herzen. Ich werde mal nicht mehr so empfindlich sein.

Eines Tages nimmt mich Swetlana im Kindergarten zur Seite: »Sagen Sie mal, ich habe den Papa von Kirill schon eine ganze Weile nicht mehr gesehen. Früher hat er ihn doch immer gebracht und geholt. Ist denn bei Ihnen zu Hause noch alles in Ordnung?« Ich bin überrascht, dass sie mich einfach so fragt, finde aber nett, dass sie sich Gedanken macht. »Alles ist gut«, beruhige ich sie. »Mein Mann fährt zur See. Darum ist er schon eine Weile nicht mehr hier gewesen. Wenn er in ein paar Monaten wiederkommt, dann übernimmt er wieder die Kita-Fahrten.« Ein paar Tage später lasse ich für Kirjuscha zwei langärmelige Shirts bedrucken: Auf beiden ist vorn ein großes Foto von dem Frachter, auf dem Wanja gerade fährt. Auf dem einen steht es auf Russisch, auf dem anderen in Deutsch: »Papino sudno« – »Papas Schiff«. So sehen alle, dass es den Papa gibt – auch wenn er oft weit weg ist.

Musik für Heldenstädte

Wir pendeln zwischen Berlin und Sewastopol. Nachdem Kirill seine ersten Krippenmonate gut überstanden hat, sind wir mal wieder für einige Wochen auf der Krim. Schon seit Tagen habe ich einen Ohrwurm, und den verdanke ich dem Krokodil Gena. Als wir vor einigen Tagen Nadja besucht haben, schaute sich der kleine Artjom gerade einen beliebten Zeichentrickfilm aus Sowjetzeiten an. Darin trällerte Gena das Liedchen »Goluboj wagon« – »Blauer Waggon«. Das freundliche Reptil saß mit seinem berühmten Freund Tscheburaschka, einem kleinen Felltier mit riesigen Ohren, auf dem Dach eines Eisenbahnwaggons und fuhr durch die weite verschneite russische Landschaft. Die Melodie und der Text gehen mir seitdem nicht mehr aus dem Kopf.

Wir fahren heute zum Bahnhof von Sewastopol, um unsere Tante Ljuda, die Schwester von Wanjas Mutter, zu verabschieden. Sie hat uns für zwei Wochen besucht, nun reist sie wieder nach Hause ins rund sechshundertfünfzig Kilometer entfernte ostukrainische Donjetsk. Dorthin, wo Kohle gefördert und Stahl produziert wird. Als wir am Bahnhof ankommen, bleibt noch fast eine Stunde Zeit. Ich nutze die Gelegenheit und zeige Kirill eine richtige Eisenbahn mit Lokomotive. Hier auf der Halbinsel Krim fahren noch keine modernen Hochgeschwindigkeitszüge.

Einer der blauen Züge wird gleich nach Moskau aufbrechen. Die Lok brummt, dann setzen sich die behäbigen Räder in Gang. Dazu erklingt aus den Lautsprechern melancholische, aber kraftvolle Musik. »Was ist das für ein Stück?«, frage ich Mama Walja fasziniert. »Das ist der ›Abschied der Slawin‹ – ein Marsch des Komponisten Wassilij Agapkin«, erklärt mir Walja. Im Krieg sei er immer zum Abschied der Truppen gespielt worden, und heute erklinge er noch, wenn ein Zug in eine Heldenstadt, wie zum Beispiel Moskau, abfahre.

Fast im Takt des Marsches rattern die achtzehn blauen Waggons an uns vorbei. Doch kaum hat der letzte Wagen den Bahnhof verlassen, wird die Musik abrupt abgedreht. »Früher haben sie den Marsch lauter und länger gespielt«, sagt Mama Walja, »aber heutzutage empfinden das viele nicht mehr als zeitgemäß.« Wir helfen unserer Tante, das Gepäck in ihren Wagen zu heben, dann verabschieden wir uns. Der Zug nach Donjetsk rollt ohne Abschiedsmusik von dannen. Schade eigentlich. Ich wüsste eine Alternative zu dem Marsch, die zu jedem Reiseziel passen würde: Krokodil Genas »Blauer Waggon«.

Ausgerechnet am 7. Januar, dem russischen Weihnachtstag, passiert das Unglück. Kirill spielt friedlich auf dem Teppich mit einem Rennauto, und ich gehe nur ganz kurz in die Küche, um etwas zu trinken zu holen. Da klettert unser knapp Zweijähriger auf das Sofa und von da auf das Fensterbrett. Das schmale Fenster steht gerade zum Lüften offen. Genau in dem Moment, als ich zurück ins Zimmer komme, verliert er das Gleichgewicht und fällt rückwärts raus. Ein Schock! Wir wohnen zwar im Erdgeschoss und er fällt nicht tief, aber die Nase blutet, sein Gesicht hat Prellungen, und natürlich schreit Kirill wie am Spieß – auch weil er sich erschrocken hat.

Wir fahren sofort ins Kinderkrankenhaus, um ihn untersuchen zu lassen. In der Aufnahme ist kein Mensch zu sehen – vielleicht, weil ein Feiertag ist. Erst nach einer Viertelstunde taucht eine Schwester auf und irgendwann schließlich auch ein Arzt. Der ordnet erst einmal eine Blutuntersuchung an. Ich traue meinen Augen kaum, als die Schwester dafür eine kleine Rasierklinge zückt. Die Methode erinnert mich an die Blutabnahme mit Labormesserchen in meinen frühen Kindheitstagen in der DDR. Ein Ritz in die Fingerkuppe, dann wird so lange gequetscht, bis ein paar Tropfen abgenommen sind. »Uschas!« – »Schrecklich!«, entfährt es mir. Der Kleine schreit fast noch mehr als nach dem Sturz. Ich wünschte, Wanja wäre hier, aber der ist gerade auf See.

Für die weitere Untersuchung schickt der Arzt mich aus dem Zimmer. »Bitte warten Sie draußen!«, sagt er, weil er glaubt, dass Kirill dann besser hört. Ich will eigentlich nicht gehen, aber ich traue mich nicht zu widersprechen. Kaum bin ich draußen, höre ich Kirill weinen und rufen. Der Arzt hat nun erst recht keine Chance, ihn gründlich zu untersuchen. Also holt man mich wieder rein und schickt uns zum Röntgen.

Wir laufen in flirrendem, weißem Neonlicht an gesprungenen weißen Kacheln und leeren Pritschen vorbei, die nicht aussehen, als ob darauf viele Menschen wieder gesund geworden sind. Noch weniger vertrauenserweckend ist der Röntgenapparat – dem Anschein nach muss er seit den frühen siebziger Jahren in Betrieb sein. Ich teile der Schwester meine Bedenken wegen der Strahlenbelastung mit, doch die hat für derlei Zimperlichkeiten kein Ohr. »Das Gerät funktioniert«, sagt sie nur. Wir sollen das Kind nur mit aller Kraft festhalten. Die Klettverschlüsse an den Strahlenschutzschürzen lassen sich nicht mehr richtig schließen und gehen während des Röntgens auf. Und so bekommen auch Mama Walja und ich die volle Dosis Strahlen ab. Als die Schwester die Aufnahmen ansehen will, merkt sie, dass sie verwackelt sind. Nun sollen wir das ganze Prozedere noch einmal wiederholen. Aber ich habe jetzt endgültig genug. Mein Gefühl sagt mir, dass nichts Ernstes mit Kirill ist. Wir gehen. Als ich später Nadja davon erzähle, kommentiert sie nur: »U nas lutsche nje boletch.« – »Bei uns sollte man besser nicht krank werden.«

Mein Schwiegervater ist sehr erschrocken, als er von Kirills Fenstersturz hört. Was da alles hätte passieren können – nicht auszudenken! »Du hättest besser auf meinen Enkel aufpassen müssen!«, sagt er vorwurfsvoll. In seiner Aufregung vergisst er glatt, dass Kirill ja zuerst einmal mein Sohn und erst dann sein Enkel ist. Natürlich hat er grundsätzlich recht mit seiner Kritik: Kleine Kinder darf man nie ganz aus den Augen lassen. Aber die meisten Mütter und Väter wissen auch, dass kleinere Unfälle selbst dann nicht immer zu verhindern sind. Papa Igor, oder »djeda« – »Opa«, wie ihn Kirill nennt, hat als russischer Kapitän eigentlich nie kleine Kinder gehütet. Auch auf seine beiden Söhne haben früher fast ausschließlich Mama Walja und die Großeltern aufgepasst. Doch er stellt es sich anscheinend nicht allzu schwierig vor, ein Kleinkind im Blick zu behalten. Als Mama Walja und er mit Kirjuscha einen Ausflug zum Meer machen wollen, habe ich nichts dagegen. Ich stecke ihn in seinen blaukarierten »sneschnij kombenison« – »Schneeanzug«, denn am Meer weht jetzt im Januar ein kalter Wind. Dann küsse ich ihn noch einmal und winke dem Jeep hinterher.

Als die drei nach nur einer Stunde wiederkommen, ist Kirill patschnass. »Was ist denn passiert?«, frage ich erschrocken und ziehe ihm den triefenden Schneeanzug aus. Aber es scheint ihm ansonsten gut zu gehen. »Er ist einfach ins Wasser gerannt«, sagt mein Schwiegervater mit schuldbewusster Miene. »Da waren Enten, zu denen wollte er wohl. Ich habe noch gerufen: ›Kirill stoj!‹ und ich dachte wirklich, dass er stehen bleibt, aber er ist schnurstracks ins Wasser rein. Ich bin dann hingerannt und hab ihn wieder herausgefischt.« Ich kann mir die Situation lebhaft vorstellen. Mama Walja sagt nichts, schaut mich aber verschwörerisch an. Ich bin erleichtert, dass es so glimpflich ausgegangen ist. Jetzt weiß der russische Opa auch, wie das mit dem Aufpassen so ist.

Der Stein des Anstoßes

Wenn ich mir bei Wanjas Familie zwischendurch einen Kaffee machen will oder einen Tee oder ein »buterbrod«, weiß ich, dass das eine Weile dauern kann. Es ist nämlich so üblich, zuerst alle anderen, die zu Hause sind, zu fragen, ob sie auch etwas möchten. Und wie es so ist, sagen meist drei Leute: ja, gern, und man ist eine Weile beschäftigt.

Die Russen und Ukrainer haben einen ausgeprägten Familiensinn. Auch in Wanjas Familie macht niemand einfach sein Ding, sondern jeder bezieht jeden mit ein, und alles wird gleich zum Familienprojekt erklärt. So ist es auch diesmal, als ich mit Wanja einen Ausflug nach Gaspra, einen kleinen Kurort an der Südküste, machen will. »Was willst du denn ausgerechnet dort?«, fragt er. In seinen Augen ist Gaspra ein ziemlich unbedeutendes Nest. »Tolstoj war dort«, sage ich mit leuchtenden Augen. Wanja stöhnt auf. Er weiß, dass ich allein »Anna Karenina« fünfmal gelesen habe. Tolstoj war mehrmals auf der Krim zur Erholung, und es gibt ein berühmtes Foto aus dem Jahr 1901, das ihn zusammen mit seiner Frau am Strand von Gaspra zeigt. Tolstoj sitzt dort auf einem großen Stein und schaut tief in Gedanken versunken aufs Meer hinaus.

»Mit etwas Glück finde ich vielleicht am Strand genau die Stelle wieder, wo er damals gesessen hat«, sage ich zu Wanja. Doch der teilt meine Euphorie nicht. Er ist im Gegensatz zu mir so gar nicht nostalgisch veranlagt und findet meine Idee, in Gaspra auf Spurensuche zu gehen, gelinde gesagt ziemlich unsinnig. »Die Steine liegen doch heute nicht mehr genau so da wie damals«, sagt er. »Und wem bringt es denn etwas, wenn du diesen einen bestimmten Stein tatsächlich findest?« Ich habe mir aber in den Kopf gesetzt, aus Anlass des einhundertsten Todestages von Tolstoj einen Artikel zu schreiben. Wanja weiß aus Erfahrung, dass ich davon kaum abzubringen sein werde. »Meinetwegen fahren wir nach Gaspra«, sagt er. Ich umarme ihn und plane in Gedanken schon unseren kleinen Ausflug zu zweit. Doch am nächsten Tag stellt sich heraus, dass Wanja auch seine Mutter, seinen Bruder

Andrej und Schwägerin Nastja eingeladen hat. Papa Igor ist nur nicht mit von der Partie, weil er gerade auf See ist. Was soll's, denke ich. Hauptsache wir fahren. Während ich Kirill abends ins Bett bringe, besprechen die anderen die Details der Fahrt, als ob der kleine Ausflug eine Weltreise wäre.

Am nächsten Tag geht's los: mit zwei Autos im Konvoi. Ich wäre lieber schon zwei Stunden früher losgefahren, damit wir mehr Zeit vor Ort haben, bevor Kirjuscha wieder müde wird. Wir fahren die schöne Südküste entlang, bis Gaspra ist es nicht weit, nach einer guten halben Stunde sind wir schon da. Eigentlich hätten wir hier schon viel früher einmal herfahren sollen, denke ich und seufze still in mich hinein. Meine russische Familie zu mobilisieren, ist allerdings nicht gerade leicht, und so bin ich froh, dass es mir heute einmal gelungen zu sein scheint. Der Ort liegt direkt an der Steilküste, wir schlängeln uns langsam von oben mit dem Auto hinunter. Die Straßen sind verwinkelt und so eng, dass wir mit dem Jeep fast an den Hauswänden entlangschrammen. Wir haben zwar ein Navigationsgerät, aber das ist mit der Streckenführung in diesem Bergdorf anscheinend überfordert: Jedenfalls landen wir immer wieder in Sackgassen, aus denen wir uns erst mühevoll wieder rückwärts hinaus manövrieren müssen. Wo ist sie bloß, die Zufahrtsstraße, die uns nach unten bringt? Vom Meer und dem Felsenstrand sind wir jedenfalls immer noch einige Kilometer entfernt. Auf unserer Suche nach dem richtigen Weg kommen wir an einem Erholungsheim vorbei, das nach Leo Tolstoj benannt ist. Leider ist das Haus verschlossen, aber eine Tafel am Eingang bezeugt, dass er hier tatsächlich zu Gast war. Wir schauen uns ein wenig in dem kleinen Park um, und ich frage einen Gärtner, wie weit es von hier zu Fuß bis zum Strand unten ist. »Nicht länger als zwanzig Minuten, wenn man zügig geht«, sagt er und weist auf einen Pfad, der durch den Wald hinunterführt. Gerade will ich den anderen vorschlagen, die breite Treppe nach unten zu gehen, an deren Fuß der Waldweg beginnt, da sagt Andrej: »Nun hast du ja gesehen, wo sich Tolstoj erholt hat. Dann können wir ja jetzt wieder zurückfahren.« Ich protestiere. »Wir waren doch noch gar nicht unten am Strand, wo das berühmte Foto entstanden ist.« Andrej, Nastja und auch Mama Walja schauen mich verständnislos an: Welches Foto? Also erzähle ich noch mal der ganzen Familie die Geschichte von Tolstoj, dem Stein und dem Meer. Andrej mischt sich ein. »Julie, wenn du noch zum Strand willst, dann lass uns einfach ein Stück weiterfahren zum ›solotoj pljasch‹ – zum ›Goldstrand‹ –, dort kommt man wenigstens mit dem Auto fast ran.« Ich schüttele den Kopf. So kann ich doch keinen Artikel schreiben! »Aber das war doch nicht der Sinn der Fahrt«, erwidere ich. »Tolstoj war hier am Strand und nicht ein paar Kilometer weiter.« Andrej winkt ab. »Kakaja rasnitsa? Pojechali!« – »Was für ein Unterschied? Lass uns fahren!« Na, der ist gut! Andrej ist bestimmt ein guter Seeoffizier, aber von Journalismus hat er keine Ahnung.

Kirill fängt an zu quengeln – kein Wunder, es ist fast Mittagszeit, und er wird müde. »Mit dem Kind können wir da jetzt aber nicht mehr runter«, sagt Mama Walja. Das fürchte ich auch – aber hätte man daran nicht früher denken können? Das war doch klar! Wanja bietet an, dass wir schnell noch allein hinuntergehen und die anderen im Auto warten. Aber er weiß selbst, dass das nicht hinhaut. »Selbst wenn wir uns beeilen und nur kurz am Strand bleiben, brauchen wir mit dem Wiederaufstieg mindestens eine Stunde.« Ich sehe die langen Gesichter der anderen. Sie haben natürlich keine

Lust, so lange am Auto zu warten. Ich sehe meine Chancen, noch einen Fuß auf den Strand von Gaspra zu setzen, rapide schwinden. So eine Pleite! Den Artikel kann ich nun leider vergessen. Schlecht gelaunt laufe ich mit den anderen zum Auto zurück. Auf der Fahrt schaue ich aus dem Fenster und schmolle. Kurz vor Sewastopol halten wir noch einmal am Straßenrand. »Was ist denn los? Ist der Tank leer?«, frage ich Wanja. »Nein. Wir machen hier ein kleines Picknick. Schließlich müssen wir doch noch unsere ›gorjatschie buterbrody‹ essen.« Die mit Käse überbackenen »heißen Brote« hatten wir eigentlich als Wegzehrung nach Gaspra mitgenommen. Diese Familie schafft mich, denke ich, aber von mir aus. Ich habe auch schon ein bisschen Hunger. Wir packen also den Proviant auf eine Holzbank, schön vorsichtig, denn in der Mitte fehlt eine Holzleiste. Wanja gibt mir eine Tasse und einen Teebeutel, gießt aus einer großen Thermoskanne heißes Wasser darauf und rührt einen großen Loffel Honig hinein. »Podlisa!« – »Schmeichler!«, sage ich. Er merkt sofort, dass ich schon wieder milder gestimmt bin. »Wir fahren einfach noch einmal allein nach Gaspra«, raunt er mir zu. Mein Gefühl sagt mir: Das wird nicht klappen. Aber wer weiß, vielleicht schaffen wir es ja doch noch einmal. Als wir wieder ins Auto steigen, schläft Kirill immer noch in seinem Sitz. Ich streiche über sein glänzendes braunes Haar und gebe ihm einen Kuss – seine Bäckchen sind ganz warm. Es gibt Menschen, die sind einfach wichtiger als Tolstoj.

In einem deutschen Reiseführer habe ich gelesen: Kinder dürfen sich in der Ukraine wie kleine Königinnen und Könige fühlen. Nun ist dieser Vergleich nicht ganz glücklich gewählt, weil hier immer noch viele Kinder in Armut leben, aber es stimmt, dass die Menschen sehr kinderlieb sind. Wenn ich mit Kirill mit dem Bus fahre, bietet uns oft jemand einen Platz an, oder eine fremde Hand hält ihn in den Kurven einfach mit fest. Es ist völlig normal, dass die Leute kleinen Mitfahrern beim Ein- und Aussteigen die Hand reichen. Ganz anders als in der Berliner S-Bahn: Da muss man meist allein zusehen, wie man Kleinkind, Laufrad und Einkäufe gleichzeitig festhält und dabei nicht selbst noch das Gleichgewicht verliert. Und viele mögen es nicht, wenn jemand ihr Kind anfasst – und sei es aus Hilfsbereitschaft und Freundlichkeit. In der Ukraine und auch in Russland haben die Menschen da weniger Berührungsängste.

Einmal, als ich mit Besuch aus Deutschland in einem Museum in Sewastopol bin, bietet mir eine der Frauen des Aufsichtspersonals an, auf Kirill aufzupassen: »Geben Sie mir ruhig den Kleinen! Dann können Sie sich alles in Ruhe anschauen.« Obwohl die ältere Dame vertrauenserweckend aussieht, denke ich zuerst: Das geht doch nicht. Ich kann doch nicht einer wildfremden Frau mein Kind überlassen. Aber was soll schon passieren, immerhin sind wir in einem Museum und nicht auf dem Markt. Also nehme ich ihr Angebot an – und es funktioniert bestens. Kirill wird verwöhnt, und ich kann mir in Ruhe mit meinem Besuch das Museum anschauen.

Auf der Straße sieht man oft, wie Kleinkinder in Luxus-

Buggys herumkutschiert werden, die beinahe die Hälfte eines durchschnittlichen Monatslohnes kosten. Auch die Baby-Accessoires sind oft nur von namhaften, ausländischen Firmen, egal ob Fläschchen, Schnuller oder Wickeltasche. »Wie können sich die Familien das leisten?«, wundere ich mich. Und Wanja meint, dass das meist nur möglich ist, weil die Eltern an sich selbst sparen: bei der Kleidung, bei Kosmetikprodukten und auch beim Essen. Kinder sind eben auch Statussymbole, hier, wo Familie noch einen hohen Stellenwert hat.

Dass sich mit den Jüngsten richtig Geld verdienen lässt, haben findige Geschäftsleute längst entdeckt. Überall in der Stadt warten Vergnügungsangebote. Ob im »djetskij gorodok«, dem »Kinderstädtchen« oder im Park der Komsomolzen, noch benannt nach der sowjetischen Jugendorganisation, überall können die Kinder mit Karussells, batteriebetriebenen Mini-Autos oder sogar kleinen Booten in einem Bassin fahren. Es gibt Ballchenbädei, Hüpfburgen, Trampoline, Klettertürme – kurz gesagt, jede Menge bunter und leider oft auch ziemlich lauter »attraktiony«, von denen einem der Kopf schwirren kann. Aus Lautsprechern klingen Kinderlieder aus russischen »multiki« – »Trickfilmen«, die kleinen Mädchen tragen rosa-weiße Prinzessinnenkleidchen, und die Jungen bekommen von ihren Eltern bunte Wasserpistolen und Zuckerwatte geschenkt.

In den vergangenen zwei Jahren haben sich die Preise für solche Vergnügungen fast verdoppelt, mittlerweile kosten die Fahrten schon einen Euro. Für die meisten Familien ist das eigentlich viel zu viel Geld, um es einfach so zu verpulvern. Und trotzdem sind diese Orte immer gut besucht. Den Kindern will man eben alles gönnen.

Für weite Teile der russischen und ukrainischen Bevölkerung waren die Jahre nach dem Zusammenbruch der Sowjetunion entbehrungsreiche, dunkle Jahre. Auch heute ist die Ukraine noch kein stabiles Land. Vielleicht wollen gerade deshalb Eltern ihrem Nachwuchs ein bisschen heile Welt bieten. Die Industrie hat darauf schnell reagiert. Noch mehr als bei uns suggerieren Spielwaren-Firmen und Baby-Ausstatter den Eltern und Großeltern, dass Kinderglück käuflich ist. Auf der hübschen Papiertüte, die Mama Walja, zusammen mit einem Hemd für Kirill, aus einem Baby- und Kinderladen mitgebracht hat, steht: »Glück ist eine Reise, die beginnt, wenn du ein Baby bist.« So ein schöner Satz – und so ein gemeiner Köder, denke ich. Wer will seinem Kind oder Enkelkind schon den Start dieser Reise vermasseln?

Das sterbende Pferd

Kirills neueste Leidenschaft sind Pferde. Seine Babuschka war mit ihm im »Komsomolskij Park«, und er durfte auf einem kleinen Pony reiten. Seitdem liegt er uns in den Ohren: »Loschad chotschu« – »Ich will aufs Pferd.«

Von Weitem bieten die Tiere einen fröhlichen Anblick. Sie tragen bunte Decken unter den Sätteln und farbige Bänder und Schleifen in ihren Mähnen. Doch als wir näher kommen, fällt mir auf, wie müde und leer ihre Augen sind. Die meisten sind außerdem ziemlich mager, und bei einem fault sogar bereits das Gebiss. Kirill ist begeistert, endlich wieder bei seinen Ponys zu sein. Ich aber bin hin- und hergerissen. Einerseits sehe ich, dass es den Tieren nicht gut geht, und das will ich nicht auch noch unterstützen. Andererseits ergeht es den Pferden wahrscheinlich noch schlechter, wenn sie ihren Besitzern nichts einbringen. Letztlich bezahle ich eine Runde. Kirill strahlt auf dem Ponyrücken.

Gerade als ich ihn wieder herunterhebe, fällt eines der großen Pferde vor meinen Augen um – mit einem lauten Schlag kracht es auf den Asphalt. Ich bin geschockt. Kirill hat es zum Glück nicht richtig gesehen. Ich nehme ihn gleich an die Hand und führe ihn weg. Das Mädchen, das eben noch die Zügel von Kirills Pony gehalten hat, schreit nun das am Boden liegende Pferd an: »Vstawaj!« – »Steh auf!«, und traktiert es mit kräftigen Fußtritten. Ein anderes Mädchen eilt herbei und ruft: »Lass das gefälligst! Ruf besser den ›chosjain‹, den Besitzer, an, der soll sich darum kümmern.« Während Kirill auf der Wiese ahnungslos mit seinem Ball spielt, beobachte ich die Szene weiter. Das Pferd versucht immer wieder, auf die Beine zu kommen, aber es gelingt ihm nicht. Etliche Besucher laufen vorbei, schauen kurz hin und gehen einfach weiter. Keiner fragt etwas, keiner sagt etwas. Jeder scheint zu denken, das sei nicht seine Angelegenheit. Ich würde gerne Wasser für das kranke Tier kaufen, aber ich habe das letzte Geld für die Runde auf dem Pony ausgegeben. Ein Handy habe ich auch nicht dabei. Aber sogar wenn ich eines hätte, wüsste ich nicht, wo ich anrufen sollte.

Ein etwa elfjähriger Junge ruft seinem Freund im Scherz zu: »Komm, wir rufen einen Krankenwagen!« Beide lachen laut, so sonderbar erscheint ihnen diese Vorstellung. Krankenwagen sind in Russland nur für Menschen da, nicht für einen alten Gaul. Das Pferd liegt da. Die Karussells drehen sich einfach weiter.

Aufgelöst erzähle ich alles Mama Walja, als sie uns ein paar Straßen weiter mit dem Auto abholt. Sie kann es gut verstehen, dass niemand etwas unternommen hat: »Wer den Tierarzt ruft, muss hinterher auch die Rechnung bezahlen. Nun stell dir einmal vor, was die Behandlung von so einem Pferd kosten kann. Die meisten könnten das einfach nicht bezahlen.« Es ist ein Drama, dass immer alles am Geld hängt.

IX

So vergeht die Zeit

Für uns war immer klar: Kirill soll eines Tages noch ein Geschwisterchen bekommen. Erst dann sind wir als Familie komplett. Als ich zum zweiten Mal schwanger bin, mache ich mich in Berlin noch einmal auf Wohnungssuche. Unsere jetzige hat nur zwei Zimmer, und das wäre zu viert wirklich zu eng. Doch Wanja überrascht mich mit einem ganz anderen Vorschlag: »Was hältst du davon, wenn wir uns in Berlin ein Haus bauen?« – »Aber ich dachte, du willst am liebsten in Sewastopol leben? So ein Haus ist eine große Entscheidung«, sage ich überrascht. »Na ja«, meint Wanja, »Sewastopol ist immer noch mein Favorit, aber Berlin ist auch nicht übel. Und du willst doch am liebsten hierbleiben.« Das stimmt, denn immer wenn Wanja auf See ist und ich länger ohne ihn auf der Krim bin, bekomme ich dort großes Heimweh. Außerdem bereitet mir die medizinische Versorgung Kopfzerbrechen, besonders mit zwei kleinen Kindern. »Ein Haus am Rand von Berlin wäre toll«, sage ich. »Ich verspreche dir auch, dass wir oft nach Sewastopol reisen.« Jetzt, wo ich weiß, dass ich nicht für immer dorthin ziehen muss, mag ich die Stadt und die Menschen gleich noch viel mehr. Im Februar 2011, drei Jahre nach Kirill, wird unser Töchterchen Karina geboren.

Die jungen Mütter und Väter in unserem Sewastopoler Be-
kanntenkreis haben einen neuen Guru. Er heißt Dr. Komarowskij und ist Kinderarzt in Moskau. Nadja bedauert, dass
sie ihn noch nicht kannte, als Artjom noch ein Baby war.
Mittlerweile ist ihr Sohn schon in der ersten Klasse. Vika und
Sascha sind auch vor einigen Jahren Eltern geworden, und
die Ratschläge des Arztes nehmen sie durchaus ernst. Vika
schickt ihren Mann und die beiden Kinder am Sonntag sogar
extra auf den Spielplatz, damit sie in Ruhe Dr. Komarowskijs
Fernsehsendung sehen kann. Manchmal ruft sie mich hinterher an und erzählt begeistert, was er den Eltern im Stu-
dio geraten hat. Auch meine Schwägerin Nastja ist überzeugt
von dem Kinderarzt. Sie hat mir neulich sogar sein Buch
»Die Gesundheit des Kindes und der gesunde Menschenverstand seiner Eltern« geschenkt, das im russischsprachigen
Raum längst ein Bestseller ist. Nastja und Andrej befolgen
viele seiner Tipps und machen zum Beispiel mit ihrem sechs
Monate alten Sohn Jura gerade ein Programm zur »sakaliwa-
nije« – »Abhärtung«. Um endlich zu erfahren, was der Doktor empfiehlt, fange ich an, sein Buch zu lesen.

Der Mann weiß wirklich, wovon er spricht, denke ich
schon auf den ersten Seiten. Er schreibt mit viel Humor über
die kleinen und größeren Sorgen, die Eltern kleiner Kinder
haben. Vieles deckt sich mit dem, was ich aus deutschen Rat-
gebern kenne, aber manches ist mir auch komplett neu. Zum
Beispiel empfiehlt er, Babys dadurch abzuhärten, dass man
die Wassertemperatur beim Baden schrittweise um ein Grad
senkt. Nastja und Andrej haben mit ihrem Sohn bei vierund-
dreißig Grad angefangen und sind inzwischen bei vierundzwanzig Grad Wassertemperatur angelangt. Ihr Endziel sind

aber achtzehn Grad. So kalt ist das Wasser im Schwarzen Meer jetzt im Herbst, und ich könnte sicher keinen von ihnen überreden, bei dieser Temperatur baden zu gehen. Außerdem empfiehlt der Arzt, dass die Babys mindestens eine halbe Stunde in der Wanne bleiben sollen, damit sie sich dort richtig müde strampeln – und hinterher gut schlafen. Abhärtung hin oder her, nach einer halben Stunde im kalten Wasser sind die Babys doch sicher halb erfroren! Doch Nastja hat damit gute Erfahrungen gemacht: »Nach dem Baden ziehe ich Jura an, gebe ihm noch warme Milch, und danach schläft er wie ein kleiner Bär«, erzählt sie. Das Baden in warmem Wasser hält der Doktor dagegen geradezu für schädlich. Es sei ein Garant für unruhige Nächte, weil sich das Kind in der Wanne erhole und danach nicht mehr müde sei. Seltsam, denke ich, unsere kleine Karina schläft nach einem warmen Bad gut ein, und auch bei Kirill hatten wir damit keine Probleme. Kann es sein, dass sich der Arzt seiner Sache manchmal zu sicher ist? Einige seiner Ratschläge sind mir jedenfalls zu radikal, zum Beispiel, dass man das Baby bei der Abhärtungskur sogar dann nicht vorzeitig aus der Wanne herausholen sollte, wenn es quengelt und weint. Mir kommt das gemein vor. Wanja stört sich an solchen Methoden nicht so sehr. Für ihn steht der Zweck im Vordergrund: »Man macht die Abhärtungskur doch nicht zum Spaß, sondern als medizinische Prozedur, um das Immunsystem zu stärken«, argumentiert er. »Und Medizin ist eben manchmal bitter. Die Hauptsache ist doch, sie hilft.« Mir scheint, hier spielt wieder der russische Glaube an Autoritäten eine Rolle. Wanja vertraut eben darauf, dass Dr. Komarowskij ein erfahrener Kinderarzt ist. Der wird schon wissen, was er sagt. Wir sind ja keine Experten, sondern »nur« die Eltern.

Immer wieder fällt mir auf, dass in russischen Familien

mehr Unterschiede zwischen Jungen und Mädchen gemacht werden als bei uns in Deutschland. Als wir Vika und Sascha wieder einmal besuchen, laufen deren Kinder noch in Unterwäsche herum. Sie haben gerade erst ihren Mittagsschlaf beendet. »Anja, zieh dir bitte endlich etwas an, du verkühlst dich noch«, ruft Vika ihrer fünfjährigen Tochter schon zum wiederholten Male zu. Murrend holt das blonde Mädchen ihre »kolgoti« – »Strumpfhosen« und ein Shirt mit langen Ärmeln aus dem Kinderzimmer. Ihren knapp vierjährigen Sohn Pawel lässt Vika weiter barfuß, nur in Hemd und Unterhose spielen. »Ist es für ihn nicht auch zu kalt?«, frage ich. »Nein«, sagt Vika, »das ist doch ein Junge, der muss sich abhärten.« So ist das in russischen Familien: Die Jungs sollen abgehärtet werden, damit aus ihnen einmal starke Männer werden, während man die kleinen Mädchen schön warm einpackt.

Wir verbringen den Tag mit Vika und Sascha, und abends stecken wir alle Kinder, bis auf Baby Karina, zusammen in die große Badewanne. »Lässt du die Tür beim Baden auf, oder machst du sie zu?«, frage ich Vika durch den Kinderlärm hindurch. Die wundert sich über die Frage. »Zu natürlich, sonst zieht es doch.« Ich nicke. »Wir eigentlich auch. Aber weißt du, dass Komarowskij schreibt, dass man die Badezimmertür unbedingt offen lassen sollte?«, frage ich. Vika hört das zum ersten Mal. Ich erzähle ihr, dass der Arzt das damit erklärt, dass die Luftfeuchtigkeit im Bad viel höher sei als in den übrigen Räumen und dass Säuglinge durch diesen Unterschied Probleme mit den Ohren bekommen können. »Man soll die Tür offen lassen, damit es einen Ausgleich gibt.« Vika legt die Stirn skeptisch in Falten. »Also, ich weiß nicht. Meine Kinder hatten noch nie etwas mit den Ohren«, sagt sie. »Kirill und Karina bis jetzt auch nicht«, sage ich. Wir sind uns einig: Komarowskij beschwört in seinem Buch den gesunden Menschenverstand. Sicher wird er es uns nachsehen, wenn wir die Tür vom Bad auch weiterhin zumachen.

Der Deutsche

In mehr als zehn Jahren auf der Krim habe ich nie andere Deutsche getroffen, die hier fest oder wie ich zeitweise leben. Schon glaube ich, die Einzige zu sein, da kommt Wanja eines Tages aus dem Zentrum nach Hause und sagt grinsend: »Wo sonst könnte man einen Deutschen treffen als im Baumarkt! Da hätten wir auch eher draufkommen können.« Er erzählt, dass mein Landsmann Klaus heißt, um die fünfzig ist und ursprünglich aus dem Rheinland kommt. »Er lebt mit seiner russischen Frau in einem kleinen Dorf und hat uns eingeladen, ihn zu besuchen. Wenn du willst, schon morgen.«

Ich finde es toll, dass Wanja so offen für neue Bekanntschaften ist und gleich Nägel mit Köpfen machen will. Früher war er ja gar kein Freund von schnellen Entschlüssen. Aber in den letzten Jahren ist er wohl etwas deutscher geworden – und ich dafür sicher etwas russischer. Wir nähern uns also beständig an. Vielleicht ist das ja das Geheimnis einer guten deutsch-russischen Ehe, denke ich und freue mich auf morgen.

Wie lange man auf der Krim mit dem Auto irgendwohin braucht, hängt ganz davon ab, welchen Fahrstil man zugrunde legt: den deutschen oder den einheimischen. Klaus hat am Telefon gemeint, er brauche vom Zentrum in Sewastopol bis zu seinem Haus etwa eine halbe Stunde. Natürlich bin ich davon ausgegangen, dass er ein typisch deutscher Fahrer ist, der sich an die Straßenverkehrsregeln, an Tempolimits und Ampelfarben hält. Doch er scheint sich den hiesigen Gepflogenheiten schon gut angepasst zu haben. Jedenfalls ist von dem Dorf, in dem er wohnt, nach einer halben Stunde nichts zu sehen. Dabei fährt Wanja auch nicht gerade gemütlich, sondern im Gegenteil ziemlich temperamentvoll. Mit den Kindern an Bord drückt er zwar schon weniger aufs Gas, aber ich halte mich in den Kurven an der Südküste trotzdem lieber oben am Griff fest. Sogar Kirill merkt mit seinen drei Jahren, dass die Leute hier rasanter fahren. »Papa, ostoroschno!« – »Papa, vorsichtig!«, quiekt er von hinten, weil wir beim Vordermann, der einen alten Laster lenkt, schon fast an der Stoßstange kleben. »Vsjo budjet choroscho, synok!« – »Alles wird gut, Söhnchen!«, beruhigt ihn Wanja.

Weil die Beschilderung immer spärlicher wird, schlage ich vor, einen Einheimischen nach dem Weg zu fragen. Doch Wanja ist Navigator,wenn auch auf See. Sich nach dem Weg zu erkundigen kommt für ihn so schnell nicht infrage. »Ich komme von hier. Da werde ich ja wohl noch dieses Dorf finden!«, brummt er. Ich streichele seinen Arm und sage mit einem Hauch Ironie: »Schatz, wenn es schon dunkel wäre, würdest du den Weg anhand der Sterne bestimmt sofort finden, aber es ist erst Mittag und Karina hat schon Hunger.« Man kann sie schon schmatzen hören, gleich wird sie ihre Milch lautstark einfordern. Das überzeugt Wanja. Ein schreiendes Baby im Auto, das weiß er schon aus Erfahrung, macht selbst den stärksten Seemann mürbe. Er hält am Straßenrand und spricht einen Mann an, der so staubig aussieht, als liefe er hier schon seit Tagen entlang. Ein Glückstreffer: Der Mann kennt sogar eine Abkürzung.

Das Haus von Klaus steht an einem bewaldeten Berghang. Von hier hat man einen sehr schönen Blick über das langgestreckte Tal, in dessen Mitte ein See schimmert. »Diese

Ausländer schnappen uns die besten Stücke Land weg«, sagt Wanja. Er grinst dabei, denn Ausländer können gar nicht so einfach Land kaufen. Offiziell gehört es wahrscheinlich seiner Frau. Hinter dem Gartentor kommt ein großer Schäferhund angetrabt, auf dessen Rücken ein etwa vierjähriger dunkelblonder Junge sitzt. »Ich bin Mischa«, sagt der Kleine auf Deutsch. Gleich dahinter kommt ein Mann mittleren Alters in Shorts und Gartenschlappen den kleinen Weg hinunter. Das muss Klaus sein. »Habt ihr es gleich gefunden?«, ruft er uns zu. »Klar, kein Problem«, antwortet Wanja und zwinkert mir zu. Tatjana hat extra für uns gekocht. Sie ist gerade dabei, Geschirr nach draußen zu dem großen Holztisch zu tragen und den Tisch zu decken. Ihre ältere Tochter Oxana hilft ihr dabei. Tatjanas Alter lässt sich schwer schätzen: Vielleicht ist sie Ende dreißig, vielleicht auch schon Mitte vierzig. Ihr braunes Haar schimmert am Ansatz grau, aber das lange rote Baumwollkleid verleiht ihr etwas Mädchenhaftes. Klaus zeigt Wanja gerade das Grundstück, da kommt ein Mann in Arbeitssachen vorbei. »Das ist Jens aus Dresden«, sagt Klaus. Er sei für einen Monat als Bauhelfer hier. Ich bin verblüfft: »Du holst dir einen Bauhelfer aus Deutschland hierher? Gibt es denn nicht genug einheimische Bauarbeiter?« Klaus winkt ab. »Es gibt hier überhaupt keine Handwerker, die Ahnung haben. In den zehn Jahren, die wir hier leben, hatte ich mehr als hundert Arbeiter auf meinem Grundstück, nicht nur von der Krim, aus der ganzen Ukraine und sogar aus Russland. Und gerade einmal drei von denen waren gut, der Rest hat mich nur Zeit, Geld und Nerven gekostet.« Donnerwetter, das ist ja starker Tobak, denke ich. Ob er wohl einer von den arroganten Deutschen ist, die jedem erst mal die Welt erklären müssen? Wie Wanja solch ein harsches Urteil wohl findet?

Als Klaus uns die Mauer zeigt, die rund um das Haus führt, können wir uns mit eigenen Augen von hiesiger Wertarbeit überzeugen. »Das sind alles Natursteine aus den Bergen der Krim.« Ich streiche über die schöne Maserung. Schade nur, dass überall Schlieren und Mörtelreste zu sehen sind. »Ich hatte den Arbeitern extra gesagt, dass sie den Mörtel wieder abwischen müssen, solange er noch feucht ist«, sagt er ärgerlich. »Jetzt bekommt man ihn nicht mal mehr mit der Stahlbürste ab.« Ich kann seinen Ärger verstehen. Im Haus von Wanjas Eltern haben die Bauleute auch ziemlich gepfuscht. Sie haben schnell, aber so schlampig gearbeitet, dass sich schon nach wenigen Jahren die Tapeten und der Putz lösten. Feuchte Ecken, Rost und Schimmel – das kennen wir auch. Aber Klaus ist schon beim nächsten Thema, so leicht lässt er sich nicht die Laune verderben. Er will eine Sprachschule bauen und Ferienwohnungen vermieten. Ich bin von der Idee begeistert!

»Kommt bitte essen!«, ruft Tatjana. Wir setzen uns an den großen Holztisch im Garten. Es gibt Kartoffeln, frischen Salat und Kotlety und zum Nachtisch kleine Schüsseln mit Vanilleeis und Erdbeeren. Das Essen ist köstlich. Tatjana fragt, wie Wanja und ich uns kennengelernt haben, und wir erzählen die Kurzform unserer Geschichte. Von der Khersones, von Kertsch, Leipzig, Berlin und der Krim. Danach sind sie an der Reihe.

»Ich war früher schon einmal verheiratet«, sagt Klaus. Mit einer Deutschen. Die Ehe ging in die Brüche, danach gab es einen Rosenkrieg. »Damals habe ich mir geschworen: nie wieder eine Frau aus Deutschland!«, sagt er. Schon wieder so ein Pauschalurteil, denke ich. Wie kommt er darauf, dass ihm so etwas mit einer russischen Frau nicht passieren könnte? Ich kenne mehrere Paare in Sewastopol, die während der Trennung auch nicht gerade liebevoll miteinander umgegangen sind. Aber Klaus ist sich seiner Sache ganz sicher. »Tanja habe ich vor elf Jahren kennengelernt – über eine Eheagentur in Odessa. Die haben sich darauf spezialisiert, russische und ukrainische Frauen an deutsche Männer zu vermitteln.« Mir bleibt kurz die Spucke weg. Aber Klaus findet es völlig normal, darüber zu sprechen, und so traue ich mich zu fragen, wie seine Freunde und die Familie in Deutschland damals reagiert haben. »Die haben mich für verrückt erklärt«, sagt er ohne Umschweife. »Entweder haben sie mich gewarnt, die osteuropäischen Frauen seien alle nur auf mein Geld aus, oder mir unterstellt, ich suche mir dort ein unterwürfiges Frauchen, das alles macht, was ich sage.« Er schaut mich an: »Du siehst doch selbst, dass das Quatsch ist, oder? Sieht Tatjana für dich etwa unterdrückt aus?« Ich schüttele den Kopf. Sie scheint mir eine Frau zu sein, die mit beiden Beinen im Leben steht.

Eigentlich wirken die Frauen, die ich hier kennengelernt habe, nie unterdrückt. Im Gegenteil, meist sind junge Frauen sehr selbstbewusst, auch wenn sie von ihren Männern finanziell abhängig sind. Gerade in Sewastopol, der Stadt der Seemänner, gibt es viele Beziehungen, in denen der Mann auf ausländischen Schiffen das Zehnfache von dem verdient, was seine Frau als Gehalt an Land bekommt. Auch bei Wanjas Bruder Andrej und seiner Frau Nastja ist das so. Er ist Seeoffizier, sie arbeitet an der Rezeption eines Hotels. Doch das finanzielle Ungleichgewicht belastet ihre Beziehung nicht, weil Nastja noch andere Dinge in die Waagschale wirft: ihre optischen Vorzüge, hausfrauliche Qualitäten, eine gute Portion Taktik und viel weiblichen Charme. In Deutschland ist es eher verpönt, wenn Frauen zu diesen »weiblichen Waffen« greifen, aber hier denkt man da anders.

Gerade fliegt ein Schwarm Libellen durch den Garten, die Flügel glitzern in der Abendsonne, und wir trinken Tee mit Honig. »Ihr habt es wirklich schön hier. Hast du trotzdem noch manchmal Heimweh?«, frage ich. Klaus schüttelt resolut den Kopf. »Mein Zuhause ist jetzt hier.«

Kleiner Panzerfahrer

Es ist schon Ende September, aber Kirills innere Uhr zeigt noch Sommerzeit an. Vor zehn Uhr abends kriegen wir ihn nicht ins Bett, jetzt ist es erst kurz nach sieben. »Lass uns doch noch zum Diorama fahren. Dort kann er sich müde toben«, schlage ich Wanja vor. »Und wir können auch Nadja anrufen. Vielleicht will sie mitkommen. Morgen ist ja Sonntag, da muss Artjom nicht früh raus und in die Schule.« Wanja holt das Auto, packt den Roller rein und ruft Nadja an, ich suche die anderen Dinge zusammen, ohne die wir lieber nicht das Haus verlassen: ein paar Windeln, Feuchttücher und einen Ersatznuckel für Baby Karina, Wechselwäsche für beide Kinder und etwas zum Trinken. Um halb acht sind wir endlich startklar. Mama Walja guckt skeptisch: »Jetzt wollt ihr noch losfahren? Und das Baby?« Ich weiß schon, was sie sagen will: Ein Baby braucht ein festes »reschim«. Was klingt wie ein politisches System, meint eigentlich nur feste Essens- und Schlafenszeiten für kleine Kinder. Doch der ideologische Ursprung des Begriffs ist auch nicht ganz von der Hand zu weisen. Einen Ausflug vor dem Schlafengehen findet die russische Oma jedenfalls viel zu aufregend. »Keine Sorge!«, sage ich, »Karina kann im Kinderwagen schlafen, und Kirill wird nach der vielen frischen Luft sicher schlafen wie ein Bär.« Mama Walja denkt sich sicher ihren Teil, sagt aber nur: »Nu ladno. Iditje s bogom!« – »Also gut. Geht mit Gott«, dann küsst sie uns am Gartentor.

Nadja wartet mit Artjom schon auf dem Parkplatz am Diorama. Die Begrüßung fällt gewohnt herzlich aus, obwohl wir uns schon wieder eine ganze Weile nicht mehr gesehen hatten. Sie ist eine viel beschäftigte »djelowaja schenschina« – »Geschäftsfrau«, und das meine ich nur positiv. Nach dem Tod von Viktor hat sie sich beruflich selbständig gemacht. Sie erstellt Gutachten für Unternehmen, die sich in Sewastopol und Umgebung ansiedeln wollen. Trotzdem kommt Artjom bei ihr nie zu kurz.

Das Diorama ist eine weitläufige Aussichtsplattform am östlichen Rand von Sewastopol. Von dort hat man einen herrlichen Blick auf die grünen Weinhänge. Leider ist auch dieser Ort von den Kämpfen in der Vergangenheit überschattet. Im Zweiten Weltkrieg fanden hier schlimme Gefechte zwischen deutschen und sowjetischen Soldaten statt. Gerade als wir nach links zu der Aussichtsstelle abbiegen wollen, entdeckt Kirill das Mahnmal, vor dem eine ewige Flamme brennt. »Mama, Papa, dort ist ein Lagerfeuer!«, ruft er fröhlich auf Deutsch. »Warum ist denn dort ein Feuer?« Ein paar Leute schauen zu uns rüber. »Synok poschli« – »Söhnchen, komm!«, sagt Wanja und schiebt den Kinderwagen weiter. »Njeee…et!«, wehrt sich Kirill und schreit: »Ich will aber zum Lagerfeuer!« Das hat mir gerade noch gefehlt. Ein Wutausbruch an diesem Ort. »Das ist kein Lagerfeuer«, sage ich leise zu ihm. »Das ist nur ein – Feuer.« – »Warum denn?«, fragt er weinerlich und rührt sich nicht vom Fleck. Auf diese Frage bin ich nicht vorbereitet. Kann man einem dreieinhalbjährigen Kind schon etwas vom Krieg erzählen? Ich hole tief Luft. »Das ist ein Feuer zum Anschauen«, sage ich, »weil es so schön leuchtet.« Noch einen Moment betrachtet er die Flamme und erfreut sich daran, dann fährt er mit seinem Roller weiter.

»Ihr müsst uns unbedingt bald mal in der Wohnung besuchen kommen«, sagt Nadja. »Wir haben alles umgebaut und neu eingerichtet.« Das will ich wirklich gern sehen. Ich weiß, dass Nadja mit dem Geld, das ihr die ehemalige Reederei von Viktor ausgezahlt hat, den gemeinsamen Traum vom »bolschoj remont«, der großen Renovierung, verwirklicht hat. Jedes Detail hat sie sich selbst überlegt und vieles allein umgesetzt. In ihrem Schmerz war es wohl genau das Richtige, sich so in die Arbeit zu stürzen. Inzwischen ist wenigstens ihr Lächeln wieder zurückgekehrt.

Ich mag den Blick von hier oben. Abends ist es besonders schön, weil die Sonne auf dieser Seite untergeht und vorher noch sanft und warm über die Weinreben und Felder wandert. Doch dieser Ort birgt einen krassen Kontrast. Dreht man sich um, so sieht man links und rechts im Halbrund angeordnet alte Armeefahrzeuge und Panzer, Teile von Marineschiffen und sogar alte Geschosse und Raketen. Die Kinder klettern auf den Exponaten herum und posieren für Fotos vor Mama und Papa. »Sascha, Häschen, setz dich doch mal in den Panzer«, ruft eine Mutter. »Genau hier haben früher die tapferen Panzerfahrer gesessen und gegen die Deutschen gekämpft. Schau mal her! Lach mal!« Ich stehe direkt daneben und fühle mich wie ein Eindringling. Kirill kräht auf Deutsch: »Mama, ich will auch auf den Panzer.« Die Frau schaut überrascht auf. Wanja kommt näher, hebt Kirill hoch und sagt ihm auf Russisch, dass er sich festhalten soll. Dann macht auch er Fotos von Kirill als Panzerfahrer. Mir wäre lieber, er würde das lassen. »Das sind echte Kriegsgeräte«, sage ich. »Und unser Sohn ist ein halber Deutscher.« – »Ach, sei nicht so verkrampft!«, antwortet Wanja. »Für ihn ist das nur Spielzeug. Kleine Jungs lieben solche Fahrzeuge und diese ganzen technischen Dinge.« Ich sehe, dass Nadja es Artjom auch erlaubt, hier zu spielen. Also lasse ich Kirill ebenfalls gewähren. Doch als er auf einen alten Torpedo klettert, an dem ein Schild »285 Kilogramm Sprengstoff, 6 Kilometer Reichweite« angebracht ist, kann ich nicht anders: Ich ziehe ihn runter. Sein Protestgeschrei stoppe ich schnell, indem ich ihm Eis und Limonade verspreche. Später im Auto sagt Wanja: »Wenn du mit Kirjuscha das nächste Mal zum Diorama willst, musst du ihm entweder ein Pflaster auf den Mund kleben – oder das etwas entspannter sehen.«

Enten füttern oder essen?

Es ist Sonntagvormittag. Wir sitzen beim Frühstück und versuchen, inmitten von Kinderlärm zu besprechen, was wir heute unternehmen könnten. »Enten füttern! Bitte Enten füttern!«, ruft Kirill nun schon zum dritten Mal und springt begeistert durch die Küche. Für unseren Dreieinhalbjährigen ist das noch der absolute Hit am Wochenende. Warum eigentlich nicht?, denke ich. Draußen ist es zwar herbstlich frisch, aber das erste Mal seit Tagen wieder trocken. Baby Karina wird es auch guttun, an die frische Luft zu kommen. Doch Wanja sagt: »Enten können wir heute nicht füttern, wir haben kein Weißbrot mehr.« Ich befürchte, dass gleich ein großes Geschrei losgeht, also sage ich schnell: »Macht doch nichts. Wir können doch an der Tankstelle vorbeifahren und dort Brötchen kaufen.« Kirill jubelt: »Ja! Tankstelle fahren!« Wanja wirft mir einen tadelnden Blick zu. »Wieder zur Tankstelle!« Zugegeben, ich fahre am Wochenende öfter dort vorbei, wenn ich etwas vergessen habe. Ich weiß, die Preise sind fast doppelt so hoch wie im Supermarkt, aber es sind ja immer nur Kleinigkeiten, die ich dort hole. Wanja würde nie Lebensmittel an der Tankstelle einkaufen. Im Gegensatz zu mir ist er ein sehr sparsamer Einkäufer, fast schon ein Schnäppchenjäger. In den Jahren, als seine Familie noch jede Kopeke zweimal umdrehen musste, hat er gelernt, sich jede Ausgabe genau zu überlegen. Und extra wegen der Enten zur Tankstelle zu fahren grenzt für ihn schon an Dekadenz. Für Enten gibt's altes Brot, extra frisches Brot für Enten zu kaufen, findet er ganz schön übertrieben.

»Du hast ja recht«, gebe ich zu, »aber der Kleine freut sich schon so darauf.« Kirill schaut mit seinem schmeichelndsten Blick von unten zu uns rauf und sagt: »Papotschka poschalujsta!« – »Papilein bitte!« Er hat schon rausgekriegt, dass sein Vater eher umzustimmen ist, wenn er mit ihm Russisch spricht. »Nu ladno« – »Also einverstanden«, lässt Wanja sich erweichen. »Pojechali utok kormitch« – »Fahren wir Enten füttern!« Ich ziehe noch unser Baby an, dann geht es los.

Ruhig und dunkelgrau liegt der Müggelsee vor uns. Bunte Blätter treiben an der Oberfläche, zwei Enten ziehen leise ihre Spuren durchs Wasser. Als sie uns am Ufer entdecken, kommen sie angeschwommen. Kirill wirft die ersten Krumen ins Wasser, und die Tiere schnappen hungrig danach. Es dauert nicht lange, da kommen noch mehr Enten und eine Gruppe schwarzer Haubentaucher angeschwommen. Über uns kreisen ein paar Möwen.

Besonders die Enten sind ziemlich zutraulich. Sie watscheln ganz nah an uns heran. So nah, dass ich sogar einen Schritt zurück mache. Wanja grinst. »So gutgläubig wären russische Enten sicher nicht. Die hätten mehr Angst, als Braten zu enden.« Natürlich füttern die russischen und ukrainischen Kinder genauso gern Enten wie die deutschen. Doch manchmal wissen sich sehr arme Menschen, die am Ende des Monats kein Geld mehr haben, nicht anders zu helfen. Dann muss schon mal eine Ente dran glauben. Selbst vor Hunden haben die Enten in Sewastopol viel mehr Angst. Die vielen freilaufenden Köter frönen völlig im Einklang mit der Natur ihrem Jagdtrieb – auch in den städtischen Parks oder am Meer. Eine deutsche Ente würde sich dort ganz schön umschauen – und müsste schnell umlernen, wenn ihr ihr Leben lieb ist. Tiere sind eben auch nur Menschen wie du und ich und werden von ihrer Umgebung geprägt.

Wanja und Kirill füttern zwei Erpel aus der flachen Hand. Die Tiere sind ganz zahm und schnappen vorsichtig mit dem Schnabel nach den Brötchenstücken. »Als kleiner Junge bin ich bei meinen Großeltern auf dem Land immer losgezogen und habe versucht, mir mit selbst gemachten Pfeilen und einem primitiven Bogen eine Ente zu schießen«, erinnert sich Wanja. »Es war ganz normal, sich so die Zeit zu vertreiben.« Ich muss lachen. Auf der Jagd kann ich mir Wanja bestens vorstellen. Dann führt er uns vor, wie er sich damals angeschlichen hat. Kirill ist völlig fasziniert. »Die Enten waren aber immer zu schnell für mich, ich habe nie eine getroffen«, gibt er zu. »Aber wenn es geklappt hätte, wären meine Großeltern sicher stolz gewesen.«

Wie wohl die Spaziergänger am Müggelsee reagieren würden, wenn Kirill vor ihren Augen mit Pfeil und Bogen auf die Pirsch ginge? »Bei euch darf man sich ja nicht einmal einen Fisch zum Abendessen fangen, wenn man keinen gültigen Angelschein hat. Sonst gilt man gleich als Wilderer. Und um diesen Angelschein zu bekommen, muss man zuerst einen Volkshochschulkurs besuchen und dann noch eine Prüfung ablegen. Was wäre erst los, wenn man sich ohne Genehmigung eine Ente für den Sonntagsbraten schießt? Nicht auszudenken!« Auf der Krim ist es sicherlich auch verboten, sich einfach irgendwo eine Ente zu schießen, aber erstens sind die Leute nicht ganz so gesetzestreu wie die Deutschen – das merkt man in allen Lebenslagen. Und zweitens würde man aus einer toten Ente wahrscheinlich kein Riesendrama machen. Aber wenn bei uns ein kleiner Junge absichtlich eine Ente abgeschossen hätte, würde er wahrscheinlich nicht nur als Rüpel dastehen, sondern als potenzieller Gewalttäter, der auf dem besten Weg ist, später mal ein Krimineller zu werden.

Kirill hat unserem Gespräch mit halbem Ohr zugehört: »Du Papi, wollen wir auch eine Ente fangen und essen?« Es klingt ziemlich vorfreudig. »Njet synok« – »Nein, Söhnchen«, antwortet ihm Wanja schmunzelnd, »das erlaubt uns Mama nicht.« Ich nicke streng und überzeugend. »Aber wir haben noch eine Ente zu Hause im Tiefkühlfach. Wenn ihr wollt, hole ich die raus und mache sie heute Abend für uns.« Kirill ist sofort dafür. »Ja – Ente – lecker!«, ruft er. Das ältere Ehepaar auf der Bank neben uns schaut vorwurfsvoll rüber. »Siehst du!«, raune ich Wanja zu. Der nimmt es locker. Alles klar, denke ich: Weder mein Mann noch mein Sohn stecken in einem Gewissenskonflikt. Sie können die Tiere erst freundschaftlich füttern und trotzdem später mit Genuss Entenbraten essen. Ich gebe es ja zu: Ich freue mich auch auf Wanjas Entenbraten. Er füllt ihn nämlich immer so lecker mit Äpfeln. Schuldbewusst betrachte ich die Erpel zu meinen Füßen, die gerade die letzten Brötchenkrümel auflesen. Wenn ihr wüsstet!

Als wäre Kindererziehung nicht schon in einer deutschen Familie Herausforderung genug! Wenn dann noch unterschiedliche kulturelle Einflüsse dazukommen, wird es nicht gerade leichter. Ganz im Gegenteil! Wanja und ich allein sind schon das Produkt unterschiedlicher Kulturen. Wanja wurde als Kind und Jugendlicher sowjetisch-russisch-ukrainisch geprägt und ich erst ostdeutsch und dann gesamtdeutsch. Da ist es nicht immer leicht, in Erziehungsfragen auf einen Nenner zu kommen.

Kirill kommt mit einer roten Wange zurück aus der Kita. »Was ist denn passiert?«, frage ich Wanja erschrocken. »Ach, ein Junge aus seiner Gruppe – Sascha – hat ihm wohl aus Wut eine verpasst, weil unser Sohn ihm ein Spielzeug nicht geben wollte«, sagt er ziemlich gelassen. Er findet, das ist eine Lappalie – so seien Kinder eben, besonders kleine Jungs. Doch ich weiß, dass es nicht das erste Mal ist, dass der kleine Sascha auf diese Weise versucht hat, sich in der Gruppe durchzusetzen. »Nje wolnujsja!« – »Keine Sorge!«, sagt Wanja. »Ich habe Kirill schon gesagt, dass er das nächste Mal einfach zurückhauen soll.« Zurückhauen? Ich bin Pazifistin! »Das soll doch ein Witz sein, oder?«, frage ich. »Bei uns lautet die Devise immer: Wir hauen nicht zurück. Gewalt erzeugt doch nur Gegengewalt, und das kann ja nicht die Lösung sein. Außerdem weißt du doch: Der Klügere gibt nach.« Wanja zuckt mit den Schultern. »Das ist ja ein schöner pazifistischer Ansatz, aber ziemlich weltfremd, wenn du mich fragst. Kirill muss dem anderen Jungen rechtzeitig zeigen, wo Schluss ist, sonst wird der immer wieder zuschlagen. Das ist einfach so. Glaub mir, ich hab da genug Erfahrung.« Dass Wanja auf dem Gebiet viel erlebt hat, das weiß ich. Er ist mit Schlägereien aller Art groß geworden und trotzdem nicht mal ansatzweise ein Schlägertyp geworden. Und ich kann mich noch gut an einen Typen aus meiner Kindheit erinnern, der mich regelmäßig in den Schwitzkasten genommen hat – gerade weil er wusste: Von mir kommt keine Gegenwehr. Das hatten meine Eltern mir so beigebracht. Nicht hauen, reden! Trotzdem möchte ich unsere Kinder zu friedlichen Menschen erziehen und nicht am Abend von anderen Müttern angerufen werden, weil unser kleiner russischer »barmalej« – »Räuber« um sich schlägt. Wanja nickt. »Natürlich sollte man es immer erst im Guten versuchen. Aber ein Junge muss sich auch körperlich verteidigen können. Kirill muss lernen, dass er zwar niemanden angreifen darf, aber dass er sich wehren soll, wenn es nötig ist.« Damit kann ich leben. Kleinere Raufereien gehören zum Junge- und sicher auch zum Mädchen-Sein wahrscheinlich einfach dazu. Mir ist nur wichtig, dass es klare Regeln für körperliche Auseinandersetzungen gibt. Wie die allerdings aussehen, weiß ich nicht. Ich bin auf diesem Gebiet ziemlich unerfahren. Wanja sagt, er selbst habe diese Regeln als Kind schnell begriffen. »Man darf niemanden schlagen, der kleiner und schwächer ist und auf keinen Fall ein Mädchen«, sagt er überzeugt. Ich muss grinsen. Da ist er eben noch ganz von der alten Schule. »Und was ist, wenn ein Mädchen Kirill schlägt?«, frage ich. Er überlegt. In seiner Vorstellung hauen kleine Mädchen eigentlich nicht. »Hm. Na dann kann er ja sagen: ›Ich weiß ja, dass du in mich verliebt bist. Aber du kannst mir deine Liebe auch anders zeigen.‹« Ich lache. Ob unser Kirill dazu rhetorisch in der Lage wäre? Ich habe da so meine Zweifel.

Wanja und ich stehen noch für einen Moment zusammen auf der Terrasse hinterm Haus. Es ist so schön leise, seit die Kinder eingeschlafen sind, und die Nacht ist heute ganz klar. Der Dezemberwind wirbelt den Schnee in leichten Böen über den Hügel, und das helle Mondlicht lässt ihn glitzern. Ein wunderbarer Anblick – wenn es nur nicht so kalt wäre! »Lass uns wieder reingehen!«, sage ich zitternd und drehe mich schon zum Haus. Doch Wanja möchte den Moment festhalten. »Warte kurz! Ich hole schnell deinen Mantel und eine Mütze.« Er selbst friert nicht, Seemänner sind eben abgehärtet. Als er mir den Mantel um die Schultern legt, sage ich lächelnd: »Danke schön!« Wanja stöhnt auf: »Schatz, diese deutsche Höflichkeit bringt mich noch um! Ich zähle zwar nicht mit, wie oft du dich am Tag bei mir bedankst, aber für meinen Geschmack ist es definitiv zu oft.«

Das ist wirklich mit Abstand die seltsamste Beschwerde, die ich von ihm je gehört habe. Es gibt ja wohl Schlimmeres, als sich beim anderen für eine nette Geste zu bedanken. »Dann ist unsere Ehe ja in einer echten Krise«, witzele ich. »Nein, mal im Ernst«, entgegnet er. »Für solche Kleinigkeiten wie den Mantel solltest du dich nicht bei mir bedanken. Das hat so etwas Förmliches. Wir sind doch Mann und Frau – da sollten solche Gesten selbstverständlich sein.« Einerseits verstehe ich, was er meint, andererseits finde ich, man sollte auch auf solche Kleinigkeiten achten. Für mich ist es immer noch ein kleines Wunder, dass ich so auf ihn zählen kann.

Aber was meint Wanja mit deutscher Höflichkeit? Ich glaube nicht, dass wir Deutschen im Ausland als besonders höflich gelten. »Das meine ich auch nicht«, sagt Wanja, als er die Fragezeichen auf meinem Gesicht sieht, »ich will nur sagen, dass ihr manchmal anders höflich seid, als Russen oder Ukrainer es sind.« – »Wie denn zum Beispiel?«, frage ich. Wanja stöhnt. »Deine Freunde und deine Familie fragen mir immer gern Löcher in den Bauch: über meine Arbeit, meine Familie in Sewastopol, meine persönlichen Pläne und so weiter. Inzwischen habe ich mich daran gewöhnt, es ist okay. Aber früher hat es mich schon ziemlich gestört. Ich fand es unhöflich, sogar ein bisschen respektlos, so ausgefragt zu werden«, sagt er. Das höre ich zum ersten Mal. »Aber das war doch nur nett gemeint!«, rechtfertige ich meine neugierige Familie. »Durch die Fragen wollten sie einfach ihr Interesse zeigen. Und sie würden dir sicher genauso ausführlich antworten, wenn du sie etwas fragst.« Wanja weiß schon, wie er das alles einzuordnen hat, dazu ist er nun lange genug mit mir in Berlin: »Mittlerweile macht es mir ja nichts mehr aus. Bei euch fragt man eben, um höflich zu sein, und bei uns fragt man lieber nicht, um nicht unhöflich zu sein. In der Regel wartet man ab, bis jemand von sich heraus etwas erzählt und bohrt nicht nach.« Verstehe. Wanjas Familie und Freunde sind in der Tat immer sehr zurückhaltend. Für mich ist das durchaus zwiespältig. Einerseits ist es natürlich angenehm, dass man nicht ausgequetscht wird, andererseits würde ich mir manchmal ein paar mehr Fragen wünschen, um zu wissen, ob sich jemand für mich interessiert. Aber wir kennen uns alle schon so lange, dass ich schon gar nicht mehr darauf warte, ob mich jemand nach Neuigkeiten fragt. Wenn mir danach ist, erzähle ich sie einfach.

Und weil wir gerade dabei sind, unsere verschiedenen Vorstellungen von Höflichkeit zu hinterfragen, frage ich Wanja, ob es in seinen Augen auch typisch Deutsch ist, oft Bitte und Danke zu sagen. Vielleicht ist das ja nur typisch für mich? Er überlegt eine Weile. »Zumindest ist es mir in Ehen oder in festen Beziehungen aufgefallen. Mir kommt es vor, als bedankt ihr euch wirklich für jede Kleinigkeit, zum Beispiel, wenn einer dem anderen den Brotkorb oder den Saft reicht oder wenn ich dir in den Mantel helfe.« Ich weiß immer noch nicht, was daran falsch sein soll. Doch Wanja ist noch nicht fertig. »Wenn ein Mann und eine Frau zueinander überhöflich mit Worten sind«, sagt er, »wirkt das für mich, als ob es ihnen an Vertrautheit fehlt.« Und dann fügt er hinzu: »Wichtig ist doch nicht so sehr, was man sagt, sondern was man tut.« – Ich mache uns jetzt einen heißen Tee. Und Wanja bekommt die größere und schönere Tasse. Ohne Bitte und Danke, einfach so. Warm und süß.

Natürlich kann man nicht sagen, dass sich Russen oder Ukrainer grundsätzlich seltener bedanken als Deutsche. Nur legen die Menschen dort und die Menschen hier manchmal unterschiedlich viel Wert auf bestimmte Dinge. In Wanjas Familie würde niemand vergessen, sich nach dem Essen herzlich bei Mama Walja für die Mahlzeit zu bedanken – entweder mit Worten oder einem Küsschen auf die Wange. Ziemlich unwichtig ist es hingegen, sich bei Verwandten und Bekannten für Geburtstags- oder Neujahrsgeschenke im Nachhinein noch einmal zu bedanken – anders als bei meiner deutschen Familie. Jedes Jahr nach Weihnachten mussten wir allen Tanten und Onkel extra eine Postkarte schreiben und uns für die lieben Grüße, die Socken und die Unterhemden bedanken. In Sewastopol reicht hingegen ein einfaches »Spasibo!« völlig aus, und auch das Schenken selbst ist kein so förmlicher Akt wie in Deutschland. Bei unseren russischen und ukrainischen Bekannten ist es »vsjo prosche« – »alles einfacher«. Geschenke werden auch schon mal zwischen Tür und Angel herübergereicht – nur nicht direkt über den »porog«, die Türschwelle, denn das könnte Unglück bringen. Oft sind die Präsente nicht einmal eingepackt. Anfangs hat das schon etwas lieblos auf mich gewirkt, aber mittlerweile bin ich überzeugt: Man spart Zeit und schont zugleich die Umwelt.

Ich erinnere mich, dass ich bei meinen ersten Besuchen in Sewastopol meist irritiert und manchmal auch ziemlich verstimmt war, wenn Geschenke, die ich sorgfältig ausgesucht und eingewickelt hatte, nur mit einem knappen »Spasibo« entgegengenommen und dann zur Seite gelegt wurden. Ich hätte mir mehr Begeisterung gewünscht und eigentlich sogar erwartet, dass der Beschenkte das Päckchen vor Neugier gleich aufmacht. So kannte ich es zumindest aus Deutschland, und irgendwie fand ich, es gehört sich auch so – bis Wanja einmal zu mir sagte: »Damit bringt man den anderen doch in eine total blöde Situation. Er muss so tun, als ob das Geschenk genau das ist, was er sich schon immer gewünscht hat. Und wenn es das nicht ist, muss er etwas vorspielen, nur damit sich der, von dem das Geschenk ist, nicht gekränkt fühlt.« Zugegeben, darauf läuft es meistens hinaus. Wahrscheinlich könnten nur die wenigsten von sich behaupten, noch nie bei einem Geschenk freudige Überraschung geheuchelt zu haben. Ich selbst ehrlich gesagt auch nicht. – »Ein Grund mehr, nicht so ein Tamtam zu machen«, sagt Wanja. »Bei uns bedankt man sich, aber auspacken kann man sein Geschenk, wann man will – gleich oder später. Und man muss hinterher auch nichts mehr dazu sagen. Das ist doch ehrlicher.« Ich muss an unser erstes gemeinsames Silvester in Berlin denken, an Wanjas Deko-Champagnerflasche und meinen Ingwertee, und an die Menge idiotischer Geschenke, für die ich mich schon lächelnd bedankt habe. Ehrlich war das nicht gerade.

Leider kennen meine Eltern die russischen Gepflogenheiten noch nicht so gut. Und so überreichen sie ihrem Schwiegersohn zum Geburtstag feierlich einen Umschlag und machen erwartungsvolle Gesichter. Ich weiß, dass es ein Gutschein für ein Möbelhaus ist. Wanja bedankt sich kurz, aber freundlich für den Umschlag und legt ihn dann einfach aufs Fensterbrett, ohne ihn zu öffnen. Erst Wochen später, als Wanja schon längst wieder auf See ist, bekomme ich seinen Fauxpas noch einmal von meiner Mutter aufs Butterbrot geschmiert. »Ich kann ja gerade noch verstehen, dass er nicht gleich in den Umschlag geschaut hat, aber dann hätte er sich doch wenigstens später noch einmal melden können. Anscheinend hat er sich über unseren Gutschein nicht besonders gefreut.« Oje, das hatte ich befürchtet. Endlich habe ich mal die Gelegenheit, meinen Eltern etwas über die russische Kultur des Schenkens zu erzählen. Dass Wanja den Gutschein sogar richtig gut fand und ihn schon ein paar Tage später eingelöst hat. Und dass es bei ihm zu Hause einfach nicht üblich ist, sich noch einmal persönlich für ein Geschenk zu bedanken. Ob sie's mir glauben? Na ja, was soll's! Der nächste Geburtstag kommt bestimmt. Und dann sind wir alle schon wieder etwas klüger.

Kertsch – zehn Jahre später

»Uch ty!« – »Sieh mal an!«, ruft Wanja am Computer in Sewastopol, »diesmal scheint es tatsächlich zu klappen!« Ich gehe zu ihm und überfliege die Einladungs-E-Mail von seinem Freund aus Studientagen. Es geht um das lang geplante Jahrgangstreffen in Kertsch – in ein paar Tagen soll es endlich stattfinden. Ich weiß, dass es dafür schon mehrere Anläufe gab. Der Termin musste jedes Mal wieder verschoben werden, weil von den zehn Seeoffizieren, die zusammen in einem »kurs« studiert haben, immer die Hälfte auf großer Fahrt war. »Schon verrückt, dass es fast zehn Jahre gedauert hat, bis ihr jetzt wieder einmal alle zur gleichen Zeit an Land seid«, sage ich. Und Wanja staunt selbst, dass es endlich so weit ist. Es dauert ja schon zwei bis drei Jahre, dass sich sein Vater, sein Bruder und er einmal gemeinsam verabreden können. Einer von ihnen ist immer auf See. Wanja freut sich wie ein Kind, die Jungs einmal wiederzusehen. »Komm doch einfach mit nach Kertsch!«, schlägt er mir vor. »Meine Mutter würde bestimmt gern für ein oder zwei Tage auf Kirill und Karina aufpassen, und wir hätten auch etwas Zeit für uns.« Ich freue mich natürlich, dass er mich fragt, aber ausgerechnet nach Kertsch? Die Stadt ist mir so trostlos und schmutzig in Erinnerung geblieben, dass ich eigentlich nicht wieder hinfahren wollte.

Aber Wanja lässt das nicht gelten: »Kertsch soll sich in den letzten Jahren wirklich zum Positiven verändert haben«, sagt er. Das kann ich mir ehrlich gesagt nicht so richtig vorstellen. Doch er hat noch einen anderen Trumpf im Ärmel. »Die Khersones liegt dort auch am Kai, Kertsch ist doch ihr Heimathafen.« Stimmt, daran hatte ich gar nicht mehr gedacht. »Wir haben die alte Lady ja schon lange nicht mehr gesehen und könnten sie uns zusammen anschauen. Was sagst du?« Natürlich will ich unser Schiff wiedersehen, liebend gern sogar – immerhin begann dort unsere Geschichte. In diesem Licht erscheint mir eine Fahrt nach Kertsch plötzlich sogar sehr romantisch. »Ich komme doch mit«, sage ich lächelnd. »Das wusste ich«, antwortet Wanja.

Gut fünf Stunden brauchen wir mit dem Auto von Sewastopol bis zum östlichen Ufer der Krim. Es sind zwar nur dreihundert Kilometer, aber die Straßen sind nicht die besten. Das letzte Mal war ich im Winter hier, jetzt ist es Mai – allein das ändert schon viel. Die Sonne strahlt, der Himmel ist blau und die Vögel zwitschern, als wir ins Kertscher Stadtzentrum fahren. Wie anders alles wirkt, denke ich staunend, wie viel freundlicher. Und das liegt nicht nur am Wetter. Die Straßen sind gut in Schuss, die Gehwege sauber und die meisten Fassaden renoviert. Wir fahren an großen Blumenbeeten vorbei, die mit leuchtenden roten Blüten bepflanzt sind. Die Atmosphäre ist gelöst – überall herrscht angenehme Geschäftigkeit. Eigentlich erinnert nichts mehr an das düstere, verfallene und hoffnungslose Stadtbild von damals. »Wie haben sie das nur so schnell geschafft?«, frage ich voller Staunen und Bewunderung. Es heißt nämlich immer, die Städte auf der Krim hätten so wenig Geld, weil sie so viel nach Kiew abführen müssen. Wanja grinst. »Ich habe nur gehört, dass das Meiste von den Unternehmern der Stadt finanziert wurde – auf sanften Druck des Bürgermeisters hin.« – »Sanfter Druck? Wie meinst du das?«, frage ich nach. »Na ja, die Stadt selbst hatte wahrscheinlich nicht das Geld für so einen ›bolschoj remont‹ – eine ›große Sanierung‹. Aber es gibt ja genug private Geschäftsleute mit prallen Portemonnaies. Wenn die der Stadt etwas Gutes tun, dann ist die Stadt auch gut zu ihnen. ›Ruka ruku mojet.‹ – ›Eine Hand wäscht die andere‹.« Ich verstehe. »Und was wäre, wenn sich die Unternehmer weigern, so viel aus eigener Tasche zu bezahlen?« – »Na ja, es liegt ja auch in deren eigenem Interesse, dass sich die Stadt positiv entwickelt. Aber wenn nicht, könnte es sein, dass das städtische Gesundheitsamt oder die Steuerbehörde ein paarmal öfter vorbeikommt, um das Unternehmen zu prüfen.« So läuft das hier also, wenn es heißt: Unsere Stadt soll schöner werden. Manchmal heiligt der Zweck allerdings wirklich die Mittel. Mich berühren die vielen sichtbaren Veränderungen – gerade weil ich sie nicht erwartet hatte. Ich gönne es den Menschen so sehr, dass sie wieder ein besseres Leben führen können. Wanja schaut mich ziemlich überrascht an, als mir plötzlich ein paar Tränen herunterlaufen. Aber ich beruhige ihn – sie sind nur Ausdruck von Erleichterung und Freude. »Hoffentlich kommen solche dunklen Jahre nie wieder!«, sage ich zu ihm. Er nickt, und säßen wir jetzt nicht im Auto, würde er sicher dreimal auf Holz klopfen und dazu ausrufen: »Tfu-tfu-tfu!«

Als ich unser Schiff dann am Kai liegen sehe, wird mir das Herz aber doch noch schwer. »Das ist ja schlimmer, als ich dachte«, rufe ich erschrocken aus. Wanja schweigt – wahrscheinlich kann und will er es nicht schönreden. Die Khersones, unser Segelschiff, das einst so stolz und schön war, wirkt nun von ferne wie ein großer Vogel, der sich beide Flügel gebrochen hat. Die Segel sind abmontiert und unter Deck verstaut, an vielen Stellen sieht man Rost und Dreck. Offensichtlich ist es schon lange nicht mehr gewartet worden. Ich wusste zwar, dass das Schiff hier schon seit einigen Jahren an der Kette liegt, weil es Streitigkeiten zwischen der Ukraine als Schiffseigner und jener deutschen Reederei gibt, die den Fahrtbetrieb in den Händen hielt. Letztlich geht es dabei wohl um Geld – worum auch sonst! »Nichts ist für ein Schiff schlimmer, als wenn es nicht gewartet wird«, sagt Wanja, und es klingt ungewöhnlich traurig. »Die Khersones liegt hier seit Jahren, und mit jedem Tag wird es schwieriger, sie wieder flottzumachen. Auch weil die Papiere inzwischen alle abgelaufen sind.« Mir tut der Anblick weh. »Wanja, ich wünschte wir könnten das Schiff kaufen und wieder herrichten. Du bist der Kapitän und wir könnten einen Teil der alten Crew engagieren«, träume ich vor mich hin. Wir stehen eine Weile schweigend am Kai. »Vielleicht schreiben wir Rinat Achmetow einen Brief«, schlage ich vor. »Er ist doch der reichste Mann der Ukraine. Vielleicht will er das Schiff ja kaufen, es wieder seetüchtig machen und dann als Aushängeschild der Ukraine durch die ganze Welt fahren lassen.« Ich glaube wirklich, dass Achmetow diese Idee gefallen könnte. Wanja schaut mich voller Wärme an. »Julie, manchmal bist du immer noch das Mädchen vom Schiff, ganz genau wie damals, als wir uns trafen«, sagt er. Ich weiß. Und vielleicht ist das manchmal auch gut so.

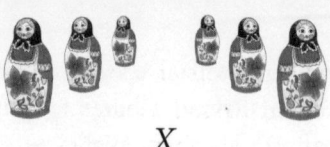

X

Kleines Glossar der »falschen Freunde«
in der deutsch-russischen Verständigung

A wie »**akademik**«: So darf sich im russischsprachigen Raum längst nicht jeder Akademiker nennen. Der Titel ist jenen Wissenschaftlern vorbehalten, die **Mitglied der Akademie der Wissenschaften** sind.

Б wie »**billion**«: Die Superreichen des Ostens wissen es längst: Mit einer russischen Billion auf dem Konto ist man nicht so reich wie mit einer deutschen. Die russische Zahl hat nur neun Nullen, so wie die deutsche **Milliarde**, die deutsche Billion hat dagegen zwölf Nullen. Das entspricht einer russischen Trillion.

В wie »**wannaja**«: Wir Deutschen verwechseln das immer gern: Zum Baden steigt man nicht in die »wannaja«, das ist das **Badezimmer,** sondern in die »wanna« – »Badewanne«.

Г wie »**galstuk**«: Will sich ein russischer Mann ein solches umbinden, heißt das nicht, dass er Gefallen an einem Damenhalstuch findet. So heißt einfach die männliche **Krawatte**.

Д wie »**doktor**«: Wer den Titel »doktor nauk« – »Doktor der Wissenschaften« trägt, steht auf der akademischen Leiter ganz oben und ist dem deutschen **Professor** ebenbürtig. Der Arzt heißt im Russischen auch noch »wratsch«.

Ж wie »schaket«: Den meisten Herren würde ein russisches Jackett wohl nicht passen. Gemeint ist nämlich ein kurzes, oft eng anliegendes **Damenjäckchen**.

3 wie »sefir«: Es klingt fast wie der Edelstein »Saphir«, ist aber eine **Süßigkeit** aus Eiweiß, Fruchtsaft und Zucker. Der Edelstein heißt im Russischen »tsapfír«.

И wie »intelligentny«: Wenn man im Russischen sagt, jemand sei intelligent, meint man, dass diese Person **sehr gebildet** ist und besonders **gute Manieren** hat. Hat jemand eine schnelle Auffassungsgabe oder ein besonderes geistiges Potenzial sagt man »umny« – »klug«.

К wie »konkurs«: Was im Deutschen das Aus für ein zahlungsunfähiges Unternehmen bedeutet, heißt im Russischen nur **Wettbewerb**. Ein Schönheitskonkurs ist also keine Bankrotterklärung an die Schönheit, sondern ein »Schönheitswettbewerb«.

Л wie »limon«: Wenn man auf die Frage: »Was kostet das?« als Antwort bekommt: »limon«, kann das zweierlei bedeuten: Entweder will derjenige nur eine **Zitrone** als Gegenleistung – dieses Zahlungsmittel ist allerdings nicht wirklich gefragt. Oder er will gleich eine ganze **Million**, denn das kann »limon« im Slang auch bedeuten.

М wie »marschrutki«: Das Wort klingt wie Marschroute und hat auch etwas damit zu tun. Gemeint sind **Kleinbusse**, die feste Routen abfahren – oft ohne festen Fahrplan. Wenn man aussteigen will, ruft man dem Fahrer einfach zu, dass er anhalten soll.

Н wie »normalno«: Wenn man einen Russen fragt, wie es ihm geht und er antwortet mit diesem Wort, dann muss man sich keine Sorgen machen. Es heißt nämlich nicht normal, im Sinne von »es geht so«, sondern **gut**, so wie auch das russische Wort »choroscho«.

П wie »**paket**«: Im Supermarkt wird man an der Kasse immer gefragt, ob man eines haben will. Aber wer nun hofft, sich den Weg zur Post sparen zu können, der irrt. Gemeint ist nämlich nur eine **Tüte** für die Einkäufe.

Р wie »**roba**«: Wer seinen russischen Freunden erzählt, dass er in großer Robe ins Theater oder Konzert gehen will, darf sich über erstaunte Blicke nicht wundern. Im Russischen ist damit kein elegantes Abendkleid gemeint, sondern **Arbeitskleidung** aus grobem Material.

С wie »**simpatitschno**«: Während »sympathisch« im Deutschen eine nette, angenehme Art bezeichnet, bedeutet es im Russischen nur **hübsch anzusehen**. Eine »simpatitschnaja djewuschka« ist ein »hübsches Mädchen«. Ob es sympathisch ist, muss sich erst noch zeigen.

Т wie »**tank**«: Damit ist nicht der Autotank gemeint, das wäre »bak«, sondern ein **Panzer**. Als Mahnmal für den Zweiten Weltkrieg stehen Panzer noch an vielen Orten.

У wie »**urna**«: Für deutsche Ohren klingt es etwas makaber, aber im Russischen versteht man unter einer Urne nicht nur ein Bestattungsgefäß, sondern auch einen öffentlichen **Abfalleimer**, in den man z. B. Zigarettenstummel entsorgen kann.

Ф wie »**familija**«: Wer seinen russischen Gesprächspartner mit einer »großen Familie« beeindrucken will und sagt, er habe eine »bolschaja familija«, wird nur ein nachsichtiges Lächeln ernten. Familie heißt nämlich »semja«, aber »familija« ist der **Nachname**. Wenn man sich vorstellt, kann man z. B. sagen: »Moja familija Schmidt.« – »Mein Name ist Schmidt.«

Ц wie »**tsentner**«: Kauft man in Russland oder der Ukraine beim Bauern einen **Zentner** Kartoffeln, bekommt man mehr dafür als in Deutschland. Im Russischen entspricht ein Zentner nämlich 100 Kilogramm, im Deutschen nur 50 Kilogramm. Der Grund ist, dass bei uns früher 100 Pfund als ein Zentner galten. 100 Kilogramm sind hier ein Doppelzentner.

Ч wie »tschek«: Damit ist meist nicht der Scheck gemeint, den man auf der Bank einlösen kann, sondern nur ein **Kassenzettel** bzw. eine Quittung, den man beim Einkaufen bekommt.

Ш wie »schwejtsar«: Da die Schweiz auf Russisch »schwejtsaria« heißt, liegt nahe, dass es sich um einen Einwohner der Schweiz handelt. Dem ist aber nicht so, denn dieser heißt »schwejtsarjets«. Der »schwejtsar« hingegen ist ein Portier in Hotels oder Wohnkomplexen.

Э wie »ekonomny«: Manchmal liegt die Tücke im Detail: Will man sagen, dass jemand **sparsam** ist, verwendet man: »ekonomny«. Wenn etwas rentabel ist, heißt das »ekonomitschny«. Und wenn man allgemein über wirtschaftliche Fragen spricht, dann mit »ekonomitscheskij«.

Ю wie »junga«: Sogar in der Hafenstadt Sewastopol ist längst nicht jeder Junge ein »junga«, denn das ist ein **Schiffsjunge**, der zum Matrosen ausgebildet wird. Ansonsten heißt ein Junge im Russischen einfach »maltschik«.

Я wie »ja«: Anfangs ganz schön verwirrend, dass das russische Wort »ja« im Deutschen »ich« heißt. Will man auf Russisch zustimmen, sagt man »da«.

Neues aus dem Ouzoland

Stella Bettermann
ICH MACH PARTY
MIT SIRTAKI
Wie ich in Deutschland
meine griechischen
Wurzeln fand
224 Seiten
ISBN 978-3-404-61626-8

Oooopa! Und dann zwei Schlenker rechts. Oder links? Im griechischen Tanzkurs tritt Halb-Hellenin Stella Bettermann erstmal allen auf die Füße: Denn Mikis, Popi und die anderen Exil-Griechen können schon tanzen wie Zorbas, der Grieche. Weil griechische Gastfreundschaft auch in München gilt, nehmen sie die Neue trotzdem auf, und nach dem Sirtaki gibts Souvlaki. Oder es geht im Münchner »Piergarten« bei ein paar »Chellen« um Unterschiede und Gemeinsamkeiten der beiden Kulturen, um Sex, Liebe, Krise(n), Geld und das Leben an sich. Doch erst beim Tanzfest auf einer griechischen Insel wird sich beweisen, ob Stella nicht nur griechisch fühlt, sondern schon so gut wie die Einheimischen tanzt!

Bastei Lübbe Taschenbuch

Von Macchiato-Müttern und anderen Elternphänomenen

Anja Maier
LASSEN SIE MICH
DURCH, ICH BIN
MUTTER
Von Edel-Eltern und
ihren Bestimmerkindern
256 Seiten
ISBN 978-3-404-60299-5

Was ist nur mit den Eltern los? Kaum haben sie ihr »Jetzt wird's aber Zeit«-Kind, wird es zum sinnstiftenden Projekt. Egal, ob bei der Wahl von Kita und Schule, beim Kauf von Kleidung oder der richtigen Wohnung – das Beste scheint gerade gut genug. Das Kind wird zum Statussymbol.

Aber muss wirklich alle Welt Rücksicht nehmen, nur weil Eltern mit ihrer Fortpflanzung das Land vor der Vergreisung retten? Wächst eine Generation kleiner Egoisten heran? Anja Maier hat Familien im Berliner Bezirk Prenzlauer Berg beobachtet und feststellen müssen, dass aus dem Szeneviertel eine kuschelige Kleinstadt geworden ist. Ihre Geschichten sind vor allem eines: erschreckend wahr, manchmal tragisch – und sehr komisch.

Bastei Lübbe Taschenbuch